Bernd Wulffen
Eiszeit in den Tropen

Bernd Wulffen

Eiszeit in den Tropen

Botschafter bei Fidel Castro

Ch. Links Verlag, Berlin

Für Dora

Die Deutsche Bibliothek verzeichnet diese Publikation
in der Deutschen Nationalbibliographie; detaillierte bibliographische
Daten sind im Internet über http://dnb.ddb.de abrufbar.

1. Auflage, Juli 2006
© Christoph Links Verlag – LinksDruck GmbH
Schönhauser Allee 36, 10435 Berlin, Tel.: (030) 44 02 32-0
www.linksverlag.de; mail@linksverlag.de
Umschlaggestaltung: KahaneDesign Berlin
unter Verwendung eines Fotos aus dem Archiv des Autors
(Fidel Castro und Bernd Wulffen im Februar 2003)
Satz und Lithos: Nadja Rein, Berlin
Druck und Bindung: Friedrich Pustet, Regensburg

ISBN-10:   3-86153-406-1
ISBN-13: 978-3-86153-406-8

Inhalt

Vorwort   11
Einleitung   13

Der Beginn in Havanna   17
  Im Revolutionspalast   17
  Erste Reise quer über die Insel   23
  Gespräch mit dem Erzbischof   33
  Eine Durststrecke   37
  Beobachtungen in Havanna   43
  Erste Begegnung mit Fidel Castro   51
  Kuba und die Europäische Union, Krise in den Beziehungen   54

Kuba am Ende?   59
  Ist das »Experiment Kuba« gescheitert?   59
  Zweite Begegnung mit Fidel Castro   64
  Fidel und die Religion   68
  Dritte Begegnung mit Fidel Castro   74
  Vierte Begegnung mit Fidel Castro   78
  Raúl Castro, die »Sphinx«   83
  Moa oder das Ende der Umwelt   94
  Erdöl – Beginn einer neuen Ära?   96

Allmählicher Wandel in den
außenpolitischen Beziehungen   100
  Ein Wirbelsturm verändert viel   100
  Musterbetrieb   106
  Die *Europa* kommt   109
  Mexikanischer Besuch und Tadel von Fidel   112
  Neuer Wind für die Wirtschaft   117
  Empfang in Alt-Havanna   128
  Die Preisverleihung   134
  Die Casa Pedroso oder kommt »Goethe«?   138

Kuba und Europa, ganz »normale« Kontakte   142
Oswaldo Payá reist nach Straßburg   142
Castros »Zuckerparty«   145
Der Fall Hugo Chávez   149
Zweite Reise in den kubanischen Osten   152
Auf den Spuren der Revolution   159
Licht nach der Dunkelheit   162
Nach dem Besuch des Papstes   164

Amerikaner kommen nach Kuba   170
Erste US-Messe seit mehr als 40 Jahren   170
Fidel Castro und die USA   172
Werden die USA Kuba angreifen?   179
Miami und die »5. Kolonne«   183
Guantánamo   192
Krieg um eine Marke   195
Der Fall Roberto   199

Kuba und die Europäische Union auf der »Achterbahn«   202
Deutsche in Kuba   202
Besuch von EU-Kommissar Nielson   208
In schwieriger, nächtlicher Mission   210
Welle der Repression   215
Die EU reagiert   222
Castro dreht an der Schraube   224

Wende in der Außenpolitik Kubas   228
Ein heißer Juli   228
Castro und Mexiko   231
Die »Achse der Hoffnung«   234
Typisch Fidel: Der Fall Molina   239
Freund Diego Maradona   243
Die USA einmal vorn   246
Die »Eingefrorenen«   249
García Márquez zu Gast   256
Orden für Miguel Barnet   261

Tauwetter   266
  Neue Regierung in Madrid   266
  Der 12. Oktober 2004   269
  Eine Orgel für die Kathedrale   270
  Heikle Fragen in Berlin   276
  Botschafter in der Zwickmühle   278
  Versöhnung mit dem Exil?   283
  Beginn einer neuen Ära?   284
  Der 20. Mai 2005 – Treffen der kubanischen Opposition 289

Blick in die Zukunft – Was wird aus Kuba?   293
  Land der Widersprüche   293
  Reformideen   297
  Fidel und die Nachfolgefrage   301
  Die Chancen der Opposition   305
  Die Rolle der Kirche   307
  Ein »vernünftiger« Nachbar?   312

Anhang
  Bildnachweis   316
  Personenregister   317

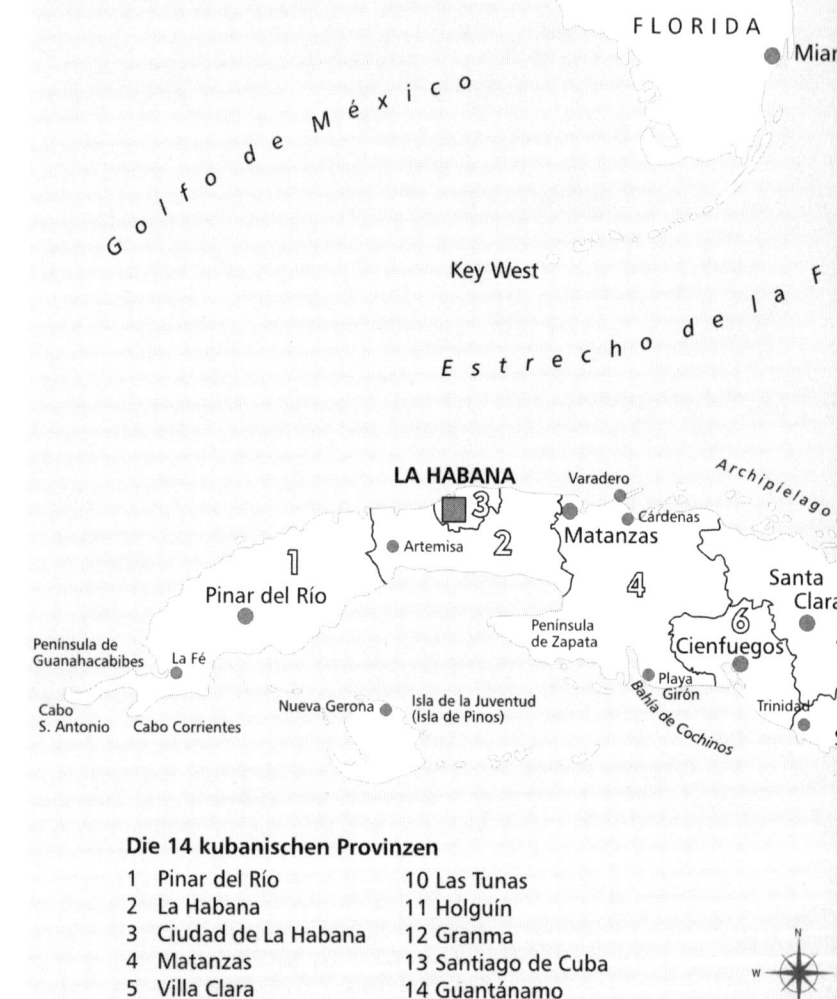

Die 14 kubanischen Provinzen

1   Pinar del Río
2   La Habana
3   Ciudad de La Habana
4   Matanzas
5   Villa Clara
6   Cienfuegos
7   Sancti Spíritus
8   Ciego de Avila
9   Camagüey

10 Las Tunas
11 Holguín
12 Granma
13 Santiago de Cuba
14 Guantánamo

Sondergebiet
Isla de la Juventud
(Isla de Pinos)

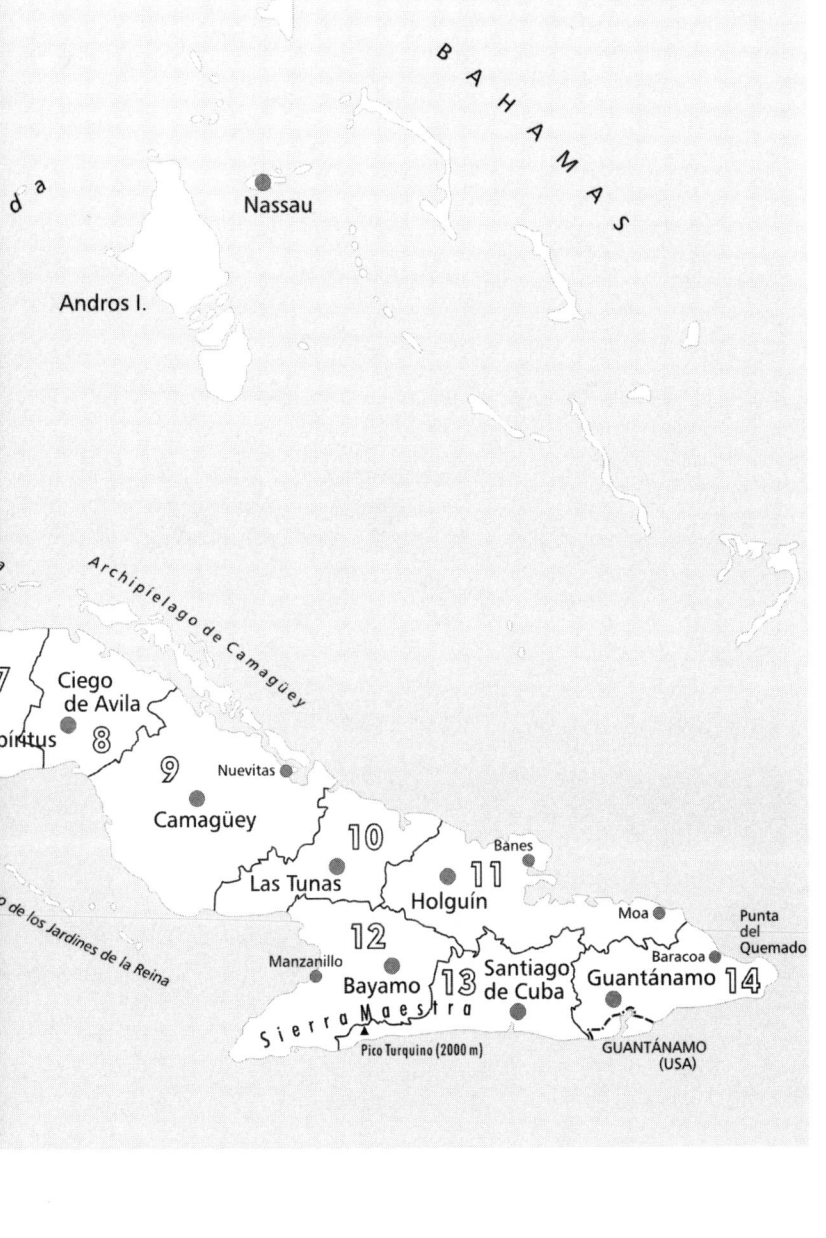

Vorwort

Diesem Buch liegen meine persönlichen Erfahrungen und Tagebuch-aufzeichnungen aus meinem Aufenthalt in Kuba zwischen Januar 2001 und Juni 2005 zugrunde. Daher enthält das Buch zahlreiche subjektive Einschätzungen und Wertungen, die nicht immer die Haltung der Bundesregierung wiedergeben.

Meine Auffassung über System und Regierung in Kuba war im Laufe der Jahre einem Wandel unterworfen. Meine eher positive Sicht zu einer Reihe von Fragestellungen in den ersten beiden Jahren ist seit dem dritten Jahr meines Aufenthalts allmählich einer durchweg kritischeren Betrachtungsweise gewichen.

Mit einer gewissen Spannung sehe ich den kommenden Jahren entgegen, in denen sich für Kuba eine neue Weichenstellung ergeben dürfte. Die schöne und interessante Karibikinsel wird uns daher eher mehr denn weniger beschäftigen.

Frau Doris Oberländer vom Börsenverein des deutschen Buchhandels, die mir bei der Veröffentlichung geholfen hat, Herrn Dr. Hans Christoph Buch, der mir eine Reihe wertvoller Anregungen und Hilfen gab, sowie meinen Söhnen Christian und Bernhard, die als erste das Manuskript gelesen und mir gute Hinweise gegeben haben, sei an dieser Stelle gedankt.

Bernd Wulffen
San Miguel de Tucumán, Juni 2006

Einleitung

Fast viereinhalb Jahre Kuba sind vorbei, die »Achterbahnfahrt« ist überstanden. Es mischt sich Wehmut in die letzten Minuten unseres Aufenthalts in Havanna. Traurigkeit darüber, dass die Kubaner vielleicht noch viele Jahre unter diesem erstarrten, zu keinem Aufbruch mehr fähigen Regime werden ausharren müssen. Die Armut dieses liebenswerten, kulturfreudigen und phantasiebegabten Volkes wird zunehmen, aber auch die Frustration. Ich habe Zweifel an der These, dass alles friedlich verlaufen wird. Zu viel hat sich aufgestaut, Frust, Verzweiflung, Perspektivlosigkeit. Wer ist wirklich noch überzeugt von dieser bizarren Revolution, die fast nichts mehr produziert, weder schöpferische Gedanken noch begehrenswerte Waren oder Dienstleistungen. Alles schrumpft, kein Wachstum, keine Hoffnung.

Der achtzigjährige Fidel Castro, der sich selbst als die »moralische Instanz« seines Landes bezeichnet, hat seit mehr als 47 Jahren die Geschicke Kubas in der Hand. Er, der Caudillo, der charismatische Führer, steht in der Tradition der *Libertadores* (der Befreier) seines Kontinents. Aber im Gegensatz zu ihnen hat er das Schicksal Kubas viel zu lange bestimmt. Er hat es nicht verstanden, nach dem Fall der Mauer und dem Zusammenbruch der sozialistischen Systeme in Mittel- und Osteuropa seiner Revolution eine Wende zu geben und die Wirtschaft seines Landes auf eine neue Grundlage zu stellen. Starrköpfig beharrte er auf einem zentralverwaltungswirtschaftlichen System, das beispielsweise die Volksrepublik China längst überwunden hat.

Fidel Castro, der den Sieg gewohnt ist und nie in seinem Leben eine Niederlage hingenommen hat, steht in der Gefahr, das Spiel seines Lebens zu verlieren.

Eine Kultur des Dialogs und des Widerspruchs, wie sie in demokratisch regierten Ländern als selbstverständlich empfunden und praktiziert wird, ist Castro fremd. Stattdessen bestimmen Angst und Kampf ums Überleben weitgehend das Leben auf der Insel. Angst

13

vor einem offenen Wort, Angst vor dem Nachbarn, der vielleicht etwas beobachten und weitergeben könnte. Angst vor den mächtigen *CDR*, den Komitees zur Verteidigung der Revolution, die ihr Viertel genau unter Kontrolle halten. Aber die Angst paart sich mit dem Willen, aus der schlimmen Situation das Beste herauszuholen. Man beschafft sich »links herum« die Dinge, die der »Markt« nicht hergibt. Die niedrigen Löhne lassen oft keine andere Wahl, als einen Teil der Produktion »mitgehen« zu lassen und auf dem Schwarzmarkt zu verkaufen.

Außenpolitisch sucht Fidel Castro gemeinsam mit seinem Freund Hugo Chávez in Venezuela, eine »Achse der Hoffnung« zu begründen, die von Havanna bis Buenos Aires reichen und auch Uruguay und Bolivien einschließen könnte. Sein langgehegter Plan, mit Hilfe radikaler Kräfte ein sozialistisch geprägtes, antikapitalistisches Gegengewicht auf dem amerikanischen Kontinent zu schaffen, hat mit der Machtübernahme linksgerichteter Regierungen in einem Teil Lateinamerikas neuen Auftrieb erhalten. Dabei setzt er auch Hoffnungen in das ferne kommunistische China, an dessen erfolgreichem wirtschaftlichen Reformkurs er sich – trotz der gezeigten Bewunderung – aber nicht zu orientieren bereit ist.

Auf die Zusammenarbeit mit den westeuropäischen Staaten, die ihm neben Kanada in der schweren Krise der neunziger Jahre mit ihrem Handel, ihren Investitionen und ihren Touristen zu Hilfe kamen, glaubt Castro heute weitgehend verzichten zu können. Die EU ist nicht länger bereit, die Repression und die Verletzung der Grundrechte in Kuba hinzunehmen. Ihre Botschafter suchte Castro durch »Einfrieren« zu bestrafen und so überflüssig zu machen. Auch andere Botschafter bekamen das Wechselbad der Gefühle Castros gegenüber ihren Regierungen zu spüren. Freund und Feind misst der greise Caudillo immer mehr an ihrem Abstimmungsverhalten bei den Kuba-Resolutionen der Menschenrechtskommission der Vereinten Nationen *(UNO)* in Genf.

Freilich kommt ihm die unflexible und auf Bestrafung des Abtrünnigen bedachte Haltung der USA zur Hilfe. Die Blockadepolitik der USA gegenüber Kuba gab Castro das Argument, notwendige Veränderungen im Inneren auszuschließen und sein Auslaufmodell immer neu zu rechtfertigen. Die USA haben es ihm leicht gemacht, seinem Volk ein Feindbild zu präsentieren, mit dem er die Massen hinter sich bringen konnte – auch nach dem Fall der Berliner Mauer und dem Zusammenbruch der UdSSR. Hier verpasste Washington eine Chance, durch eine großzügige Geste den Graben zu Kuba zu überwinden.

Das harte Vorgehen gegen andersdenkende Kubaner rechtfertigte Fidel Castro immer wieder durch einen angeblich von Washington geplanten Angriffskrieg. Geschickt verstand er es, die aus dem Exil gegen ihn agierenden Kräfte und die von den USA unterstützte Opposition auf der Insel als »Vaterlandsverräter« oder als »Söldner« im Dienst der USA zu etikettieren. Im Jahre 2003 wurden über Nacht 75 »Dissidenten« verhaftet und später zu langjährigen Gefängnisstrafen verurteilt.

Es wäre aber nicht gerecht, Castros Lebenswerk nur unter diesem Blickwinkel zu betrachten. Seine Revolution hat das Land Ende der 1950er Jahre befreit und seine nationale Würde wiederhergestellt. Für die unteren Schichten bedeutete der Sieg Castros die Chance, in den Genuss von Erziehung und Gesundheitsfürsorge zu gelangen. Für ein Entwicklungsland, gerade auch im Kontext Lateinamerikas, nicht wenig. Kuba wurde daher zu einem Beispiel für die Dritte Welt. Viele Länder träumten davon, so wenige Analphabeten oder eine so niedrige Kinder- und Säuglingssterblichkeit zu haben wie Kuba.

Als letzter noch lebender Führer aus der Anfangszeit der Blockfreienbewegung wird Fidel Castro nicht müde, der westlichen Welt, zumal den USA, ihre Sünden vorzuhalten. Sein Feldzug gegen den Neoliberalismus und die Globalisierung, die er als Fortsetzung des Imperialismus der Kolonialmächte betrachtet, findet nicht nur in der Dritten Welt Anhänger und Bewunderer. Sein kühnes Wort, seine Angriffslust, die keine Rücksichten kennt, ja sein oft ganz undiplomatisches Verhalten findet Beachtung und Beifall in einer Welt, die arm geworden ist an Politikern mit Statur und Charisma.

In der westlichen Welt wird dies oft übersehen. Die vor allem von Präsident George W. Bush und von Teilen des kubanischen Exils engstirnig verfolgte Politik, Castro und die kubanische Revolution zu schwächen und in die Knie zu zwingen, führte zur Gegenreaktion und zu einem *Backlash* auf der Insel. Die Furcht vor dem Ende des Revolutionsregimes und der konkreten Möglichkeit einer Machtübernahme durch Exilgruppen aus Miami machten große Teile der Bevölkerung zu Befürwortern und Verteidigern des Status quo unter

Blick über die Uferstraße Malecón in Havanna, in der Mitte das Hochhaus des Hotels »Habana libre«.

Inkaufnahme der ökonomischen Misere. Sie ziehen »verlässliche« Strukturen der Unberechenbarkeit und Gefährlichkeit einer »kapitalistischen« Zukunft Kubas vor.

Kuba unter Castro befindet sich in einem Circulus vitiosus, der durch die beharrenden Kräfte in Havanna, wie auch in Washington und Miami, in seiner Bahn gehalten wird.

Der Beginn in Havanna

Im Revolutionspalast

Als draußen die Sirenen ertönten, wusste ich, dass ich mich fertig machen musste. Schon vor Minuten hatte ich unten in der Halle laute Gespräche, Rufe und Gelächter gehört. »Sie kommen jetzt«, dachte ich und begab mich nach unten.

Dort in der Halle erwartete mich Batista, der stellvertretende Protokollchef, der von einem Offizier in einer blau-weißen Operettenuniform mit goldenen Tressen begleitet wurde. Offenbar war er der Chef der Ehrenformation, die nachher antreten und mich bei der Überreichung meines Beglaubigungsschreibens begleiten würde.

Der Protokollbeamte, der nur ein Namensvetter des in der Nacht zum 1. Januar 1959 geflohenen Diktators Fulgencio Batista war, hatte meine Frau und mich bereits vor einigen Wochen abgeholt, als wir zum Dienstantritt am Flughafen von Havanna ankamen. »Hoy no podemos llegar tarde« (Heute dürfen wir nicht zu spät kommen), sagte ich unter Anspielung auf unsere um einen Tag verspätete Ankunft in Kuba. Batista lächelte. »No se preocupe, Embajador, está Vd. perfectamente en nuestras manos« (Keine Sorge, Herr Botschafter, Sie sind ganz in unseren Händen).

Wir boten unseren Gästen und meinen Mitarbeitern ein Glas Sekt an, während wir auf das Signal zur Abfahrt warteten. »Trinken wir auf unsere Gesundheit und Zufriedenheit und natürlich auf gute Zusammenarbeit.« »Salud« (Auf die Gesundheit), sagte eilfertig der Ordonnanzoffizier, der keineswegs die Hacken zusammenschlug, sondern eher lässig in der Mitte des großen Raumes stand. »Salud«, sagte ich leise und lächelte den beiden kubanischen Gästen und dann meinen Mitarbeitern zu.

Als das Zeichen zum Aufbruch kam, gingen wir über die breite Treppe unseres Kanzleigebäudes zu der davor wartenden schwarzen Mercedes-Limousine des kubanischen Protokolls, deren Alter ich auf etwa fünfzehn Jahre schätzte. Sie brachte uns über den Paseo zu der etwa zwei Kilometer entfernten Plaza de la Revolución.

Eingang zur Deutschen Botschaft im Stadtteil Vedado.

Begleitet vom Chef des kubanischen Protokolls stieg ich einige der Stufen vor dem mächtigen Palacio de la Revolución empor, machte auf einem dunklen Teppich halt und drehte mich um. Vor mir lag jetzt der Platz mit dem hohen Denkmal zu Ehren des Nationalhelden José Martí, der Silhouette mit dem Kopf und den Schriftzeichen von Che Guevara auf der Stirnseite des Innenministeriums: »Hasta la victoria siempre« (Für immer bis zum Sieg). Dahinter, in einer Senke, lag die kubanische Hauptstadt.

Wie oft, so dachte ich mir in diesem Augenblick, sind an diesem Platz die Massen aufmarschiert. Über eine Million Menschen konnte er aufnehmen. Hier hatte Castro seine Politik dem Volke präsentiert, sie gleichsam einem Plebiszit unterworfen, wobei er stets des Beifalls sicher sein und als Triumphator vom Platz gehen konnte. Hier fanden auch die Feiern zum 1. Mai statt, bei denen er, vom Applaus der Massen sekundiert, gern mit seinen Gegnern im Ausland abrechnete, sie als »lamebotas« (Stiefellecker) oder als »abyecto Judas« (verräterischer Judas) apostrophierte oder sie als übergroße Puppen dem Spott seiner Landsleute preisgab. Auf diesem Forum hatte 1997 auch die Großveranstaltung anlässlich der Überführung der sterblichen Überreste von Che Guevara nach Kuba stattgefunden.

Hier auf der Plaza de la Revolución befand sich die Schaltzentrale Kubas. In meinem Rücken lag das langgezogene achtstöckige Gebäude, das den Staatsrat, den Ministerrat und das Zentralkomitee der KP Kubas beherbergte. Es war 1958 als Sitz des obersten Gerichtshofs fertiggestellt worden. Fidel Castro hatte es, nach einer kurzen Zwischenperiode, in der er seine Büros im ehemaligen *Hilton*-Hotel untergebracht hatte, 1960 bezogen.

Unter mir, am Aufgang der breiten Freitreppe, stand die in Galauniform gekleidete Militärkapelle und begann, die kubanische Nationalhymne zu spielen.

Jetzt, in diesem feierlichen Augenblick, auf den ich seit meiner Ankunft vor fast drei Wochen gewartet hatte, kamen ein wenig Stolz und Genugtuung in mir auf. Nach langen Jahren in der Zentrale

Der Platz der Revolution, gesehen vom José-Martí-Denkmal; in der Mitte das Gebäude des Staatsrates, rechts das Zentralkomitee der Kommunistischen Partei.

und dem immerhin über ein Jahr dauernden Härteposten auf dem Balkan war ich wieder Botschafter. Missionschef in einem der interessantesten Länder der Dritten Welt. Fidel Castro war jetzt genau 42 Jahre an der Macht. Kein anderer lebender Staatsmann konnte auf eine so lange Regierungszeit zurückblicken.

Als die Militärkapelle geendet hatte, schritt ich die letzten Stufen empor. Zusammen mit meiner Frau, die heute ein rotes Kostüm trug, und mit einigen meiner neuen Mitarbeiter betrat ich das Gebäude des Staatsrats, das mich an die Architektur des Völkerbundpalastes in Genf, aber auch an manche Monumentalbauten aus den dreißiger Jahren in Deutschland und Italien erinnerte.

Den großen weißen Umschlag mit dem von Bundespräsident Johannes Rau gezeichneten Beglaubigungsschreiben hielt ich fest in der Hand. Die mit Schönschrift an »meinen großen Freund« gerichteten Zeilen wiesen mich als den Vertreter des deutschen Staatsoberhauptes in Kuba aus. Es war an den Präsidenten des Staatsrats der Republik Kuba, das kubanische Staatsoberhaupt, Fidel Castro, gerichtet.

Aber der kubanische Präsident empfing mich nicht an diesem sonnigen, leicht windigen Vormittag des 8. Februar 2001. Er empfing überhaupt keinen Botschafter zur Übergabe der Beglaubigungsschreiben. Er hatte dies an die »Nummer Drei« in der protokollarischen Hierarchie delegiert, an den Vizepräsidenten Juan Almeida Bosque.

Almeida ist eine aus mehreren Gründen bemerkenswerte Persönlichkeit: Er ist der einzige Dunkelhäutige in der Führungsgruppe um Fidel Castro. Auch ist er einer der wenigen noch lebenden Comandantes de la Revolución, ein Titel, den Fidel nur selten vergab und auf den Che Guevara zeit seines Lebens stolz war. Aber Juan Almeida ist auch Dichter und Komponist. Wenige Tage nach meinem Besuch bei ihm übersandte er mir in Form von Büchern und CDs Proben seiner Kunst.

Die Überreichung meines Beglaubigungsschreibens war eine sehr schlichte Zeremonie, ganz anders als Jahre zuvor in Kuwait, wo wir alles mit den Leuten vom Protokoll einstudierten, vor allem das Rückwärtsgehen im Emirpalast am Ende, da der Botschafter dem Emir nicht den Rücken zuwenden durfte.

In Kuba ging ich ganz locker auf den Vizepräsidenten zu, übergab ihm das Schreiben des Bundespräsidenten, während die Fotografen

Das Haus des Innenministeriums am Platz der Revolution ist zugleich Zentrale des Geheimdienstes, geschmückt mit dem stilisierten Porträt von Che Guevara.

einige Aufnahmen machten. Danach lud mich Almeida ein, auf dem Sessel neben ihm Platz zu nehmen. Ich hatte nun Gelegenheit, ein paar Sätze darüber zu sprechen, wie ich mir meine Aufgabe vorstellte und welche Schwerpunkte ich setzen wollte.

Ich hatte mir vorher gründlich überlegt, was in dieser kurzen Zeit zu sagen wäre. In meiner Einarbeitungszeit im Auswärtigen Amt in Berlin war mir eine Art Pflichtenheft übergeben worden, das ich zusammen mit den zugehörigen Vorgängen sorgfältig studiert hatte. Hierin waren unsere Interessenschwerpunkte, aber auch Themen vermerkt, die das bilaterale Verhältnis erschwerten.

Das ausführliche Gespräch mit meinem Vorgänger hatte mir zudem gezeigt, dass sich die deutsch-kubanischen Beziehungen gerade verbesserten und wir dabei waren, vor allem im kulturellen und wirtschaftlichen Bereich neue Impulse zu setzen. Wir wollten Verhandlungen über ein Kulturabkommen führen, ein Goethe-Institut errichten. Im vergangenen Jahr war ein Abkommen zur Umschuldung der kubanischen Verbindlichkeiten gegenüber der früheren

21

DDR geschlossen worden. Dies hatte den Weg zur erneuten Eröffnung der für deutsche Unternehmen so wichtigen Hermes-Deckung der Exporte geebnet. Auch die Entwicklungszusammenarbeit sollte nunmehr in Form eines Notenwechsels einen offiziellen Charakter bekommen.

Seit zwei Jahren hatten wieder hochrangige deutsche Delegationen die Insel besucht. Der Präsident des Bundesverbandes der deutschen Industrie (BDI), Hans-Olaf Henkel, hatte 1999 mit einer großen Wirtschaftsdelegation Kuba besucht und war von Fidel Castro empfangen worden. Die Bundesministerin für wirtschaftliche Zusammenarbeit und Entwicklung (BMZ), Heidemarie Wieczorek-Zeul, hatte ein Jahr später den Boden für den Beginn der offiziellen Entwicklungszusammenarbeit bereitet, und der Vorsitzende der deutschen Kultusministerkonferenz, Bremens Senator Lemke, stellte im Herbst 2000 die Weichen für eine engere Zusammenarbeit auf dem Kultursektor. Wir wollten jetzt neue Schwerpunkte auf den Gebieten der kulturellen und der wirtschaftlichen Zusammenarbeit setzen.

Allerdings war mir klar, dass dies mit einem Partner, der ganz andere Vorstellungen über Demokratie und Menschenrechte hatte als wir und dessen Außenpolitik in weitem Maße von seinem komplexen und schwierigen Verhältnis zu unserem Verbündeten USA geprägt war, nicht einfach sein würde. Kuba befand sich seit über vierzig Jahren in einem ständigen Kampf mit den Vereinigten Staaten, in einer Art Kriegszustand. Worte wie *batalla, lucha, combate* (Kampf bzw. Schlacht) oder *trinchera* (Schützengraben) fielen mir immer wieder im Straßenbild von Havanna auf. Auch ein großes Plakat in der Nähe der Interessenvertretung der USA wies darauf hin: »Señores Imperialistas, no les tenemos absolutamente ningún miedo!« (Ihr Herren Imperialisten, wir haben keinerlei Angst vor euch!)

Die Verhaftung von zwei tschechischen Politikern kurz vor meiner Ankunft in Havanna im Januar 2001 hatte mir gezeigt, dass Kuba auf die Versuche, vom Ausland her die interne Opposition zu stärken, sehr empfindlich reagierte. Die beiden waren, von den USA kommend, nach Kuba eingereist und hatten sich in Ciego de Avila, einer Provinzstadt im Zentrum von Kuba, mit Vertretern der Opposition getroffen. Sie wollten ihnen aus den USA mitgebrachte Computer und wohl auch Bargeld übergeben. Dabei wurden sie gestellt und verhaftet.

Ein weiterer Punkt, den ich während der Überreichung meines Beglaubigungsschreibens kurz ansprach, war die Zusammenarbeit unserer Hochschulen. Tausende von Kubanern hatten in der DDR studiert, in Ostberlin, in Leipzig, Dresden, Rostock oder Magdeburg. Viele hatten dort promoviert und bekleideten heute in Kuba verantwortliche Stellungen. Von meinem Vorgänger wusste ich, dass die Einladungen der Botschaft an die früheren Stipendiaten von Seiten der kubanischen Regierung nicht genehmigt worden waren. Ich sagte Almeida, dass es nützlich wäre, die Stipendiaten stärker in unsere Bemühungen des Ausbaus der Beziehungen einzubinden.

Unserem Gespräch wohnte ein hoher kubanischer Diplomat bei, den ich aus Peking kannte, der Vizeaußenminister Alfredo Guerra, der viele Jahre lang kubanischer Botschafter in der VR China gewesen war. Wir führten beim Hinausgehen ein kurzes Gespräch miteinander. »Wir sehen uns sicher bald wieder«, rief er mir bei der Verabschiedung zu.

Erste Reise quer über die Insel

Rivalitäten unter großen Städten sind keine Seltenheit. Denken wir an Barcelona und Madrid oder Mailand und Rom, die seit Jahrhunderten miteinander wetteifern. Auch in Deutschland lagen München und Berlin, vielleicht auch Hamburg, im Wettstreit um Ansehen, Größe und Sympathiewerte beim Publikum.

In Kuba besteht eine markante Rivalität zwischen Santiago und Havanna. Santiago kann es zwar von seiner Einwohnerzahl her nicht mit dem dreimal größeren Havanna aufnehmen; dort bildet man sich aber ein, mehr Tradition zu besitzen, schöner gelegen zu sein und eine noch vitalere Bevölkerung in seinen Mauern zu beherbergen.

Ohne in diesem Wettstreit Stellung beziehen zu wollen, kann nicht geleugnet werden, dass Santiago der Hauptort des kubanischen Ostens ist. Hier entschied sich das Schicksal Kubas in seiner neueren Geschichte. Im Osten begann 1868 der bewaffnete Kampf um die Unabhängigkeit, in Santiago setzte Fidel Castro mit dem fehlgeschlagenen Angriff auf die Moncada-Kaserne 1953 das erste Fanal für die Revolution, und hier verkündete er am 1. Januar 1959 den Sieg der Revolution, nachdem er die Stadt vorübergehend zur Hauptstadt des Landes erklärt hatte.

Bald nach unserer Ankunft in Havanna beschlossen wir, die Stadt kennenzulernen. Ich begann mit der Organisation meiner ersten Dienstreise über die Insel. Dabei stellte ich fest, dass Santiago über 800 Kilometer von Havanna entfernt ist. Da wir mit dem Wagen fahren wollten, um etwas vom Land und seinen Bewohnern zu sehen, war es kaum möglich, die Strecke an einem Tage zu schaffen, daher meine Absicht, auch die Provinzhauptstädte Camagüey und Holguín mit ihren Umgebungen in die Reise einzubeziehen.

Camagüey hatte mir ein Vizeminister im Landwirtschaftsministerium anempfohlen. Hier schlage das Herz der kubanischen Viehzucht. Bei der alljährlich im Februar stattfindenden Agrarmesse hatten Züchter von Rindern und Schafen aus Camagüey eine Reihe von ersten Preisen errungen. Anlässlich dieser Messe hatte ich meinen ersten Empfang gegeben und meine erste Ansprache in Kuba gehalten.

Die Provinz Holguín vereint die Nickelindustrie mit einer Reihe von touristischen Attraktionen wie den schönen Stränden von Guardalavaca und der Bucht von Bariay, an der Columbus Ende Oktober 1492 erstmals kubanischen Boden betreten haben soll. Schließlich ist auch Birán zu nennen, der Geburtsort von Fidel Castro.

Gleich zu Beginn unserer Reise, im März 2001, fiel uns die breite Autobahn auf, die Havanna mit dem Zentrum der Insel verbindet. Sie ist teilweise achtspurig und trägt daher den Namen Ochovia. Der geringe Verkehr auf dieser Autobahn und ihr guter Zustand ermöglichen ein rasches Fortkommen. So erreichten wir in weniger als zwei Stunden die etwa 160 Kilometer östlich von Havanna gelegene Raststätte *Aguada de Pasajeros* an der Kreuzung der Ochovia mit der Hauptstraße nach Trinidad, einem der bekanntesten Touristenzentren der Insel.

Aguada sollte für die nächsten Jahre stets unsere Anlaufstelle werden. Das nach allen Seiten offene, nur mit Guano (Palmenart, deren Blätter oft zum Decken von Dächern benutzt werden) bedeckte Restaurant lädt zum Verweilen ein. Die Bar, der ausgezeichnete kubanische Kaffee und die freundliche Bedienung waren weitere Attraktionen.

Der Platz liegt auch in der Nähe der Schnittstelle von drei wichtigen Provinzen, die wir später häufig besuchten, nämlich Matanzas, Sancti Spiritus und Villa Clara. Von hier sind es weniger als 60 Kilometer zur Schweinebucht, wo im April 1961 Castro und

Die Stadt Trinidad, inzwischen von der UNESCO zum Weltkulturerbe erklärt.

seine Streitkräfte über eine Invasionstruppe aus Exilkubanern triumphierten.

Es war daher keinesfalls verwunderlich, dass am Rastplatz von *Aguada* zahlreiche Busse Halt machten, die ausländische Touristen in verschiedene Richtungen weiter beförderten, darunter zahlreiche Deutsche.

Ein Ehepaar, mit dem wir an der Bar ins Gespräch kamen, hatte bereits mehrfach Kuba bereist und dabei auch Camagüey besucht. Sie kannten das Hotel *Camagüey*, in dem auch wir übernachten wollten. Wir sollten es nicht versäumen, Roberto, einen der Hotelmanager, anzusprechen. Er sei ein ausgesprochener Filmexperte. Auch sollten wir uns Zeit für die Stadt nehmen, die Interessanteres zu bieten habe als mancher andere sonst so gepriesene Ort.

Als wir einige Stunden später in die luftige Lobby des Hotels *Camagüey* eintraten, hatte ich keine Ahnung, welche Bedeutung es später für die Botschaft bekommen sollte. Ein alter Filmprojektor aus der DDR im Eingangsbereich des Hotels hatte unsere Aufmerksamkeit erregt. »Les interesa« (Interessiert Sie das?), hatte uns jemand gefragt, der von der Seite hinzugetreten war. Es war Roberto Reyes, der uns freundlich begrüßte und erklärte, wie er den Projektor aus einem stillgelegten Kino bekommen und anfangs mit ihm noch Filme vorgeführt hatte. Mittlerweile gab es aber Videokassetten, mit denen er ein eigenes Filmprogramm im Hotel gestaltete.

Wir fragten ihn in der Bar, in die er uns zu einem Willkommensdrink einlud, nach dem bekannten kubanischen Filmemacher Gutierrez Alea, der durch *Fresa y chocolate* (Erdbeer und Schokolade), *La muerte de un burócrata* (Der Tod eines Bürokraten) oder *La última cena* (Das letzte Abendmahl) berühmt geworden war. Vor allem sein Film *Guantanamera* interessierte uns. Noch spät am Abend konnten wir ihn sehen, von Roberto persönlich kommentiert.

Roberto Reyes, der Wirtschaftsdirektor des Hotels *Camagüey*, sollte bald ein wichtiger Partner der Botschaft und, jedenfalls eine Zeit lang, ein Mittler deutscher Kultur im Herzen Kubas werden. Er, der Mittvierziger, war nicht nur ein Filmexperte, sondern auch ein Multiplikator mit besten Beziehungen zu fast allen Bereichen der Kultur in der Provinz. Mit seiner Hilfe würden wir bald einen deutschen Kulturabend ausrichten, bei dem ein Film über Alexander von Humboldt, den »Zweiten Entdecker Kubas«, im Mittelpunkt stehen sollte.

Roberto, der Mann mit der gepflegten langen Mähne und dem freundlichen Lächeln, gehört zu einer Kategorie von Menschen, auf die eine Botschaft, zumal draußen in der Provinz, angewiesen ist. Auch in Argentinien hatte ich vor vielen Jahren eine Verbindung ähnlicher Art zu einem kulturell sehr versierten deutschen Emigranten herstellen können, der mir in der Stadt Rosario maßgeblich half. Ich war damals ein junger und noch unerfahrener Kulturreferent, der zusammen mit einer ebenso unerfahrenen Mitarbeiterin des Goethe-Instituts das Wagnis einer deutschen Kulturwoche in einer Provinzstadt auf sich genommen hatte. Nur mit seiner tatkräftigen Unterstützung und dem Zusammenwirken mit unserem Honorarkonsul konnten wir dieses Vorhaben schließlich noch zum Erfolg führen.

Aber nicht nur Filme sollten beim ersten Aufenthalt im Zentrum Kubas unser Interesse finden. Die Stadt Camagüey mit ihrem rätselhaften Grundriss und ihrer kolonialen Architektur beeindruckte uns. Sie ist bekannt für ihre labyrinthartig verschlungenen Straßen, deren Anlage einst einen gewissen Schutz vor den häufig einfallenden Seeräubern geboten haben mag. Wir hatten aber das Glück, einen Jungen auf einem Fahrrad zu finden, der sich als Führer anbot, vor unserem Auto herfuhr und uns somit eine rasche Orientierung ermöglichte.

Wir gelangten an den Parque Ignacio de Agramonte im Zentrum der Stadt. Hier lag auch die Bischofskirche, die Catedral de Nuestra Señora de la Candelaria, die in den folgenden Jahren mit Hilfe deutscher Katholiken restauriert werden konnte. In der Nähe befindet sich der Sitz des Erzbischofs, ein Palais aus dem 19. Jahrhundert, in das wir wenig später eintraten.

Erzbischof Adolfo, Vorsitzender der kubanischen Bischofskonferenz und damals schon schwer herzleidend, empfing uns sehr freundlich. Er berichtete von seinen erfolgreichen Bemühungen, ein Altenheim und ein landwirtschaftliches Projekt zu betreiben, das er dem Staate hatte abringen können. Auf einem etwa 30 Hektar großen Areal hielt er Milchkühe, Fleischschafe und Geflügel, die genug abwarfen, um etwa neunzig mittellosen alten Menschen Unterhalt zu gewähren. Er wollte jetzt ein zweites Projekt dieser Art in die Wege leiten.

Sowohl hier als auch später in Holguín fiel mir auf, dass die Kirche relativ unbehindert oder sogar in Absprache mit den Behörden soziale Einrichtungen betrieb. In Holguín war es die Caritas, die sich um alte und kranke Menschen kümmerte. Die beiden Provinzgouverneure bestätigten mir, dass sie die soziale Arbeit der Kirche anerkannten, ihr jedenfalls nichts in den Weg legten.

Auch ausländische Organisationen wie die deutsche Welthungerhilfe (WHH) arbeiten eng mit den kubanischen Provinzbehörden zusammen. Hiervon konnten wir uns in der Nähe von Holguín ein Bild machen. Die WHH betreibt Projekte, in denen einerseits Brunnen angelegt werden und andererseits Kraftfutter für die lange Trockenperiode hergestellt wird, denn der Osten Kubas wird immer wieder von Dürreperioden heimgesucht, die zu katastrophalen Zuständen auf den Weiden und in der Nahrungsmittelproduktion führen.

An der Schnittstelle der drei Provinzen im Osten, Holguín, Granma und Santiago, sollte der Ansatzpunkt für ein erstes Projekt des BMZ liegen. Durch Aufforstungsmaßnahmen im Becken des Rio

Cauto sollte der Wüstenbildung im Osten Kubas Einhalt geboten werden. Leider ist aus diesem Projekt nichts geworden. Zunächst lagen die Hindernisse auf rechtlichem Gebiet. Die kubanische Regierung wollte nicht erlauben, dass unsere Experten in Kuba von strafrechtlicher Verfolgung freigestellt und gegebenenfalls in Deutschland zur Verantwortung gezogen würden. Dies war aber eine wichtige Vorbedingung für ihre Entsendung. Wie die Botschaft mehrfach erlebt hatte, konnten deutsche Touristen, die zum Beispiel in Verkehrsdelikte verwickelt waren, die Insel monatelang, bis zur Beendigung der jeweiligen Strafverfahren, nicht verlassen. Die Folge war unter anderem, dass sie ihren Arbeitsplatz in Deutschland einbüßten. Als sich später eine Lösung dadurch abzeichnete, dass Kuba eine Dreieckszusammenarbeit mit uns und den Vereinten Nationen gestattete, machte die schwere politische Krise in den Beziehungen zur EU und ihren Mitgliedstaaten dem wichtigen Cauto-Projekt ein Ende.

In Camagüey, auf der Mitte der Insel, fern von Havanna, war die Anwesenheit eines deutschen Botschafters noch etwas Besonderes. Von allen Seiten wurden meine Frau und ich nicht nur freundlich begrüßt, wir erhielten auch Einladungen und immer wieder kleine Geschenke, die wir erwiderten. Bei der Provinzverwaltung erfuhren wir, dass vor einiger Zeit der Gouverneur von Wisconsin Camagüey einen Besuch abgestattet hatte.

Ich stutzte: Gouverneur aus Wisconsin, dachte ich mir, das geht doch eigentlich gar nicht, denn US-Bürgern ist die Reise in das benachbarte Kuba bei Strafe verboten. Sie bedürfen einer besonderen Genehmigung des US-Schatzministeriums, um nach Kuba reisen zu dürfen. Und nun war hier sogar der Gouverneur eines nicht gerade unbedeutenden US-Staates zu Gast gewesen.

Mir war damals noch nicht klar, dass die Beziehungen zwischen Kuba und den USA außerordentlich vielschichtig, widersprüchlich und oft auch undurchsichtig waren. Embargo und offizielle Rhetorik waren eine Sache, die Realität eine andere. Schon in wenigen Wochen würde ich erfahren, dass auch Kongressabgeordnete, Kaufleute, Wissenschaftler und Künstler in großer Zahl aus den USA nach Kuba reisten. Sogar einen Vier-Sterne-General lernte ich kennen, der kurz nach seiner Pensionierung als Angehöriger einer Nichtregierungsorganisation (NGO) mit den Kubanern im Auftrag Washingtons Gespräche über Grenzfragen aufnahm.

Fidel Castro empfing immer wieder US-Bürger, besonders gern Leute aus der Film- und Medienbranche. Oliver Stone, Barbara Walters oder Kevin Costner erfreuten sich seiner besonderen Zuneigung. Ich hatte den Eindruck, dass es ihm große Freude bereitete, die sich sogar bis zu Äußerungen des Triumphs steigerte, wenn er auf diese Weise die Politik Washingtons gegenüber Kuba durchlöchern konnte nach dem Motto: »Seht doch, euer Embargo hilft euch nichts, kluge Leute kommen zu uns, wann sie wollen.«

Wohl auch deshalb zeigte uns die Direktorin unseres Hotels in Camagüey stolz eine große Fahne des US-Bundesstaates Wisconsin, die in der gemütlichen Bar über dem Eingang hing. Sie fragte mich nach einem Bild oder einem anderen passenden Gegenstand aus Deutschland für ihre Bar. Zum Glück hatte ich einen Deutschland-Kalender im Wagen, der eine Reihe hübscher Ansichten deutscher Städte enthielt. Ich wählte das Blatt *Marburg im Winter* aus. Es gefiel meiner Gastgeberin sehr, und sie bat mich, es mit einer Widmung zu versehen. Wie ich später erfuhr, wurde es – mittlerweile eingerahmt – gern durchreisenden Touristen gezeigt.

In Camagüey hatten wir erfahren, dass im Osten der Provinz, im Ort Cascorro, Tafeln aus gezuckerter Kondensmilch hergestellt werden. Meine Frau kannte diese *tablitas de crema de leche* aus Argentinien und wollte nun das kubanische Produkt probieren. Nach einigem Fragen erreichten wir die kleine Fabrik, die nur wenige Meter von der Durchgangsstraße zu unserem nächsten Ziel Holguín entfernt lag.

Doch obwohl Wochentag war, hatte die Fabrik geschlossen. Eine Mitarbeiterin sagte uns am Tor, dass ein wichtiges Ersatzteil fehle. Sie gehe davon aus, dass bald wieder produziert werde.

Unverrichteter Dinge zogen wir weiter. Im nächsten Ort, im Städtchen Guáimaro, wo wir auftankten, kamen junge Männer zu uns und boten sauber in Cellophan verpackte ockerfarbene Tafeln an, eben jene gesuchten Milchtafeln. Auf die Frage, wo denn die Tafeln herkämen, erhielten wir die Information, sie würden hier hergestellt, allerdings in Heimarbeit.

Auch später haben wir die kleine Fabrik in Cascorro nie in Betrieb gesehen. Sie war jahrelang geschlossen. Womöglich duldeten die Behörden die heimliche Produktion in privaten Händen und ließen nur zum Schein die Fabrik bestehen, die im Falle einer drohenden Inspektion durch das Ministerium für Nahrungsmittelproduktion wieder in Betrieb gesetzt würde. Oder es fehlte wirklich an Devisen für ein Maschinenteil, das man in Havanna nicht für wichtig erachtete.

Privates Wirtschaften, oft vom Staat bis zu einem gewissen Grad geduldet, aber immer wieder durch Schikanen und repressive Maßnahmen behindert, trägt wesentlich dazu bei, die marode Wirtschaft letztlich am Leben zu erhalten. Zum privaten Bereich gehören kleine Handwerker und *paladares*, die privat geführten Restaurants oder private Pensionen, die preiswerter sind und besseren Service bieten als die Staatsbetriebe und daher auch gern von Touristen genutzt werden.

Auf unserer Weiterfahrt in Richtung Holguín stiegen wir bewusst in einem dieser *paladare* in der Provinzhauptstadt Las Tunas ab. In dem Restaurant mit dem verlockenden Namen *La bamba* erhielten wir ein vorzügliches Menü zu einem günstigen Preis.

Von der Stadt Holguín waren wir zunächst enttäuscht. Im Gegensatz zu Camagüey bot sich wenig Interessantes. Aber die Umgebung ist reizvoll, historisch bedeutsam und gehört zu den aufstrebenden Tourismusgebieten.

Columbus hatte Kuba am 27. Oktober 1492 bei seiner Landung in der hübschen Bucht von Bariay, die circa 40 Kilometer nordwestlich von Holguín liegt, entdeckt. Weiter im Norden schließt sich heute das viel besuchte Guardalavaca an, ein Touristengebiet, das dem führenden Varadero kaum mehr nachsteht. Fidel Castro wurde 1926 in Birán, etwa 50 Kilometer südöstlich von Holguín, geboren. Die großen Nickelvorkommen, die heute das wichtigste Exportgut Kubas liefern, liegen bei Moa, weit im Osten der Provinz.

Bereits mein Vorgänger hatte mit der Caritas in Holguín Projekte ins Leben gerufen. Der dortige Direktor war ein kooperativer, disziplinierter Mann, auf den Verlass war. Mit ihm wollte ich weiterarbeiten. Mir stand ein Fonds für Kleinstprojekte zur Verfügung, über dessen Einsatz ich weitgehend frei verfügen konnte. Das betraf Projekte in einer Größenordnung zwischen 5000 und 10 000 US-Dollar.

Im Caritas-Büro von Holguín erfuhr ich, dass vor allem die Wohnverhältnisse ein großes Problem darstellten. Das Leben auf engstem Raum, ohne die bei uns selbstverständlichen sanitären und hygienischen Verhältnisse, war in Kuba fast die Regel. Oft mussten sich mehrere Familien ein Häuschen oder eine Wohnung teilen. Die Caritas half daher den Bedürftigsten, sich Wohnraum schaffen zu können.

Die Idee war, mit Hilfe »revolvierender Fonds« Material einzukaufen und Neubauten oder Wohnraumerweiterungen weitgehend in Eigenleistung zu ermöglichen. Da Kubaner keinen Zugang zu Bankkrediten hatten, wollte die Caritas Kapital zur Verfügung stellen. Die Kreditnehmer sollten das Geld in kleinen Monatsraten zurückzahlen. Die Caritas als Bank, das war der Grundgedanke.

Mit dieser Konstruktion hatte ich keine Probleme. Sie schien mir einleuchtend. Vor allem hielt ich es für ganz wichtig, die Begünstigten in die Pflicht zu nehmen und ihre Eigeninitiative zu fördern. Ich sagte daher der Caritas die Teilnahme der Botschaft und eine erste Zahlung zu. Wir würden uns die Resultate genau ansehen und später entscheiden, ob wir eine zweite oder dritte Tranche gewähren könnten. Dies war der Beginn meiner Zusammenarbeit mit der kubanischen Caritas, die über die Jahre zu einem wichtigen Element der Arbeit der Botschaft in den kubanischen Provinzen werden sollte.

Von Holguín aus fuhren wir nach Santiago weiter. Die zum Teil kurvenreiche Straße führt durch sehr reizvolle Landschaften, in denen, wie so oft in Kuba, die Königspalmen ein prägendes Element sind. Bereits lange vor Santiago wird die fast 2000 Meter hohe Sierra Maestra sichtbar, in der Fidel Castro und seine Rebellenarmee von 1956 bis Ende 1958 die entscheidenden Siege gegen die Diktatur unter Batista erringen konnten. Nur Stunden nach der Flucht Batistas in der Neujahrsnacht 1959 hielt Castro seine berühmte Ansprache vom Balkon des Rathauses von Santiago am Parque Céspedes.

Ich habe mich immer wieder gefragt, wie es den wenigen Hundert teilweise nur schlecht bewaffneten Rebellen gelingen konnte, eine gut ausgerüstete Armee zu besiegen. Das Geheimnis liegt unter anderem darin, dass es den Rebellen gelang, nach annähernd zweijährigem zermürbendem Kampf einen Stimmungsumschwung im Land herbeizuführen und die große Mehrheit der Bevölkerung allmählich mitzureißen. Weniger die Waffen als vielmehr die Masse der Anhängerschaft haben den ungleichen Kampf entschieden.

Dabei gelang es Castro zunächst, die armen Bauern in der Sierra Maestra für sich zu gewinnen, die eine entscheidend wichtige Stütze im Guerilla-Krieg waren. Nach der erfolglosen Offensive der Batista-Truppen im Sommer 1958 wurde vielen Kubanern klar, dass die Rebellen nicht besiegt werden konnten. Immer mehr Menschen schlossen sich Castro an, dessen Truppen in den folgenden Monaten bis nach Zentralkuba vordrangen und Batista einen Schlag nach dem anderen versetzten. Mit der Einnahme von Santa Clara Ende Dezember 1958 durch Che Guevara war das Schicksal Batistas besiegelt.

In Santiago verbrachten wir mehrere Tage. Wir besuchten auch hier den Gouverneur und trafen mit ehemaligen Stipendiaten zusammen, die heute vom Deutschen Akademischen Austauschdienst (DAAD) betreut werden. Außerdem besichtigten wir ein Landwirtschaftsprojekt, das von der deutschen Welthungerhilfe unterstützt wird.

Die reizvoll gelegene Stadt machte auf uns einen sehr lebendigen Eindruck. Hier stand nicht nur das älteste Haus Kubas aus dem 16. Jahrhundert, sondern hier war auch noch mehr Musik als in Havanna zu hören, gab es einen besonders hohen Anteil schwarzer Bevölkerung. Santiago wird von vielen die heimliche Hauptstadt genannt, schließlich hat sich hier wiederholt das Schicksal Kubas entschieden.

Es begann 1868 mit der Befreiung der Sklaven auf der Zuckerplantage Demajagua bei Manzanillo im Osten, die Carlos Manuel de Céspedes ganz auf eigene Faust ins Werk setzte. 30 Jahre später siegten die kubanischen Aufständischen, die *Mambises*, wiederum im Osten. 60 Jahre später war hier Fidel Castro in der Sierra Maestra erfolgreich. Der Osten Kubas mit seinen Gegensätzlichkeiten galt von jeher als unruhig und eher einem Umsturz zugeneigt als das viel mondänere und behäbigere Havanna.

Im trockenen Osten wurde uns auch klar, dass hier das Wasser eine viel größere Rolle spielte als im regenreichen Westen. Hauptthema mit dem Gouverneur war daher die Wasserfrage, konkret die enormen Verluste, die allein in Santiago durch defekte Rohrleitungen entstehen. Heute schätzen Experten diese Verluste auf bis zu 60 Prozent. Die Regierung ist nicht in der Lage, die enormen Investitionskosten zur Sanierung des Leitungssystems aufzubringen, private Investoren gibt es nicht, für die Selbsthilfe fehlt das Material.

Gespräch mit dem Erzbischof

Von meinem Zimmer im Hotel *Meliá* in Santiago de Cuba bot sich eine grandiose Aussicht. Vor mir sah ich einen beträchtlichen Teil der »Hauptstadt« des Ostens.

Fidel hatte hier am 1. Januar 1959 von dem Balkon des alten Rathauses, des *ayuntamiento*, eine erste große Rede als Sieger gehalten, nachdem der Diktator Batista Stunden zuvor aus dem Land geflohen war. Es folgte ein acht Tage dauernder Triumphzug der Revolutionäre von Santiago nach Havanna. Sie hatten schließlich auch hier die Macht an sich gerissen. Dieser Zug durch Kuba kam einem Plebiszit gleich. Überall wurden Fidel und seine Begleiter, die bärtigen Rebellen im Khaki, begeistert von der Bevölkerung empfangen. Castro war jetzt unbestreitbar der neue Machthaber. Gegen seinen Willen sollte nichts mehr möglich sein in Kuba.

Beim Blick aus dem Hotelfenster war die renovierte Moncada-Kaserne im Sonnenlicht deutlich zu sehen. Castro hatte sie 1953

Die Kathedrale von Santiago de Cuba im Osten der Insel.

33

stürmen wollen, weil aber der Angriffsversuch zu früh entdeckt wurde, scheiterte das Unterfangen. Eine ganze Reihe der unter dem Kommando Fidels stehenden jungen Leute verlor dabei ihr Leben, teilweise auch nach schweren Folterungen. Fünfeinhalb Jahre später öffnete sich nach dem Sieg der Rebellen in der Sierra Maestra die Kaserne dann von selbst.

Wenig später besuchte ich den *Presidente del poder popular* der Provinz, sozusagen der Gouverneur der Provinz. Sein Büro liegt mitten in der Stadt in einem in hellem Gelb gestrichenen Palast im neoklassischen Stil von beeindruckender Schönheit.

Lokalchef Cortés begrüßte mich in seinem großräumigen, mit geschnitzten Möbeln eingerichteten Büro. Nach einigen einleitenden Worten über die Bedeutung der Stadt und der Provinz Santiago kam der Gouverneur zur Sache. Ihn bekümmerten die Trinkwasserversorgung und das marode Leitungssystem.

Ich fasste diese Äußerung als einen Hilferuf auf und sagte zu, mit deutschen Unternehmen Kontakt aufzunehmen. Auch wollte ich die Frage der Wasserversorgung der östlichen Provinzen Kubas bei den zuständigen deutschen Stellen ansprechen. Wichtig sei aber, dass wir das Rahmenabkommen über die technische Zusammenarbeit mit Kuba unter Dach und Fach bekämen.

Wenige Monate später kam ich mit einem deutschen Unternehmer aus Aschaffenburg in Kontakt, dessen Spezialität das Suchen und Beheben von Rissen in unterirdischen Wasserleitungen ist. Obwohl er in Santiago de Cuba mit seinem anerkannten Verfahren Eindruck machte, kam es nicht zu einer Zusammenarbeit. Knappe Kassen und eine schwerfällige, nicht am Erfolg orientierte Bürokratie verhinderten es.

Der Besuch beim Erzbischof war unser nächster Programmpunkt. Monseñor Meurice Estíu berichtete, dass er bereits mit 22 Jahren zum Priester geweiht worden sei. Da er in diesem Alter aber noch nicht die Beichte abnehmen konnte, habe ihn der Bischof zunächst nach Spanien geschickt, anschließend habe er in Rom studiert. Als er einige Jahre später nach Santiago zurückgekehrt sei, habe man ihn zum Generalvikar gemacht. Mit 32 Jahren sei er dann der jüngste Bischof Kubas geworden.

Ich fragte ihn nach der Rolle seines Vorgängers, der nach dem missglückten Angriff Castros auf die Moncada-Kaserne dessen Leben gerettet haben soll. Mein Gesprächspartner schien dieses

Thema gern aufzugreifen. Er berichtete mir, dass sein Vorgänger wegen Castro, der sich in der Umgebung von Santiago versteckt hielt, mit dem Militärbefehlshaber Batistas Kontakt aufgenommen und darum gebeten habe, dem Rebell das Leben zu schenken. Könne der Oberst ihm dies zusagen, würde er Castro bewegen, sich zu ergeben. Der Offizier habe diese Zusage gegeben, und Castro habe sich dann ergeben. Er hätte sein Wort gehalten, Castro sei mit seinen Weggefährten vor Gericht gestellt und nicht hingerichtet worden.

Diese Darstellung steht im Gegensatz zu dem, was man in vielen offiziellen Castro-Biographien lesen kann. Danach habe sich Castro nach dem Angriff auf die Moncada-Kaserne versteckt gehalten, sei aber von einer Militärstreife entdeckt worden. Der Führer dieser Streife, ein junger Leutnant, hätte sich jenen Männern in den Weg gestellt, die Castro erschießen wollten. Erst danach habe sich der Erzbischof für Castro eingesetzt und sein Leben gerettet.

Erzbischof Meurice gehört nicht nur in diesem Punkt zu jenen Geistlichen in Kuba, die dem Regime selbstbewusst widersprechen und eigene Ansichten äußern. Seine Kritik an der fehlenden Meinungsfreiheit im Lande, die er während des Papstbesuchs im Januar 1998 geäußert hatte, war allgemein beachtet worden. Bei einem Besuch der nahegelegenen Wallfahrtskirche Virgen del Cobre (Jungfrau des Kupfers), eine Art kubanisches Nationalheiligtum, fielen mir später zwei Tafeln im Eingangsbereich auf, die auf die politischen Gefangenen in Kuba hinweisen.

Der Erzbischof von Santiago hilft den Familien der politischen Gefangenen. Sie brauchen Geld, Arzneimittel und Verpflegung. Das Geld ist nötig, um die oft weiten Reisen der Ehefrauen oder anderer Angehöriger zu den Gefangenen zu bezahlen.

Das Gespräch kam auf die »Damen in Weiß«, die sich in Havanna zu dieser Zeit zu organisieren begannen. Sie sind die Ehefrauen verhafteter Oppositionspolitiker, die sich am Sonntag zum Gottesdienst in verschiedenen Kirchen Havannas treffen und danach demonstrativ und weiß gekleidet vor der Kirche auf und ab gehen. Mich erinnern sie an die *Madres de la Plaza de Mayo* in Buenos Aires, die Mütter der während der Militärdiktatur Verschwundenen. Ihre Schweigemärsche hatten die Aufmerksamkeit einer breiten Öffentlichkeit gefunden und viel bewirkt.

Wir sprachen auch über den Hirtenbrief des Kardinals, die *Carta pastoral* mit dem Titel »No hay patria sin virtud« (Es gibt kein

Treffen von Papst Johannes Paul II. während seines Kubabesuches 1998 mit dem Erzbischof von Havanna Jaime Kardinal Ortega und der Rektorin des Evangelischen Seminars von Matanzas, Ofelia Ortega Suarez.

Vaterland ohne Tugend). Unter Berufung auf Felix Varela, einen Geistlichen aus dem 19. Jahrhundert, hatte Jaime Kardinal Ortega die Rückbesinnung auf die ethischen Grundlagen und die Tugenden in der kubanischen Gesellschaft angemahnt. Seine Kritik an Staat und Gesellschaft, sein Hinweis auf den Verfall von Ehe und Familie, auf den Mangel an wirklichen Leitbildern für die Jugend, auf die wachsende Armut im Lande hatte viel Zustimmung gefunden. Die Regierung überzog den Hirtenbrief mit Schweigen.

Für mich war die Pastorale ein Manifest, das politische Wirkung zeigte. Hier wurde die Kirche, viel weniger verdeckt als sonst, als bewegende Kraft der Opposition erkennbar. Auch wenn sie dies nicht wahrhaben wollte.

Die Kirche Kubas zog immer mehr Menschen an, die Gottesdienste waren zunehmend gut besucht. Taufen von Erwachsenen und Jugendlichen wurden immer häufiger. Dem Erzbischof gefiel das Wort von der Kirche als Opposition allerdings nicht. Er sprach lieber von der Kirche als Zufluchtsort und von einer gewissen Schutzfunktion für Andersdenkende – also die Kirche hinter der Opposition.

Der Kardinal machte keinen Hehl aus seiner Sympathie für den katholischen Oppositionspolitiker Oswaldo Payá. Wir begegneten Payá einige Monate später in einem Gottesdienst in Varadero. Dort nahm er die Lesung vor und unterhielt sich anschließend lange mit dem kanadischen Pfarrer und Gemeindemitgliedern. In seiner engen Bindung an die katholische Kirche scheint mir der Schlüssel für seinen wachsenden Zuspruch zu liegen.

Bevor ich das erzbischöfliche Palais verließ, zeigte mir Monseñor Meurice von einem Balkon aus noch den weiten Blick über die Bucht von Santiago hinüber zur Sierra Maestra. Hier hatte sich 1898 das Schicksal der spanischen Kolonialmacht entschieden, als sich Admiral Cervera der angreifenden US-Flotte zu stellen hatte und besiegt wurde.

Eine Durststrecke

Meine ersten Wochen als akkreditierter Botschafter waren vom gemeinsamen Bemühen mit anderen westlichen Diplomaten gekennzeichnet, die beiden inhaftierten tschechischen Politiker frei zu bekommen. Bereits am Abend meiner Ankunft in Havanna, am 18. Januar 2001, hatte mir mein Vertreter berichtet, dass aus Berlin eine Weisung von höchster Stelle eingegangen sei, ich möge unverzüglich im kubanischen Außenministerium, im MINREX, zugunsten der beiden demarchieren (ein diplomatisches Anliegen, gegebenenfalls einen Protest vortragen). Das MINREX gab mir dann auch einen Termin für den Folgetag, einen Samstag.

Demarchen waren in der Diplomatie weit verbreitet. Sie wurden immer dann eingesetzt, wenn eine Regierung ein bestimmtes Verhalten einer anderen Regierung erreichen wollte, zum Beispiel ein Abstimmungsverhalten, eine bestimmte Behandlung eigener oder fremder Staatsangehöriger, die Beachtung bestimmter Menschenrechte im Gastland oder Ähnliches. Demarchen waren an der Tagesordnung. Die Tatsache, dass ich demarchierte, war also keinesfalls ungewöhnlich. Ungewöhnlich war die Tatsache, dass ich demarchieren sollte, obwohl ich noch nicht einmal mein Beglaubigungsschreiben überreicht hatte. Nach diplomatischen Gepflogenheiten war ich im Grunde ein Niemand.

Aus meiner Erfahrung, vor allem in Peking und auf dem Balkan, wusste ich, dass Demarchen, wenn man sie nicht im richtigen Ton vortrug, zu Abwehrreaktionen führen konnten und man letztlich das Gegenteil dessen erreichte, was man sich vorgenommen hatte. Auch sagte ich mir, dass ich gerade am Beginn meiner diplomatischen Tätigkeit vorsichtig zu agieren hätte. Schließlich würde ich einige Jahre mit den Kubanern auskommen müssen. Ich durfte sie nicht von vornherein gegen mich aufbringen.

Hinzu kam, dass die Kubaner ein stolzes Volk sind, dem seine nationale Würde sehr viel bedeutet. Sie hatten seit über vierzig Jahren den gegen sie verhängten Sanktionen der USA standgehalten und den Zusammenbruch des RGW (Rat für gegenseitige Wirtschaftshilfe, im Westen als COMECON bekannt) überlebt. Also würde ich mit Protest oder Druck nichts erreichen können. Ich entschloss mich daher, die mir erteilte Weisung in einer mir angemessen erscheinenden Weise umzusetzen. Vor allem wollte ich die Gesetze der Höflichkeit wahren.

Im MINREX wurde ich von einem kleinen, weißhaarigen Botschafter empfangen, der für Europa zuständig war. Er stellte sich als Rodney López vor und war selbst vor Jahren in Bonn als Botschafter tätig gewesen. Er begrüßte mich sehr freundlich. Er erkundigte sich nach meinen bisherigen Posten, nach meiner Familie und meiner Unterkunft. Dann kamen wir zur Sache. Ich fragte ihn, was mit den beiden Tschechen passiert sei, weshalb man sie festgenommen habe.

Der Botschafter sah mich erstaunt an und entgegnete mir, ich sei der Erste, der ihm eine solche Frage stelle. Zuvor habe er nur Kritik und Verurteilungen gegenüber den kubanischen Behörden vernommen. Niemand habe gefragt, was eigentlich geschehen sei. Er sei gern bereit, mir dies im Einzelnen zu erklären und mir auch schriftliche Unterlagen hierüber auszuhändigen.

Daraus, wie auch aus den Materialien, die ich in den nächsten Tagen erhielt, wurde mir allmählich klar, dass es bei dem Vorgang nicht eigentlich um die beiden Politiker ging, sondern um eine Generalabrechnung Fidel Castros mit Tschechien und Präsident Václav Havel. Für Castro waren die Tschechen Verräter, die zum feindlichen Lager übergelaufen und zum Handlanger der USA geworden seien. Sie waren es auch, die im vergangenen Jahr vor der Menschenrechtskommission der Vereinten Nationen in Genf einen Resolutionsentwurf eingebracht hatten, in dem Kuba die Verletzung der Menschenrechte zum Vorwurf gemacht worden war. Castro kam die Sache mit den beiden Politikern daher wie gerufen. Er wollte nun seinerseits Tschechien auf die Anklagebank setzen und dem Land vor aller Welt Einmischung in die inneren Angelegenheiten Kubas im Auftrag der USA vorwerfen.

Die Sache zog sich wochenlang hin, ohne dass ein Ausweg sichtbar wurde. Zwischenzeitlich hatte ich mich mit den zehn anderen Kollegen aus der EU beraten und auch mit dem sehr besorgten tschechischen Geschäftsträger in Verbindung gesetzt. Wir kamen zu dem Ergebnis, dass die Angelegenheit nur schwer lösbar sei, da Castro die Tschechen nicht einfach freilassen würde. Welches Zugeständnis könnte Tschechien also machen?

Wir fragten uns, ob nicht die Ende März in Havanna beginnende Tagung der Interparlamentarischen Union (IPU) zu einem Ausweg führen könnte. Schließlich war einer der beiden Verhafteten Abgeordneter des tschechischen Parlaments. Würde die IPU nach Havanna kommen können, vor allem Abgeordnete aus den westlichen demokratischen Ländern, während einer der Ihren in Kuba in Haft saß? Wohl kaum. Dies musste sich auch Castro sagen, und hier sahen wir eine, wenn auch nicht allzu große Chance.

Als Anfang Februar 2001 zwei Abgesandte der IPU in Havanna empfangen wurden, war klar, dass man auch von kubanischer Seite verhandlungsbereit war. Am 5. Februar wurden einige Botschafter, vor allem Missionschefs aus der EU und aus Lateinamerika, ins MINREX gerufen. In meinem Tagebuch habe ich hierzu Folgendes festgehalten:

Nachmittags kleiner Empfang für Herrn K., der 25. Dienstjubiläum feiert. Benutze die Gelegenheit, allen Mitarbeitern meine Absicht mitzuteilen, einen Betriebsausflug zu machen. (...) Als ich mitten in der Beratung bin, teilt mir die Telefonistin mit, dass mich der Außenminister in einer Stunde zu sprechen wünscht.

Dieses geheimnisvolle Treffen ist ziemlich unglaublich. Bin wider Erwarten keineswegs allein. Die Kollegen aus Frankreich, Großbritannien, Italien, Portugal, Brasilien, Chile sind auch dabei. Später kommt auch der Botschafter aus Venezuela, leger in einer

Khakijacke. Wir werden nach einigem Warten über Umwege in eine Halle geleitet. Vorn steht der Außenminister, daneben zwei schlanke Herren, die ich nicht kenne, einer mit Vollbart. Auf der anderen Seite ein mir ebenfalls unbekannter kleiner Mann mit Brille. Neben ihm, in gehörigem Abstand, wie auf einer Anklagebank, die beiden Tschechen …

Der Minister holt weit aus, schließlich kommt er zur Sache. Die Tschechen hätten Gesetze übertreten und sich daher strafbar gemacht. Der Minister verliest – ganz in der Art kommunistischer Schauprozesse – ein Schuldbekenntnis der beiden und ihre Entschuldigung gegenüber dem kubanischen Volk. In mir beginnt es leicht zu kochen. Das ist eine Ungeheuerlichkeit. Soll ich den Raum aus Protest verlassen? Das wäre nun wieder ein Affront meinerseits. Also warte ich ab. Als der Minister uns Botschafter auffordert, Fragen an die Tschechen oder an ihn zu stellen, ist es mucksmäuschenstill. Keiner will offenbar etwas fragen.

Das kann doch nicht wahr sein. Sind wir denn alle Feiglinge? Als ich meinen Zeigefinger hebe, werde ich zu einem Mikrofon gebeten. Die Anlage funktioniert zunächst nicht. Höflich beginne ich: »Herr Minister, ich danke Ihnen für diese Gelegenheit, mit hohen Vertretern Ihres Landes wie auch mit den Vertretern der Interparlamentarischen Union zusammenzutreffen. Erlauben Sie mir zunächst die Frage, ob dieses Treffen von den Medien mitgeschnitten wird oder ob wir unter uns sind.«

Als der Minister antwortet, dass nur eine hausinterne Verfilmung stattfinde (ein Kamerateam ist anwesend), stelle ich meine Frage: »Ich möchte gerne eine Frage an die tschechischen Bürger richten. Ich würde gern wissen, ob Sie die Erklärung, die der Herr Minister soeben verlesen hat, aus Ihrem freien Willen unterzeichnet haben, ohne dass Sie jemand dazu gezwungen hat.« Einer der beiden Tschechen antwortet, dass beide die Erklärung völlig freiwillig, ohne irgendwelchen Zwang unterschrieben hätten.

Zu meinem Erstaunen spricht mich der Minister beim Herausgehen sehr freundlich an und stellt mir den chilenischen Abgeordneten Letelier vor, der im Auftrag der IPU hierher gekommen war. Auch erwähnt er die für den nächsten Donnerstag vorgesehene Übergabe meines Beglaubigungsschreibens.

Noch am selben Abend verließen die beiden tschechischen Politiker Kuba. Offenbar hatte die IPU Druck auf Kuba ausgeübt. Aber für mich blieb ein bitterer Nachgeschmack. Pérez Roque (und damit Castro) hatten einen europäischen Staat, der alsbald Mitglied der EU werden würde, in aller Öffentlichkeit vorgeführt. Keiner von uns war bereit, gegen diese Art und Weise anzugehen, jeder sah wohl die Freilassung der beiden als wichtiger an.

Kaum war das Problem mit den tschechischen Politikern gelöst, holte Castro zu einem neuen Schlag aus, der diesmal mich treffen sollte. Nachdem der *BDI* und das *BMZ* mit ihren Spitzen in Kuba gewesen waren, wollte auch das Auswärtige Amt einen hohen Vertreter nach Havanna entsenden. Der Staatsminister im Auswärtigen Amt (AA), Dr. Ludger Vollmer, wurde mir von der Zentrale im Februar 2001 avisiert.

Wie bereits bei vorherigen hochrangigen Delegationen arbeitete die Botschaft in enger Abstimmung mit dem MINREX ein Besuchsprogramm aus. Ich hatte einen Empfang bei mir eingeplant, zu dem ich Fidel Castro, den Vizepräsidenten Dr. Carlos Lage, den Außenminister Pérez Roque und etwa 200 weitere Gäste eingeladen hatte. Wir freuten uns darauf, dass endlich ein führender Vertreter unserer Zentrale nach Kuba kommen würde.

Nur wenige Tage vor dem Besuch erfuhren wir über die spanische Nachrichtenagentur EFE, dass Staatsminister Vollmer in Berlin Journalisten mitgeteilt habe, er erwarte von Kuba eine weitere Öffnung und einen Übergang zur Demokratie.

Am Tag darauf erhielt ich einen Anruf aus dem MINREX mit der Bitte, mich im Außenministerium einzufinden. Vizeminister Angel Dalmau wolle dringend mit mir sprechen. Ich begab mich ins MINREX, ohne etwas Besonderes zu ahnen. Dalmau empfing mich eiskalt und versteinert. Die kubanische Regierung habe beschlossen, den Besuch von Dr. Vollmer abzusagen. Ich möge den Staatsminister bitten, von dem gerade ausgestellten Visum keinen Gebrauch zu machen.

Er bezog sich auf Aussagen unseres Staatsministers, die mir nicht bekannt waren. Dr. Vollmer habe vor Journalisten nicht nur einen demokratischen Wandel in Kuba gefordert, sondern auch gesagt, dass die (kurz zuvor vollzogene) Freilassung der beiden Tschechen Vorbedingung für seine Reise gewesen sei. Dies ergebe sich aus einer verifizierten AFP-Meldung vom Vortag. Dalmau bezeichnete dies als eine »unerhört arrogante Sprache« und eine »nicht mehr hinnehmbare Einmischung in die inneren Angelegenheiten Kubas«.

Alle meine Hinweise, dass bereits vor Dr. Vollmer eine ganze Reihe von hochrangigen europäischen Politikern auf die Notwendigkeit eines friedlichen Übergangs in Kuba hingewiesen hätten und dass sich Kuba die mit dem Besuch von Dr. Vollmer eröffnete Chance zum Dialog nicht nehmen lassen dürfe, halfen nichts. Dalmau deutete mir an, dass er auf höchste Weisung handle. Alle Bemühungen von meiner Seite, den Besuch doch noch zustande zu bringen, seien daher zwecklos.

Natürlich berichtete ich nachts mit einem *citissime* (Fernschreiben mit höchster Dringlichkeitsstufe) ans Auswärtige Amt und telefonierte noch sicherheitshalber mit dem zuständigen Referatsleiter. Uns beiden war die AFP-Meldung nicht bekannt. Wie sich bald herausstellte, war sie zutreffend.

Damals wusste ich noch nicht, dass Fidel Castro sich täglich eine umfassende weltweite Presseschau zusammenstellen ließ, die gelegentlich Buchformat annahm. Erst fast zwei Jahre später habe ich ein solches Exemplar zu Gesicht bekommen. Hierin werden alle nur erreichbaren Kuba betreffenden Meldungen zusammengetragen. Castro liest diese Meldungen täglich. Wahrscheinlich hatte er nach der Lektüre der AFP-Meldung über die Äußerung unseres Staatsministers die Initiative ergriffen und das MINREX angewiesen, den Besuch abzusagen.

Dieser Vorfall war für mich der erste diplomatische Tiefschlag, den ich in Kuba hinzunehmen hatte. Als ich meine Mitarbeiter hiervon unterrichtete, meinte einer, der bereits mehrere Jahre an der Botschaft zugebracht hatte, es werde auch wieder bessere Zeiten geben, ich solle nicht verzagen. Das ständige Auf und Ab in den Beziehungen gehöre nun mal zum kubanischen Alltag.

Erstaunt war ich, dass meine europäischen Kollegen die Ausladung nur knapp kommentierten. Offenbar hatten fast alle von ihnen ähnliche Erfahrungen gemacht. Jedenfalls war es für sie keine Sensation, wovon ich irrtümlich ausgegangen war.

Im Hintergrund der wechselvollen Erfahrungen, die wir EU-Botschafter damals vor allem im politischen Bereich machten, stand der so genannte Gemeinsame Standpunkt, die *Common Position*, der Europäischen Union, die 1996 verabschiedet worden war und neben einem Übergang zur Demokratie auch den Schutz der

Menschenrechte in Kuba verlangte und dies zu einer Grundbedingung engerer Zusammenarbeit mit dem Inselstaat machte. Kuba lehnte dies ab und verurteilte seinerseits den Gemeinsamen Standpunkt als Einmischung in die inneren Angelegenheiten.

Im Grunde hatte Staatsminister Dr. Vollmer mit seinen Worten gegenüber den Journalisten in Berlin nicht viel mehr getan, als diesen Gemeinsamen Standpunkt zu wiederholen. Aber er traf hier die Achillesferse und dies zu einem Zeitpunkt, als Kuba gerade alles daran setzte, die gegen die Menschenrechtsverletzungen gerichtete Resolution bei den Vereinten Nationen in Genf zu verhindern.

Beobachtungen in Havanna

Es ist Samstag, kurz nach Sonnenaufgang. Ich bin mit dem Fahrrad unterwegs nach Alt-Havanna. Der Morgen ist kühl und angenehm. Ich fahre über die Septima, die Parallelstraße zur Quinta Avenida, der prächtigen Hauptachse zwischen den im Westen gelegenen Stadtteilen und dem Zentrum von Havanna.

Auf der Septima sind noch kaum Leute und nur wenig Verkehr. Ein alter Mann wühlt in einer großen Mülltonne. Er sucht nach etwas Essbarem oder vielleicht noch brauchbaren Kleidungsstücken. Denn hier kann man alles gebrauchen, selbst Kleidung, die andere wegwerfen. Ich gebe ihm einen Dollar, und er bedankt sich höflich.

Welcher Kontrast zwischen uns wohlsituierten Ausländern und den meisten Kubanern, die nicht wissen, wovon sie morgen leben werden. Kürzlich hatte mich ein Geistlicher in ein Elendsviertel mitgenommen, gar nicht weit von meiner Residenz. Romerillo wird es genannt und macht seinem Namen »kleiner Rummelplatz« alle Ehre.

Romerillo ist ein Viertel aus Hütten und Kartonbehausungen, mit und ohne Wellblech. Es ist wie eine *favela* in Brasilien oder die *Villa Miseria* in Argentinien. Hier wohnen meist illegal aus anderen Provinzen Zugewanderte, Menschen ohne Arbeit, Alte, Behinderte. Die meisten haben keine Zukunft.

Was mich am meisten schockiert: Die Menschen dort sind ohne ärztliche Versorgung. Sie bitten uns um Medikamente, um Verbandszeug. Und um einen Arzt, um den wir uns kümmern wollen.

Mich erstaunt, dass dies in einem Land möglich ist, das die gute ärztliche Versorgung seiner Bevölkerung besonders gern heraus-

Obdachloser am Busbahnhof von Havanna.

stellt. Der Gesundheitsminister verkündet es ständig: Bei uns kommt auf 200 Menschen ein Arzt. Das ist Weltrekord.

Aber die Statistiken täuschen. Kuba hat Tausende von Ärzten in die verschiedensten Länder geschickt. Fast 500 nach Guatemala, fast ebenso viele nach Honduras. Kubanische Ärzte sind in Südafrika, in Simbabwe, in Niger, aber vor allem sind sie in Venezuela. Castro will seinem Freund Chávez zu Hilfe kommen, dessen politisches Schicksal von den sozialen Randgruppen, die ihn wählen sollen, abhängt. Dabei spielt ärztliche Versorgung eine besondere Rolle. Etwa zehntausend kubanische Ärzte sollen bereits in Venezuela Dienst tun, genaue Zahlen gibt es nicht.

Bei unseren Fahrten durch Kuba hören wir es immer wieder: Jetzt fehlen Ärzte. Aus dem kleinen Städtchen Remedios in der Provinz Villa Clara wurden mehrere Ärzte nach Venezuela entsandt. Ein Kinderarzt mit seiner Frau, die halbtags als praktische Ärztin tätig ist, versorgt jetzt ein ganzes Stadtviertel mit mehreren Tausend Einwohnern.

Während ich also über die Septima dahinradle, überholt mich ein fröhlicher Kubaner auf seinem Rad, das im Gegensatz zu meinem keine Gangschaltung hat. Im Vorbeifahren wirft er einen Blick auf mein Fahrrad und hebt lächelnd den Daumen. »Muy buena su bicicleta, cuantos cambios tiene?« (Sehr gut, Ihr Fahrrad, wie viele Gänge hat es denn?). Als ich erwidere, es habe zwölf Gänge, staunt mein Gesprächspartner. »La mia ya no tiene uno solo, es china« (Meins hat nicht einen einzigen, es ist chinesisch).

Ich muss an mein früheres Rad denken, das ich vor Jahren in Peking erstanden hatte. Es war schwer und brach eines Tages auseinander. Diese Erfahrung hatten auch die Kubaner gemacht, nachdem in den neunziger Jahren Tausende von Fahrrädern aus der Volksrepublik China importiert worden waren. Sie waren schwer und hielten nicht lange. Aber sie waren für viele Kubaner das einzige Fortbewegungsmittel und damit sehr wertvoll.

Beim Stichwort China denke ich einen Augenblick nach. Trotz der ideologischen Affinitäten sind sich China und Kuba eigentlich fremd geblieben. Das hat mir ein hochrangiger kubanischer Funktionär bei einem Abendessen bestätigt. Das chinesische Denken liegt den Kubanern nicht. Kubaner wollen wissen, woran sie sind. Asiaten verbergen aber oft ihre Gedanken und äußern sich ambivalent. Kuba hegte auch gegenüber der Reform- und Öffnungspolitik von Deng Xiao Ping tiefes Misstrauen. Vor allem störte es die neue und wichtige Rolle, die private Unternehmen neben den staatlichen Betrieben in China spielen.

»Wir sind nicht China«, hörte ich immer wieder. Und dann verschanzten sich die Kubaner hinter dem Argument, dass sie sich faktisch im Kriegszustand befänden, im Kampf gegen ihren übermächtigen Nachbarn, die USA, welche die Zustände vor 1959 wiederherstellen wollten. »In dieser Situation dürfen wir uns keine Experimente leisten, das könnte tödlich für uns sein«, erklärte mir ein Funktionär.

Ich radle weiter. Als ich wenig später an einer Bäckerei vorbeikomme und den Duft des frischen Brotes rieche, halte ich an, um mir zwei Brötchen zu kaufen. Der freundliche Bäcker gibt mir den Rat, auf mein Rad zu achten und es lieber in den Laden zu holen.

Ich folge seinem Rat und bin ihm dankbar, denn der Aufenthalt in der Bäckerei verzögert sich. Ein alter Mann spricht mich an. Woher ich komme, will er wissen. Als ich ihm mein Heimatland

Sanierungsbedürftige Altbauten entlang des Malecón.

verrate, leuchten seine Augen. Er erzählt mir von seinem Sohn, der in Deutschland lebe. Er nennt die Stadt, aber ich verstehe das Wort »Heilbronn« erst nach nochmaliger Nachfrage. Ich biete dem Kubaner eines meiner Brötchen an. Er greift dankbar zu.

Im Restaurant *El Patio* neben der Kathedrale bedient mich ein junger Kubaner. Er weiß inzwischen, dass ich hier gern einen *cortado* trinke, einen Espresso mit ein wenig Milch, und stellt ihn vor mich, ohne dass ich außer dem üblichen Gruß etwas gesagt hätte. Wir kommen ins Gespräch. Er erzählt, dass bei ihm zu Hause ständig Stromausfälle seien. Auch sei ihm die Gasflasche gestohlen worden, so dass nun die Familie nicht mehr kochen könne.

Gasflaschen sind in Kuba so etwas wie ein Wertgegenstand. Einer meiner Hausangestellten berichtete mir eines Tages, ein Nachbar habe ihn angezeigt und behauptet, die Gasflasche, die er besitze, rühre von einem Diebstahl her. Er habe der Polizei, die ihn daraufhin zur Rede stellte, gesagt, dass er die Flasche von der deutschen Botschaft erhalten habe. Die Polizei verlange nun von ihm eine schrift-

Jugendstilfassade in der Altstadt von Havanna.

liche Bescheinigung darüber. Die Botschaft erteilte sie ihm, weil seine Behauptung stimmte.

Bei meiner Weiterfahrt durch die Altstadt begegne ich alten Frauen, die Wassereimer schleppen. Sie holen es von einem nahe gelegenen Brunnen. In dem verfallenden Haus, in dem sie leben, gibt es kein fließendes Wasser. Die Leitung sei schon seit Jahren kaputt, sie werde nicht repariert.

Am großen Markt, in der Calle de Bruselas, in der Nähe des Bahnhofs, ist Hochbetrieb. Es gibt Tomaten, Rote Beete, Salat, Papayas, die hier *fruta bomba* heißen, aber auch Bananen, Ananas und Melonen. Heute suche ich Zitronen, die wir für den *mojito* brauchen, ein beliebtes Getränk in Kuba, bestehend aus Limettensaft, milder Minze, kleingehacktem Eis, Zucker und einem Schuss weißem Rum. Ich kaufe zwei Dutzend für 20 Pesos, also für weniger als einen Dollar. Die Leute, die mich bedienen, sind freundlich. Sie wissen natürlich sofort, dass ich Ausländer bin. Das sehen sie schon an meinem Fahrradhelm, den hier sonst niemand trägt.

In einer Wechselstube, ganz in der Nähe des Marktes, will ich noch ein paar Dollar tauschen. Da sich eine nicht allzu lange Schlange gebildet hat, frage ich, wer der Letzte sei. Man verweist mich auf einen alten Mann, der ein paar Meter weiter auf einer Mauer sitzt. Wir kommen ins Gespräch. Er sagt mir, dass er gelegentlich von Verwandten in den USA etwas Geld erhalte. »Mit diesen Dollar kann ich mich und meine Familie über Wasser halten.« Er erzählt, dass früher der Besitz von Dollar verboten gewesen sei. Aber mit der*Período especial* (Spezialperiode, Notstand) Anfang der 1990er Jahre, als die Versorgung aus dem Ostblock zusammenbrach, habe die Regierung schließlich die Schleuse öffnen und den Dollar hereinlassen müssen.

Damit ist in Kuba eine Zweiklassengesellschaft entstanden, die der Dollarbesitzer und der Kubaner ohne Dollar. Die Dollarbesitzer können sich wieder einen bescheidenen Wohlstand leisten. Viele von ihnen haben die grünen Scheine unter ihre Matratze gelegt und sparen.

Vielleicht ist dies auch einer der Gründe, weshalb die Regierung im Oktober 2004 den Dollar durch einen konvertiblen Pesos, den *chavito*, ersetzt hat. Sie wollte damit die Leute zwingen, ihre Dollar auf die Bank zu bringen. Wer dies nämlich bis zu einem bestimmten Stichtag im November 2004 nicht tat, musste einen zehnprozentigen Abschlag beim Dollartausch hinnehmen. Angeblich seien danach über 700 Millionen Dollar in konvertible Pesos (CUC) getauscht worden.

Auf der Weiterfahrt sehe ich jetzt – es ist schon nach zehn Uhr vormittags – überall, vor allem aber an den Straßenkreuzungen Leute, die per Anhalter fahren wollen. *Hacer botella* nennt man das, »Flasche machen«. Kubaner mit einem Fahrzeug, das dem Staat gehört, sind verpflichtet, Anhalter mitzunehmen.

Für die Menschen hier ist die Transportfrage eine der lästigsten. Viele zwängen sich in die überfüllten riesigen *camellos*, die zu großen Bussen umgebauten Sattelschlepper. Aber andere bleiben stehen, niemand scheint sie mitzunehmen. In der Provinz ist das etwas einfacher, da gibt es wenigstens noch Pferdegespanne.

In Kuba fehlen über 3000 Busse, verrät mir der Vertreter eines deutschen Fahrzeugherstellers. Aber schlimmer noch: Es gibt nicht genügend Treibstoff für die zur Verfügung stehenden Busse. So stehen noch mindestens weitere tausend Fahrzeuge still.

Zum Transportnotstand trägt auch bei, dass zahlreiche Betriebe und Institutionen ihre eigenen Busse haben und sie nur für ihre Mitarbeiter einsetzen. Die fahren aber meist nur morgens und abends, zu und von der Arbeit. In der Zwischenzeit stehen die Fahrzeuge still, während sie von der Bevölkerung dringend gebraucht würden.

Die Zeitung *Granma* nannte einen weiteren Missstand. Busfahrer würden öfter Fahrgäste nur mitnehmen, wenn sie über den normalen Transportbetrag hinaus noch einen oder zwei Pesos drauflegten. Dies führte zu einer großen Diskussion über den Nahverkehr. Die Partei musste ein Machtwort sprechen, diese Praktiken scharf verurteilen und Kontrolleure losschicken.

Mein Fahrradweg zurück führt mich am Parque Central, einem der größten und schönsten Plätze Havannas, vorbei. Vor mir steht das Gran Teatro, das auch Teatro García Lorca heißt. Seine reichlich verzierte Jugendstilfassade ist ein Wahrzeichen der Stadt. Ich denke an die Ballettabende, die ich hier erlebt habe, und an Alicia Alonso, die Grande Dame des kubanischen Balletts, die das Land an die Spitze des internationalen Tanztheaters gebracht hat.

Paseo del Prado, die schattige Bummelstraße im Herzen von Havanna.

Anhalter an der Straßenkreuzung Paseo/Malecón; da öffentliche Transportmöglichkeiten fehlen, werden die Fahrer von Privatfahrzeugen angesprochen.

Die wenigen Großraumbusse, »Kamele« genannt, sind zumeist überfüllt und Gegenstand vieler Witze.

Enrico Caruso hatte hier gesungen und war, als er in seinem Opernkostüm in Panik auf die Straße raste, von einem Polizisten verhaftet worden. Der Schutzmann hatte geglaubt, es mit einem Verrückten zu tun zu haben. Caruso hatte sich aber nur in Sicherheit bringen wollen, als auf der Bühne eine »Bombe« explodierte, die sich später als ein harmloser Feuerwerkskörper herausstellte.

Erste Begegnung mit Fidel Castro

Im Winter 2001 kam die deutsche Radsportmannschaft »Team Nürnberger« auf die Insel, um im milden kubanischen Klima zu trainieren. Dies geschah im Rahmen der jährlichen Kuba-Rundfahrt, an der auch Profiteams aus anderen Ländern teilnahmen. Täglich konnte ich in den Zeitungen verfolgen, wie es um unser Team stand, das gegen Ende des Rennens mit an der Spitze lag.

So entschloss ich mich, an einem Sonntagvormittag die Zieleinfahrt im Zentrum von Havanna mitzuerleben. Aber als ich dort ankam, erfuhr ich, dass die Deutschen aufgegeben hätten. Es hatte schwere Meinungsverschiedenheiten des deutschen Teams mit der kubanischen Rennleitung gegeben, so dass unsere Radrennfahrer es vorgezogen hatten, die weitere Teilnahme abzusagen.

Von meiner Anwesenheit am Ziel hatte der Chef des kubanischen Sportverbandes, intern »Sportminister« genannt, erfahren, der mich sogleich ansprach und zu einer Großveranstaltung in die Cuidad Deportiva, eine riesige Sporthalle in Havanna, einlud. Anlass sollte die Ehrung von verdienten kubanischen Sportlern sein.

Diese Einladung freute mich, da ich selbst sportbegeistert war und zudem wusste, dass Kuba zu den großen Sportnationen zählte und zahlreiche Olympiasieger und Weltmeister im Boxen, im Schwimmen und in der Leichtathletik hervorgebracht hatte. Einige von ihnen hoffte ich jetzt sehen zu können.

Tatsächlich waren sie auch alle da: der berühmte Boxer und mehrfache Goldmedaillengewinner Felix Savón, Weitspringer Javier Sotomayor, Diskuswerferin Martiza Marten, Judokämpferin Odalys Reve, der Olympiasieger über 400 und 800 Meter von Moskau, Alberto Juantorena, sämtlich Goldmedaillengewinner bei den Olympischen Spielen in Barcelona 1992. Mit besonders viel Beifall bedacht wurde die 800-Meter-Läuferin Ana Fidelia Quirot, die 1996 in Atlanta trotz einer schweren Fersenoperation unter Schmerzen angetreten war und die Silbermedaille gewonnen hatte.

Seit seiner ersten Teilnahme an den Olympischen Spielen im Jahr 1900 in Paris hat Kuba insgesamt 115 Medaillen, darunter 56 Goldmedaillen, errungen. Mit der Speerwerferin Maria Caridad Colón hatte Kuba 1980 erstmals eine Goldmedaille für eine weibliche Sportlerin nach Lateinamerika geholt. Später hatte die kubanische Judokämpferin Driulis González als erste und bisher einzige Kubanerin und Lateinamerikanerin drei Goldmedaillen errungen.

Kaum hatte ich auf der Tribüne Platz genommen, erhoben sich plötzlich alle. Unter großem Jubel erschien Fidel Castro in seiner olivgrünen Uniform, er stieg einige Stufen hinab, wobei er sich, so meinte ich zu bemerken, auf den einen oder anderen Begleiter leicht abstützte. Mir schien es, dass er ein Problem mit einem seiner Beine hatte.

Fidel winkte dem Publikum zu, ohne etwas zu sagen. Als er Platz nahm, ebbte der Applaus langsam ab, und dann marschierten die Sportler ein.

Da er vielleicht zwanzig Meter von mir entfernt saß, konnte ich ihn genau beobachten. Er schien mir sehr konzentriert zu sein, sprach nur ganz selten mit seinen Nachbarn, aber erhob sich jedes Mal, wenn eine Sportlerin oder ein Sportler geehrte wurde. Dann folgte ihm das ganze Stadion. Wie ein Vater umarmte er die meist noch jungen Leute, die nach der Ehrung zu ihm hinaufkamen, und dann brauste der Beifall auf und Jubelrufe wurden laut.

Sicherlich gab es im Stadion Gruppen, die den Beifall provozierten, aber es lag auch eine besondere Stimmung in der Arena, die von einem Mann ausging, der mit seiner immer noch athletischen Figur, seinem bärtigen Gesicht und seinen Gesten auf die Menschen ausstrahlte. Hier war erkennbar ein Mann mit Charisma am Werk, jemand, der auch ohne viel zu sagen anderen etwas mitteilen, sie begeistern konnte.

Später erfuhr ich, dass Fidel auch nach seiner Machtübernahme noch lange aktiv Sport getrieben und mehrfach an Baseballspielen teilgenommen hatte. Zusammen mit Camilo Cienfuegos hatte er am 24. Juli 1959 im Estadio del Cerro vor etwa 33 000 Zuschauern die Mannschaft der *Barbudos* (die Bärtigen, gemeint sind die Rebellen der Sierra Maestra) angeführt. Er hatte den Ball geschlagen, während Cienfuegos sich als Fänger betätigte (Cienfuegos war ein sehr populärer Mitkämpfer Fidels in der Sierra Maestra, der im Herbst

Fidel Castro bei einer seiner mehrstündigen Reden zum Revolutionsfeiertag am 26. Juli; 1953 versuchten die Revolutionäre an diesem Tag, die Moncada-Kaserne in Santiago de Cuba zu stürmen.

1959 unter mysteriösen Umständen bei einem Flugzeugabsturz ums Leben kam).

Fidel galt zu dieser Zeit als sehr guter Baseballspieler. Angeblich soll ihm in den vierziger Jahren sogar ein gutes Angebot von einem der führenden US-Clubs gemacht worden sein. Wie würde Kuba heute aussehen, wenn Fidel es angenommen hätte?

Kuba und die Europäische Union, Krise in den Beziehungen

Es ist üblich, dass Kollegen einen neuen Botschafter zu sich einladen, um ihn kennenzulernen und um über die Situation im Land zu reden. Ich freute mich besonders über die Einladung zu meinem spanischen Kollegen, der bereits drei Jahre in Kuba tätig war und viel Interessantes zu berichten wusste.

Spanien, die ehemalige Kolonialmacht, die Kuba als letzte Kolonie im Jahre 1898 verloren hatte, spielt hier immer noch eine herausragende Rolle. Von allen europäischen Ländern hat Spanien am meisten in Kuba investiert, allein im Hotelsektor entstanden 26 Projekte. Aber auch im Handel mit Kuba ist Spanien führend. Es dürfte immer noch etwa zehn Mal so viel exportieren wie Deutschland.

Auch die spanische Kultur ist in Kuba gefragt. Seine Musik, Literatur, Malerei und der spanische Film sind sehr beliebt. Kurzum, die *Madre Patria* ist in Kuba überall präsent. Spanien hatte bis zum September 2003 das größte ausländische Kulturinstitut in Havanna. Die spanische Botschaft ist eines der herausragenden Gebäude am Ende der Uferpromenade Malecón, ganz in der Nähe des jetzt als Museo de la Revolución genutzten ehemaligen Präsidentenpalastes.

Dennoch schien es mir, schon bei meinem ersten Gespräch mit dem spanischen Kollegen, dass die politischen Beziehungen zwischen Spanien und Kuba stark belastet sind. Dies hat seinen Grund in der sehr unterschiedlichen Sicht auf Demokratie und Menschenrechte in der Europäischen Union einerseits und in Kuba andererseits. Der spanische Ministerpräsident José Maria Aznar setzte sich in besonderem Maße für einen demokratischen Wandel in Kuba ein. Dies führte zu einer erbitterten Gegnerschaft zu Castro.

Castro hat entgegen zeitweiliger Zusagen nie freie Wahlen nach dem Vorbild der westlichen Demokratien zugelassen. Er hat es vorgezogen, ein System aufzubauen, bei dem nur eine Partei, nämlich der Partido Comunista de Cuba (PCC) die bestimmende Kraft ist. Das kubanische System ist insofern ein Abbild der so genannten Volksdemokratien, wie sie es in Mittel- und Osteuropa gab.

Während der Westen im so genannten Helsinki-Prozess 1975 einen Dialog mit anderen sozialistischen Ländern begann, der auch die Menschenrechte einschloss, war dieser Dialog mit Kuba nicht zustande gekommen. Castro wollte ihn nicht. Vielleicht fürchtete er, in Zugzwang zu geraten.

Die Europäer mahnten ihrerseits immer wieder die Herstellung demokratischer Verhältnisse und den Schutz der Menschenrechte an. Sie wollten ihre wirtschaftliche Zusammenarbeit, ihre Entwicklungshilfe, von einem Übergang zu mehr Freiheit und Demokratie in Kuba abhängig machen.

Beim Mittagessen bei meinem spanischen Kollegen wurde mir gleich am Anfang meines Aufenthalts in Kuba klar, dass diese Diskrepanz die Arbeit der europäischen Botschaften in Havanna in erheblichem Maße tangierte und belastete. Bei den Ost- und einigen Mitteleuropäern kam noch hinzu, dass sie von Kuba als »Verräter« an der guten Sache und als Verursacher der Schwierigkeiten betrachtet wurden, in die Kuba nach dem Zusammenbruch des Ostblocks geraten war.

Im Jahre 2000 hatte die Tschechische Republik eine Resolution bei der Menschrechtskommission der Vereinten Nationen eingebracht, in der Kuba verurteilt wurde. Dieser Schritt wurde von einer ganzen Reihe anderer europäischer Staaten unterstützt, aber auch von mehreren lateinamerikanischen Regierungen. Man sagt, dass dies der Anlass dafür war, dass Castro seinen bisherigen Außenminister Roberto Robaina fallen ließ und seine rechte Hand in Staatsrat und Partei, den ehemaligen Studentenführer Pérez Roque, zu dessen Nachfolger bestimmte.

Die Verurteilung in Genf hatte noch weitere Konsequenzen. Kuba zog seinen Antrag auf Beitritt zum Vertrag von Cotonou zurück, mit dem eine Reihe von Entwicklungsländern, vor allem frühere europäische Kolonien, eine Vorzugsbehandlung durch die Europäische Union erhalten sollten. Nach der Verurteilung in Genf lehnte es Kuba außerdem ab, die Vertreter der EU zu empfangen, die mit Kuba über den Beitritt zum Cotonou-Abkommen beraten wollten. Damit begann eine Eiszeit in den Beziehungen. Dies wurde mir deutlich, als der 1. Stellvertretende Außenminister Jorge Bolaños bei meinem Antrittsbesuch sagte, Kuba habe seine Beziehungen zur EU »eingefroren«.

Auf all dies nahm mein spanischer Kollege Bezug, als er mir sorgenvoll von den schwierigen politischen Beziehungen zu Kuba berichtete.

Eines der zahlreichen Problemfelder, bei denen die gegenseitigen Standpunkte aufeinander prallten, waren die etwa 200 politischen Gefangenen, für deren Freilassung westliche Politiker immer wieder

Gruppenfoto mit Außenminister: Pérez Roque (Mitte) im Kreis der EU-Botschafter (2002).

eintraten. Auch aus Deutschland erhielten wir gelegentlich Schreiben wichtiger Politiker dazu, die wir dann mit einer Verbalnote ans Außenministerium weitergaben. Der Erfolg dieser Aktionen war entweder nicht messbar oder aber bescheiden.

Und dennoch: Fidel Castro ließ von Zeit zu Zeit einige der politischen Gefangenen vorzeitig frei und gestattete auch Gespräche wichtiger Besucher mit der Opposition. Vor allem die Aussicht auf die Freilassung von politischen Häftlingen beflügelte mich, stärker den Dialog mit kubanischen Politikern zu suchen.

Dabei war es von Vorteil, dass mir das Auswärtige Amt in dieser Hinsicht keine Vorschriften machte und mir »freie Hand« ließ. Glücklicherweise besuchten mich gleich nach Beginn meines Dienstantritts mehrere Bundestagsabgeordnete, vor allem aus der Regierungskoalition aus SPD und Bündnis 90/Die Grünen. Fast alle äußerten ähnliche Gedanken: Austausch und Dialog mit Kuba, schon um ein Gegengewicht zur wenig glücklichen Politik der USA gegenüber dem Land zu schaffen.

Auch die meisten meiner Kollegen aus der Europäischen Union traten für den Dialog mit Kuba ein. Sie sahen hierin eine größere Chance, unseren Zielen näher zu kommen, als über politischen oder wirtschaftlichen Druck. Wir führten zu diesem Thema zahlreiche Vier-Augen-Gespräche, um uns intern abzustimmen.

Mir schien es wichtig, in erster Linie mit den Spitzendiplomaten im kubanischen Außenministerium Kontakt zu pflegen. Hieran beteiligte sich auch von Anfang an meine Frau, die auf den Gedanken kam, den für uns zuständigen Vizeminister Angel Dalmau und den Europadirektor Rodney López zusammen mit ihren Frauen in eines der besten Restaurants Havannas, in die *Ferminia*, einzuladen. Das Essen in diesem prächtigen Ambiente sollte dazu beitragen, uns näher kennenzulernen und die Gedankengänge der anderen Seite in Erfahrung zu bringen.

Dies stellte sich als ein richtiger Schritt heraus, dem wir weitere folgen ließen. Dabei kam mir zu Hilfe, dass Außenminister Pérez Roque von sich aus den Gedanken eines Treffens äußerte, dem sich auch Vizepräsident Carlos Lage anschloss. Diese Begegnung, wiederum unter Einbeziehung der Ehefrauen, die im Juni 2001 stattfand, war für mich von großer Bedeutung. Sie eröffnete die Möglichkeit, in einem freundlichen Ambiente die erkalteten Beziehungen zwischen Kuba und der EU persönlich zu erörtern. Als ich am Schluss den Vorschlag machte, der Minister möge doch einmal die EU-Botschafter zu einer Begegnung einladen, lehnte er nicht ab, sondern stimmte zu.

Schon wenige Tage danach erhielten wir die Einladung in eines der Protokollhäuser im Westen von Havanna, in das hübsche Villenviertel Cubanacán. In einer Tagebuchnotiz habe ich damals festgehalten:

Das Treffen mit Außenminister Pérez Roque ist zunächst doch eine »Philippika« gegen die EU. »Gemeinsamer Standpunkt« für Kuba nicht annehmbar. Aber immerhin neue Nuancen. Ermuntere ihn, die Dialogchance zu ergreifen. Nach Hin und Her erklärt er seine Bereitschaft ohne Vorbedingungen. Aber Dialog müsse zu einem Ergebnis führen. Ich nenne Themenpalette, darunter auch Klimaschutz. Er will auf Nichtverurteilung in Genf hinaus, EU solle sich der Stimme enthalten.

Ich weise auf gemeinsame Rio-Erklärung hin, die »strategische Part-
nerschaft« mit Lateinamerika, Achtung der Menschenrechte und
Förderung demokratischer Entwicklungen enthalte. Wir hätten als
Partner ein Recht, auch von Kuba unterschriebene Verpflichtungs-
erklärungen einzufordern.

Setzen das Gespräch beim Essen fort. Sprechen auch über Castro,
Überfall auf die Moncada-Kaserne. Dann beklagt sich der Außen-
minister erneut über die Europäer, verlangt Änderung unserer Hal-
tung gegenüber Kuba. Setzen dem die Einseitigkeit kubanischer Po-
sitionen, z. B. Fixierung auf das USA-Trauma entgegen, die für EU
nicht immer verständlich sei.

Wir gingen an diesem Abend schließlich doch noch freundlich auseinander. Auf der Treppe vor dem Gästehaus wurde ein Erinne-
rungsfoto gemacht. Doch ob wir das Eis brechen konnten, blieb un-
klar.

Kuba am Ende?

Ist das »Experiment Kuba« gescheitert?

Dezember 2003, Woche des lateinamerikanischen Films. Viele Kubaner haben sich für einige Tage frei genommen, um möglichst viele der ausländischen Filme sehen zu können, denn es ist zugleich eine Woche des internationalen Films, da auch Europa seine besten Filme zeigt. Italien präsentiert *Paz*, Frankreich *Amen* und Deutschland *Good Bye, Lenin*.

Aber der heimliche Hit ist ein ganz anderer, ein kubanischer Film: *Suite Habana*. Er schildert fast ohne Worte die Nöte der Menschen in Kuba, ihre täglichen Bedürfnisse und Sorgen. Es ist wie ein stiller Aufschrei, ein Protest gegen die immer mehr um sich greifende Armut, die Repression und den Verfall. Dabei ist der Streifen mit einfachen Mitteln gemacht, ohne Stars, aber mit Menschen, die aus dem Alltag kommen.

Sie zeigen uns ihre Wohnungen, besser ihre heruntergekommenen Behausungen, ihren Kampf um das tägliche Brot, um ein Verkehrsmittel, das sie zur Arbeit oder wieder nach Hause bringt. Menschen vor einer unsichtbaren Kamera, die nicht sprechen, aber uns doch viel zu sagen haben, Menschen, die es satt sind, ewig Schlange zu stehen, mehrere Tage nach einer Schraube zu suchen, um den auseinanderbrechenden Schrank zu reparieren, die seit Tagen keine Milch mehr für ihre Kinder bekommen haben.

Suite Habana ist die Dokumentation eines Scheiterns. Der Gegenbeweis zu der Behauptung, hier sei alles in Ordnung. Er dokumentiert die innere Blockade, die dieses großartige Land lähmt und auf die Schräge des Abstiegs gestellt hat. Er ist die aus der Ohnmacht entstandene Kritik an einem System, das unfähig geworden ist, der Jugend Perspektiven zu bieten, das sich um sich selbst dreht und dem Fortschritt die Türen verschlossen hat.

In den Medien wird freilich die Schuld am eigenen Versagen auf den großen Widersacher im Norden geschoben. Sie sprechen von der »Blockade, die jetzt schon seit über vierzig Jahren« über Kuba verhängt ist, die das Land mehr als 700 Milliarden Dollar gekostet hat. Sie rechnen immerzu. Fidel rechnet in jeder Rede, hält Dutzende von Zahlen parat und rechnet ab.

Wenn es um Kuba geht, werden die schönen Zahlen bemüht, an vorderster Stelle jene, die den Fortschritt im Gesundheits- und Erziehungswesen belegen sollen: niedrigste Säuglingssterblichkeit auf der ganzen Welt, höchste Dichte ärztlicher Versorgung, kleinste Klassen in den Schulen. Aber wer die Krankenhäuser betrachtet, der weiß, dass die Zahlen nur eine Seite des Gesundheitswesens widerspiegeln, der weiß, wie erbärmlich die meisten Krankenhäuser ausgestattet sind, dass es an Hygiene, an Betten, an medizinischen Geräten und an Medikamenten fehlt.

Die Flure der Provinzkrankenhäuser sind trostlos, oft seit Jahrzehnten nicht gestrichen. Die Krankenzimmer atmen Verfall und Trostlosigkeit. Auch die Ärzte werden immer weniger, da Fidel sie ins Ausland schickt, genau wie die Lehrer. Um die Lücken zu füllen, hat Castro Hilfskräfte schulen lassen. Er nennt sie *maestros emergentes* (Hilfs-Lehrer), Studenten, die in Schnellkursen von oft weniger als einem Jahr »Lehrer« geworden sind. Sie versuchen, mit Hilfe von Videokassetten Unterricht zu erteilen. Oft fällt der Strom aus, dann stehen sie hilflos da. Auch im Bildungsbereich, dem Kernstück der Revolution, hat der Verfall begonnen.

Dennoch steht Kuba im Vergleich zu anderen Entwicklungsländern nicht schlecht da. Niemand verhungert, die meisten schaffen es, irgendwie zu überleben. Kuba kennt keine Straßenkinder, es kennt keine Menschen, die auf Müllkippen hausen. Aber in Havanna breiten sich heute die Armutsviertel immer mehr aus, und mit dem Verfall der alten Bausubstanz im Zentrum drohen auch hier hinter den alten Mauern Favelas zu entstehen, ohne Wasseranschluss, ohne Elektrizität.

Dabei hat Kuba gut ausgebildete und fleißige Menschen. Menschen, die noch aus Abfall und Schrott Brauchbares zu machen verstehen, die solidarisch zusammenstehen, sich gegenseitig unterstützen und bisher den Zusammenbruch verhindert haben. Aber sie alle sehnen sich nach einem Ausweg. So können und wollen sie nicht weitermachen. Viele wollen auswandern, zu ihren Verwandten in den USA oder Europa, andere ziehen es vor, hier zu bleiben, und hoffen auf einen Wandel.

Aber sie hoffen schon zwanzig, dreißig Jahre. Die damals Hoffenden sind heute alte, zumindest ältere Menschen, die oft resigniert haben, keinen Ausweg mehr sehen. Verzweifelt suchen sie nach einer Perspektive für ihre Kinder, finden sie aber nicht. Als ich eine kleine Universität im Landesinneren besuche, um eine Buchspende zu übergeben, entfährt es vielen explosionsartig: Wir können nicht mehr, wir sind am Ende, helfen Sie uns, damit wenigstens unsere Kinder besser leben können.

Was das Land bräuchte, sind Privatinitiative, Dezentralisierung, eigenständige Betriebe und Kooperativen, kleine und mittlere private Unternehmen. Mit ihrer Hilfe könnte Kuba allmählich umgestaltet werden, könnten die Tüchtigen adäquate Arbeitsplätze finden und einen gerechten Lohn erhalten. Kuba könnte binnen kurzer Zeit zu einem Schwellenland mit einer interessanten Zukunft werden.

Wohlmeinende Politiker aus dem Ausland hatten Castro nach dem Zusammenbruch der UdSSR und des RGW geraten, den Weg einer allmählichen wirtschaftlichen Öffnung und schrittweiser Reformen zu beschreiten. Felipe González, damals spanischer Ministerpräsident, hatte Fidel während der 3. Iberoamerikanischen Gipfelkonferenz im Juni 1993 in Salvador de Bahía in Brasilien das Angebot unterbreitet, einen ausgewiesenen Wirtschaftsfachmann, seinen ehemaligen Finanzminister Carlos Solchaga, nach Kuba zu entsenden, der ihm Vorschläge für wirtschaftliche Reformen ausarbeiten könne.

Schon wenige Wochen später traf Solchaga in Havanna ein. Bereits bei seiner Ankunft erfuhr er von einer sehr wichtigen Entscheidung: der Legalisierung der Dollar-Überweisungen nach Kuba, die bisher illegal erfolgt waren und harte Strafen nach sich ziehen konnten. Solchaga fühlte sich bestärkt, nicht nur kosmetische Reformschritte vorzuschlagen, sondern elementare Veränderungen. Er dachte an die Öffnung Kubas für Auslandsinvestitionen, im Bereich des Tourismus, an Kleinunternehmen (*autoempleo oder cuentapropistas*) und an eine Steuerreform (»Wer mehr verdient, soll mehr zahlen«). Mit der Zufuhr von Kapital, der Schaffung von privaten Arbeitsplätzen könnte das Volkseinkommen vermehrt, die Wirtschaft angekurbelt und damit das Startsignal für soziale und politische Veränderungen gegeben werden.*

---

* Vgl. Manuel Vázquez Montalbán: Y Dios entró en la Habana, Madrid 1998, S. 188 f.

Interessant ist die Schilderung, die der spanische Ex-Minister von seinem ersten Gespräch mit Castro gab:

Es war eine interessante Begegnung, bei der es mir, zur Überraschung aller Anwesenden, gelang, Castro dreißig oder vierzig Minuten lang still zu halten (...). Ich versuchte, ihm die These zu verkaufen, dass man nicht Nationalist und Anti-Imperialist sein könne nur 90 Meilen vor der Küste von Florida (...), ohne sich dem anderen auszuliefern (...). Ihr habt guten Grund, stolz darauf zu sein, dass ihr das einzige Land auf dem Kontinent seid, wenn man vom südlichen Teil Südamerikas absieht, das ein Gespür für das Vaterland, ein Gefühl für seine eigene Identität und eine nationale Lebensstruktur entwickelt hat, die ganz und gar neu sind (...). Du hast ein Land geschaffen, das eine Rolle in der Geschichte spielt, das moralische Grundsätze wie Solidarität und (...) Gleichheit vertritt sowie die Ungerechtigkeit verwirft (...). Du kannst dich an die Spitze derjenigen stellen, die sagen: Wir wollen ein unabhängiges Land, das sich selbst achtet! Ich sagte, es gäbe Errungenschaften der Revolution, die erhalten bleiben müssten, soziale Errungenschaften. Diese müssten aber finanziert werden (...). Du musst den Leuten sagen, dass du (jetzt) einige Einstellungen zum Eigentum an den Produktionsmitteln ändern musst.

Das Problem lag darin, dass Castro vor allem mit der Stärkung des privaten Sektors die ideologische Basis der kubanischen Revolution wanken sah. Die Vergesellschaftung der Produktionsmittel, schrittweise nach 1959 in Angriff genommen, war ein Kernstück der von der Revolution durchgeführten Reformen. Daher soll Fidel auf Solchagas Vortrag geantwortet haben: »Mag sein, dass du Recht hast, aber das, was du sagst, sollen andere machen.«

Felipe González ließ aber nicht locker. Im Jahr darauf – Solchaga hatte den Kubanern seine Reformvorschläge in schriftlicher Ausarbeitung unterbreitet – traf er sich erneut mit Fidel Castro, diesmal am Rande der 4. Iberoamerikanischen Gipfelkonferenz in Cartagena/Kolumbien. Er riet Castro sehr dazu, die Vorschläge von Solchaga ernst zu nehmen.

Es kam daraufhin erneut zu Begegnungen Solchagas mit führenden Persönlichkeiten aus dem kubanischen Wirtschaftsleben, darunter mit Vizepräsident Lage und dem späteren Wirtschafts- und Planungsminister José Luis Rodríguez. Auch Fidel Castro empfing ihn.

Castro soll ihm versichert haben, er werde seine gesamte Wirtschafts-equipe auswechseln. Auch habe er dafür Sorge getragen, dass die Experten im ZK der KP die Reform- und Anpassungsprozesse in den ehemals sozialistischen Ländern Europas, vor allem aber in China und Vietnam, studierten.

Solchaga berichtete später von einer Begegnung mit Raúl Castro, Fidels Bruder und als Verteidigungsminister der starke zweite Mann im Land, die 1994 stattfand. Raúl hatte zuvor in einer Rede die Notwendigkeit betont, dem Volk zu essen zu geben. Dies sei auch eines der »strategischen Ziele« der Verteidigungspolitik und der Streitkräfte. Aber das Treffen sei dann ganz anders als erwartet verlaufen. Statt über die Wirtschaft zu sprechen, habe Raúl ihn in eine Militärbasis eingeladen und ihm stolz unterirdische Verstecke für Panzer gezeigt. Zu Wirtschaftsfragen habe er sich überhaupt nicht geäußert. Offenbar habe Raúl zu diesem Zeitpunkt bereits keine Neigung mehr verspürt, wirtschaftliche Reformen anzupacken, die ihm wohl 1992 und 1993 noch vorgeschwebt hätten.

Aber immerhin: Der Erlass eines Gesetzes über Auslandsinvestitionen und die Gründung privater Restaurants, der so genannten *paladares*, sind auch aufgrund der Arbeit Solchagas entstanden. Insofern hat der spanische Experte mit seiner Mission gewisse Veränderungen angestoßen. Castro verhindert jedoch die Durchsetzung seines Kerngedankens, die Öffnung Kubas für die Privatwirtschaft. Für ihn könnte sie das Ende der Revolution, seiner Revolution, bedeuten, das Eingeständnis, dass er und seine Leute versagt haben.

So hoffen alle, die wirtschaftliche Veränderungen herbeisehnen, auf die Zeit danach. Solange Fidel lebt, wird er mit eiserner Faust jeden Wandel zu verhindern wissen, wird er jede Initiative, die das Land voranbringen könnte, abwürgen. »Está anquilosado«, sagte mir ein spanischer Diplomat, der damit den Nagel auf den Kopf getroffen hatte: Er ist bewegungsunfähig.

Dies ist die Tragik eines Landes, das seine Freiheit, seine Unabhängigkeit und seine nationale Würde erlangen wollte.

Zweite Begegnung mit Fidel Castro

Die Ausarbeitung von Delegationsprogrammen kann für eine Botschaft eine schwer lösbare Aufgabe sein. Sie kann sich bis zum größten Stress, ja bis zum Nervenkrieg steigern, vor allem dann, wenn sehr hochrangige Gesprächspartner angefragt werden. Wenn der Delegation ein hoher Repräsentant unseres Landes angehört, wird das Programm zur Sache des Botschafters.

Daher rief man mich mehrfach aus Berlin an, als Bundestagspräsident Wolfgang Thierse nach Kuba zu kommen beabsichtigte. Anlass seiner Reise war die Jahrestagung 2001 der Interparlamentarischen Union in Havanna. Er und ein Dutzend Mitglieder des Deutschen Bundestags hatten sich angesagt. Präsident Thierse erwartete, dass Castro ihn empfangen würde. Aber solche Erwartungen hegten auch eine Reihe anderer Parlamentspräsidenten. So konnte uns das kubanische Protokoll keine Zusage geben. Überhaupt schien es mit der Ausarbeitung des Programms für unsere Delegation überfordert zu sein. Wir hatten eine Woche vor Beginn der Tagung immer noch keinen

Treffen mit Fidel Castro (2002).

Entwurf. In Berlin wurde man zusehends ungeduldig. Das Vorzimmer des Bundestagspräsidenten drohte mit der Absage der Reise, falls in den nächsten zwei Tagen keine Programmvorschläge vorlägen.

Als ich im kubanischen Außenministerium anrief, um nach dem Stand der Dinge zu fragen und zu drängen, konnte man mir nichts Genaues sagen. Schon gar nicht zu dem Wunsch Thierses, Castro zu treffen. »Das wird erst sehr kurzfristig entschieden«, meinte meine Gesprächspartnerin. Aber schon am nächsten Tag hatten wir immerhin einen ersten Programmentwurf in der Hand. Er war gut, nur ein Termin mit dem Comandante fehlte. Ich informierte Berlin, sagte, dass der Termin mit Castro offen bleibe. Ich würde allerdings mein Bestes tun, um ihn zustande zu bringen.

Thierse kam und begann sein Programm, das mit einem Mittagessen beim kubanischen Parlamentspräsidenten Ricardo Alarcón seinen Anfang nahm. Am nächsten Tag besuchte er die Lateinamerikanische Medizinische Hochschule, an der mehr als fünftausend Studenten aus Lateinamerika und Afrika Medizin studierten und zu Ärzten ausgebildet wurden. Er zeigte sich mit dem Besuch zufrieden. Nur Castro ging ihm nicht aus dem Sinn. »Herr Botschafter, was haben Sie veranlasst?« fragte er recht ungeduldig, als wir immer noch keinen Termin erhalten hatten.

Was sollte ich dem hohen Gast antworten? Dass ich mich nach Kräften bemüht, viele meiner Kontaktleute eingeschaltet hätte? Aber den Gast interessierte doch nur das Resultat, nicht mein Bemühen. Würde das Gespräch nicht zustande kommen, fiele ein Schatten auf den Besuch.

Auf dem Wege von der Medizinischen Hochschule ins Stadtzentrum kommt endlich die erlösende Nachricht: Castro hat uns zum Mittagessen eingeladen. Er erwarte uns in etwa zwei Stunden. Um kurz vor 13 Uhr fahren wir ins Kongresszentrum. Fidel Castro erwartet uns bereits. Neben ihm sitzen Vizepräsident Lage, Außenminister Pérez Roque und der Parlamentspräsident Alarcón.

Fidel beginnt das Gespräch mit der Frage an den Berliner Thierse, wie viele Menschen an der Berliner Mauer ihr Leben gelassen hätten. Wir antworten, etwas überrascht, dass die genaue Zahl nicht feststehe, dass es vermutlich aber weniger als 200 gewesen seien. Castro entgegnet, dass weit über 400 Menschen jährlich bei dem Versuch umkämen, die Grenze von Mexiko in die USA zu überwinden. Dies zeige die Unmenschlichkeit der US-Regierung.

Er geht dann auf den Plan Washingtons ein, für ganz Amerika, Nord und Süd, eine große Freihandelszone zu schaffen, die *Asociación de Libre Comercio de las Américas* (*ALCA*, engl. *FTAA*). Diese ziele auf die Herstellung einer Hegemonie und absoluten wirtschaftlichen Herrschaft der USA in ganz Amerika ab. Während für die USA neue Absatzmärkte entstünden, gingen Landwirte in Lateinamerika zu Tausenden zugrunde. Die *NAFTA*, die Freihandelszone der USA, Kanadas und Mexikos, führe dies heute schon vor Augen. Zahlreiche Bauern in Mexiko hätten ihre Existenz verloren, das Land werde von billigen Gütern aus den USA überschwemmt.

Resigniert fügt Castro hinzu, dass es nur wenige Staaten wagten, Bedenken gegen diese Pläne anzumelden. Hierzu gehörten Venezuela und Brasilien. Er fährt danach fort, über die USA zu sprechen.

Nach etwa zwanzig Minuten unterbricht der deutsche Gast. »Herr Präsident, wollen wir nicht auch über Europa und Deutschland sprechen?« Während die Kubaner bleich werden vor Entsetzen, denn Castro zu unterbrechen ist mehr als ein Sakrileg, antwortet der Comandante ruhig: »Si señor, Vd. tiene razón, hablemos de Europa.« (Ja, mein Herr, Sie haben Recht, sprechen wir über Europa.)

Aber schon wieder geht das Gespräch in Richtung USA. Castro wirft den Europäern vor, sie seien heute dabei, ein Anhängsel (*remolque*) der USA zu werden. Das zeige sich bei der Diskussion über ein weltraumgestütztes militärisches Abwehrsystem oder in Genf in den Diskussionen der Menschenrechtskommission. Die Europäer erwiesen sich als ein willfähriges Instrument der USA.

Thierse widerspricht. Es gebe eine Reihe von Themen, bei denen keine Einigkeit zwischen Europa und den USA bestünde. Er nennt die internationale Klimapolitik, den internationalen Strafgerichtshof, aber auch die Globalisierung, die von Europa anders gedeutet werde als von den USA. Die SPD sei dabei, in Zusammenarbeit mit anderen sozialdemokratischen Parteien in Europa hierzu eine Ausarbeitung zu machen. Aber es gebe auch eine Wertegemeinschaft, die sich aus den historischen Wurzeln entwickelt hätte, die beide Kontinente verbinden.

Fidel widerspricht nicht, geht auf die großen Denker in Frankreich und Deutschland ein, die einen erheblichen Beitrag zur Weltgeschichte geleistet hätten, erwähnt Kant, Hegel, Marx. Er bezeichnet die Europäische Union als ein Symbol für den wirtschaftlichen und sozialen Fortschritt in Europa, mahnt die Europäer, ein Gegen-

Bundestagspräsident Wolfgang Thierse traf während seines Kubabesuchs 2001 nicht nur Fidel Castro, sondern auch jenen Fischer, der einst Vorbild für Ernest Hemingways Roman »Der alte Mann und das Meer« war.

gewicht zu den mächtigen USA aufzubauen. Nur eine multipolare Welt sei für ihn auf Dauer akzeptabel.

Während des Gesprächs kommt mir mehrfach der Gedanke, einzugreifen und auf die politische Situation in Kuba einzugehen. Warum lässt Castro keine freien Wahlen zu? Warum unterdrückt er die Opposition? Warum will er keine freie Presse? Er, der so viel Zustimmung im Lande findet, könnte großzügiger sein. Ich halte mich aber zurück, das ist Thierses Termin, und ich möchte mir erst eine Vertrauensbasis im Land schaffen.

Fidel und die Religion

Als wir an einem Sonntag aus dem Gottesdienst kommen, sehen wir unter einem Baum ein Bund Bananen liegen. Die Früchte machen einen frischen Eindruck, sie sind nicht von jemandem achtlos weggeworfen worden. Meine Gesprächspartner bemerken meinen etwas fragenden Blick. »Das ist für die Orishas«, sagen sie mir und zeigen auf die Bananen. Ich verstehe. Die *orishas* stehen für jene Religion, die afrikanisches Brauchtum mit christlichen Überlieferungen verbindet.

Diese Religion ist in Kuba weit verbreitet, zumal unter der dunkelhäutigen Bevölkerung afrikanischen Ursprungs. Sie zeigt sich auch im Straßenbild, wenn zum Beispiel eine Frau ganz in weiß gekleidet ist und dazu vielleicht noch einen weißen Schirm trägt. Das ist eine *Santa*, eine Heilige, die Religion wird auch als *Santería* bezeichnet, für manche ein etwas abschätziger Begriff.

Auch haben wir gesehen, dass LKW-Fahrer gelegentlich vor einer Fahrt ihre Reifen mit Rum besprühen, sie wollen damit den Segen der *Orishas* gewinnen. Opfergaben sind eine gängige Form, sich des Wohlwollens der »Heiligen« zu versichern.

Die katholische Kirche Kubas verhält sich gegenüber der *Santería* reserviert. Sie bekämpft sie zwar nicht, erkennt sie aber auch nicht als eine Form der Religion an. Sie versucht sie eher zu ignorieren, was aber keineswegs dazu geführt hat, diese Religion zurückzudrängen.

Das offizielle Kuba unternimmt nichts, um die *Santería* zu unterbinden. Fidel Castro hat sich immer wieder für die freie Ausübung der Religion in Kuba ausgesprochen, und davon profitieren die verschiedenen Glaubensgruppen. Vor allem die Katholiken, deren Kirchen meist voll sind. Ich habe dies auf meinen zahlreichen Reisen über die Insel beobachten können, ob in Holguín, in Bayamo, in Camagüey, in Trinidad oder Pinar del Rio. Stets waren die katholischen Gottesdienste gut besucht.

Bei besonderen Anlässen habe ich sogar feststellen können, dass die Kirchen überfüllt waren, etwa bei Bischofsjubiläen in Havanna oder Pinar del Rio.

Die kubanische Führung sieht die Zunahme der Gottesdienstbesuche, der Taufen und katholischen Eheschließungen mit Sorge, unternimmt aber wenig dagegen. Castro achtet darauf, den Heiligen

Stuhl nicht zu verstimmen. Mit Papst Johannes Paul II., der die Insel 1998 besuchte, glaubt er sich in vielen Punkten einig, vor allem in der Notwendigkeit des Schutzes sozialer Belange gegenüber einem oft zügellosen Kapitalismus. Für ihn ist ein Auskommen mit dem Vatikan ein wichtiges Element der Außenpolitik.

Es ist interessant, dass in der katholischen Kirche Kubas, im Gegensatz zur Kirche in anderen Ländern des Subkontinents, keine Bewegungen entstanden sind, die eine Synthese mit dem Sozialismus suchen. Traditionell ist die katholische Kirche in Kuba eng mit der städtischen Oberschicht verbunden. Erst in den letzten 15 Jahren hat sie sich stärker sozialen Belangen geöffnet.

Die so genannte Befreiungstheologie, in der sich Elemente der marxistischen Ideologie mit der katholischen Soziallehre verbinden, hat ihre Wurzeln in Peru und Kolumbien. Auch in Brasilien hat sie erheblichen Einfluss auf die Kirche ausgeübt.

Die »Befreiung« vom Joch der Unterdrückung, Ausbeutung und Unterprivilegierung eines großen Teils der Bevölkerung Lateinamerikas ist das Ziel dieser theologischen Richtung, deren bekanntester Vertreter der Bischof von Recife, Helder Cámara, war.

Wer das Buch *Fidel y la Religion* und die darin enthaltenen Interviews liest, die der brasilianische Theologe Frei Betto mit Castro geführt hat, bemerkt an vielen Stellen die Nähe der Befreiungstheologie zu den Anschauungen von Castro.

Die entscheidende Grenzlinie ist die Anwendung von Gewalt zur Erreichung der gesetzten Ziele. Wie der kolumbianische Priester Camilo Torres, der sich später der Guerilla anschloss, sieht eine Richtung der Befreiungstheologie in der gewaltsamen, revolutionären Aktion gegen die Herrschenden ein legitimes Mittel, das Ziel der Befreiung der Unterdrückten, der Landlosen, des »Proletariats« durchzusetzen.

Die Erklärung der katholischen Bischofskonferenz *CELAM* von Medellín (1968) ist eine Antwort auf diese Richtung in der katholischen Priesterschaft. Die Bischöfe hatten darin einerseits die Verpflichtung der Kirche gegenüber den Armen unterstrichen, andererseits aber die Ausübung von Gewalt als Mittel zu ihrer Durchsetzung ihrer Ziele abgelehnt.

In Studien aus den Jahren 1984 und 1986 hat sich die katholische Kirche eingehender mit der Befreiungstheologie auseinander gesetzt, sich noch eindeutiger von der »marxistischen Richtung« in ihr distanziert, dabei jedoch dem Ansatz der Befreiungstheologie durchaus auch positive Elemente bescheinigt.

Für Fidel ist die katholische Kirche Kubas, deren Erziehung er im Elternhaus wie auch in der Schule genossen hatte, immer noch ein Hort der »Reaktion«, eine starke Kraft in der Opposition, die er im Sinne Gramscis im Wettbewerb um den »rechten Glauben der Massen« sieht. Es erscheint aus seiner Sicht nur natürlich, dass er sie zu schwächen und zu demütigen sucht.

Es war auffallend, wie die kubanischen Zeitungen gegen Ende 2002 die Gründung einer Niederlassung des katholischen Birgittenordens in Havanna herausstellten. Fidel wird einträchtig neben der Ordensoberin abgebildet, etwas im Hintergrund erscheint Monseñor Céspedes, der Generalvikar von Havanna, aber vom Kardinal und anderen kubanischen Bischöfen ist nichts zu sehen.

Wenig später veröffentlichten die kubanischen Bischöfe ein Rundschreiben, in dem sie sich bitter darüber beklagten, dass die Ordensgründung über ihre Köpfe hinweg geschehen sei. Sie seien an diesem wichtigen Vorgang nicht beteiligt worden. Aber zur gleichen Zeit kamen der mexikanische Kardinal und Erzbischof von Guadalajara und ein Kardinal aus Rom als Vertreter des Heiligen Stuhls nach Havanna. Für uns Botschafter war der Vorgang einigermaßen rätselhaft. Was war geschehen?

Fidel, der gute Beziehungen zur mexikanischen Geschäftswelt pflegt, hatte über einen mexikanischen Unternehmer erfahren, dass der Vatikan es gern sehen würde, wenn der vom Papst hoch geschätzte Brigittenorden eine Niederlassung in Kuba gründen könne. Der Mexikaner übermittelte, dass auch der Erzbischof von Guadalajara großes Interesse daran habe. Fidel zeigte sich interessiert und erteilte seine Zustimmung. Es gefiel ihm, dass der Vatikan zusammen mit dem Kirchenführer aus Mexiko die Ordensgründung betrieb.

Die Regierung wusste genau, dass die kubanische Kirche dem Vorhaben zumindest reserviert gegenüberstand. Sie hatte sich seit Jahren vergeblich bemüht, die Niederlassung anderer katholischer Orden in Kuba zu verwirklichen. Die Führung hatte dazu bisher nie die Erlaubnis gegeben. Mit den Brigitten in Havanna würde Fidel nun einen Keil zwischen den Heiligen Stuhl und die Kirche Kubas treiben. Vielleicht wollte er sich auch dafür rächen, dass Kardinal Ortega immer wieder auf Missstände in Kuba hinwies, vor allem auf den Verfall ethischer Werte und die Armut.

Fidel kam der im 14. Jahrhundert in Schweden gegründete Orden gerade recht, um der kubanischen Kirche und ihrem so aufmüpfigen Oberhirten eins auszuwischen. Er rechnete fest damit, dass der Kardinal und die kubanischen Bischöfe der Ordensgründung keinen Beifall zollen würden. Er hatte Recht. Die Gründung wurde zu einem handfesten Skandal, der Fidel auch deshalb freute, weil er die allmählich erstarkende katholische Kirche schwächen konnte.

Auf der gleichen Linie verlief ein Jahr später die Gründung einer orthodoxen »Kathedrale« in Havanna. Ich wusste, dass bereits seit Jahren im Stillen der Boden für dieses Projekt bereitet wurde. Unser griechischer Kollege arbeitete fleißig daran. Er verriet uns einmal, dass er seinen ganzen Ehrgeiz in dieses Projekt gelegt hatte. Er wollte zweierlei erreichen: Den Bau einer orthodoxen Kirche in Havanna und deren Einweihung durch das »Oberhaupt der Orthodoxen«, den Patriarchen von Konstantinopel.

Dieser Plan lief über Eusebio Leal, den verantwortlichen Denkmalschützer der Altstadt von Havanna. Die orthodoxe Kirche sollte in

Fidel Castro empfängt Papst Johannes Paul II. im Januar 1998 zur Überraschung der Öffentlichkeit in Zivil.

dem kleinen Park hinter dem Konvent von San Francisco, welcher der Mutter Theresa von Kalkutta gewidmet ist, erbaut werden. Eine doppelte Unfreundlichkeit gegenüber der katholischen Kirche. Eusebio war dazu angewiesen worden. Er hat mir gegenüber diesen Bau niemals kommentiert. Ich glaube auch nicht, dass er sehr davon angetan war, eine zweite Kirche in dem schmalen Garten hinter der Basilika errichten zu lassen.

Wie dem auch sei, unser aktiver griechischer Kollege überraschte uns im Dezember 2003 mit der Nachricht, dass im Januar 2004 die dem Heiligen Nikolaus von Myra geweihte orthodoxe »Kathedrale« durch Seine Heiligkeit Bartholomäus, den Patriarchen von Konstantinopel, geweiht werde. Er wolle sich dafür einsetzen, dass alle Botschafter der EU dazu eingeladen würden. Mit diesem Besuch und der Weihe der Kirche werde er sich von Havanna verabschieden. Sein Nachfolger sei bereits ernannt.

So war es. Am 25. Januar 2004 weihte seine Heiligkeit *(Su Toda Santidad)* Bartholomäus die orthodoxe »Kathedrale« im Beisein von Fidel Castro ein. Wer nicht genau wusste, wo sie stand, hätte sie vielleicht nicht ohne weiteres gefunden: ein kleines Kirchlein im Schatten von Bäumen. Wir würden sie eine Kapelle nennen. Aber sie stand nun da, für die nicht einmal 90 Orthodoxen in Havanna.

Es gab die gewünschten Schlagzeilen in den Zeitungen, Berichte in den ausländischen Medien über den Besuch des Patriarchen, genau sechs Jahre nach dem Besuch des Papstes. Castro strahlte als Schutzherr der Religionen in Kuba. Jaime Kardinal Ortega, den ich später darauf ansprach, war verärgert, vor allem über das Prozedere. Dreimal hatte er Anlauf genommen, um an den abgeschirmten Patriarchen heranzukommen. Es gelang ihm schließlich, ihn in einem Hotel zu treffen.

Uns Botschaftern erging es nicht besser. Wir wurden zu einem Abendessen mit dem Patriarchen im vornehmen *Meliá Cohiba*, einem Hotel im Ortsteil Vedado in Havanna, eingeladen und dort gleich wieder ausgeladen. Wir bekamen den Patriarchen kaum zu Gesicht. Hinter den Kulissen fand ein erbittertes Tauziehen statt. Castro und seine Vollstrecker wollten auf keinen Fall, dass »unbotmäßige« Botschafter aus der EU bei Veranstaltungen mit ihm und kubanischen Amtsträgern zusammenträfen. So musste der Patriarch nachgeben – Sieg für Fidel auf der ganzen Linie.

Die kleine griechisch-orthodoxe Kathedrale von Havanna; sie wurde vom kubanischen Staat finanziert und im November 2003 fertiggestellt.

Dritte Begegnung mit Fidel Castro

Als mir das Auswärtige Amt zu Beginn meiner Amtszeit im April 2001 den Besuch des Ministerpräsidenten von Sachsen-Anhalt, Dr. Reinhard Höppner, ankündigte, wurden in mir alte Erinnerungen wach. Ich dachte an die Flucht 1948 aus der damaligen sowjetisch besetzten Zone in den Westen, die uns aus dem zu Sachsen-Anhalt gehörenden Unterharz gelang. Ich sah die dunklen Gestalten vor mir, die uns tief im Wald mitten in der Nacht den Weg zur Grenze zeigten. Für mich als noch nicht ganz achtjährigen Jungen war dies so spannend, dass ich noch oft davon träumte.

Vor mir tauchte aber auch die Silhouette des Naumburger Doms auf, den ich mit einem Onkel aus Leipzig im Sommer 1960 besuchte. Ich sah mich an der Saale, blickte hinüber zu Burg Saaleck und Rudelsburg, fuhr mit dem Ausflugsdampfer nach Bad Kösen. Ich freute mich darauf, eines Tages das restaurierte Quedlinburg oder die Lutherstadt Wittenberg wiedersehen zu können. Sachsen-Anhalt war ein geschichtsträchtiges Land mit eindrucksvollen Landschaften

Sachsen-Anhalts Ministerpräsident Reinhard Höppner bei Fidel Castro (Juni 2001).

und sehenswerten Denkmälern. Kamen nicht auch älteste Zeugnisse unserer Sprache, die Merseburger Zaubersprüche, aus diesem Teil Deutschlands, den wir oft versucht sind, auf das Chemiedreieck bei Bitterfeld zu reduzieren?

Für die Kubaner weckte der Besuch des Länderchefs aus Sachsen-Anhalt Reminiszenzen an vergangene Jahrzehnte, in denen die DDR und Kuba eng verbunden waren, gegenseitige Besuche stattfanden, in denen man unter dem Dach des COMECON wirtschaftlichen Austausch pflegte. Maschinen, Chemikalien und Fahrzeuge bezog Kuba aus der DDR. Ganze Fabriken wurden damit ausgerüstet.

In Baracoa, im äußersten Osten Kubas, hatten Betriebe aus der DDR eine Schokoladenfabrik mit ihren Maschinen bestückt. Das war in den sechziger Jahren gewesen. Als wir 2003 die Fabrik besichtigten, zeigte uns der Direktor mit Stolz die immer noch gut funktionierende »deutsche Qualitätsarbeit«. Beeindruckend ist auch die immer noch große Zahl von Lastkraftwagen der Marke IFA aus Ludwigsfelde, die noch nach Jahrzehnten und bei minimaler Pflege gut funktionieren. Sie waren mir schon während meiner Tätigkeit als Leiter der Wirtschaftsabteilung in Peking aufgefallen. IFA-LKWs und Eisenbahnwaggons aus der DDR waren Exportschlager. Es ist mir daher unerklärlich, weshalb die Treuhand dieses Unternehmen derart abgewickelt hat.

Dr. Höppner konnte somit bei seinem Besuch an die engen Wirtschaftsbeziehungen Kubas zur DDR anknüpfen. Er hatte aber noch einen weiteren Trumpf in der Tasche: Die Ausbildung von Tausenden von Kubanern in der früheren DDR. Sie lebten dort als Arbeiter, Praktikanten, Studenten und Postgraduierte. In Magdeburg, Halle, Merseburg, in Leipzig, Rostock und Dresden. Viele von ihnen standen auf unseren Versandlisten für die *Humboldt-Zeitschrift* oder für das *Deutschland-Heft*. Aber die kubanische Regierung hatte sich bisher immer gescheut, Treffen der »Alumni« mit der Botschaft zu gestatten.

Ich bat Höppner, dies hochrangig anzusprechen. Wenn wir mit Kuba auf dem Wirtschafts- und auf dem Kultursektor vorankommen wollten, mussten die ehemaligen Stipendiaten in die Arbeit der Botschaft und in den Austausch einbezogen werden. Dr. Höppner griff diesen Gedanken auf. Er wollte seinen Besuch, der vor allem wichtige wirtschaftliche Akzente setzen sollte, auch auf dem kulturellen Sektor zu einem Erfolg machen.

In einem Vermerk vom 5. Juni 2001 hielt ich fest:

Dr. Höppner und die Wirtschaftsdelegation aus Sachsen-Anhalt haben hier ein außerordentlich intensives Arbeitsprogramm absolviert. Sie haben Gespräche mit Vizepräsident Dr. Lage, mehreren Kabinettsmitgliedern bzw. ihren Stellvertretern und Vertretern der kubanischen Wirtschaft geführt. Sie haben wissenschaftliche Institute besichtigt. Insgesamt sind sieben Vereinbarungen zwischen Firmen aus Sachsen-Anhalt und kubanischen Staatsunternehmen unterzeichnet worden. Dabei handelt es sich vorwiegend um Lieferungen für verschiedene kubanische Wirtschaftszweige (zum Beispiel Recycling von Bauschutt, Kesselanlagen für die Zuckerindustrie, Bitumenherstellung für die Sanierung von Straßen und Gebäuden). Darüber hinaus ist eine Rahmenvereinbarung über die Zusammenarbeit zwischen Sachsen-Anhalt und Kuba unterzeichnet worden.

Im Palacio de la Computación, einem im Stadtzentrum gelegenen öffentlichen Computer-Lernzentrum, übergab Dr. Höppner einen Gutschein über 20 Computer. Mit Vizepräsident Dr. Lage führte er einen Meinungsaustausch über die Einbindung der ehemaligen kubanischen Stipendiaten in den Wirtschafts- und Kulturaustausch. Beide Seiten kamen überein, dass es für die Zukunft der Beziehungen wichtig sei, die aktive Rolle der Stipendiaten anzuerkennen. Lage sagte zu, gemeinsam mit der Botschaft zu einem Treffen der ehemaligen Stipendiaten einzuladen.

Der Besuch war aber auch noch aus einem anderen Grund sehr erfolgreich: Bei den Programmbesprechungen im kubanischen Außenministerium hatte ich darum gebeten, auch einen Termin bei Staatschef Fidel Castro vorzusehen. Der Ministerpräsident beabsichtigte, den Comandante mit einer technischen Innovation zu überraschen.

Wie auch sonst bei hochrangigen Besuchen üblich, bekamen wir keine Zusage. Man werde sehen, war die kurze und bündige Antwort. Jemand aus dem Protokoll flüsterte mir zu, dass wir ganz gute Aussichten hätten. Aber der Termin beim Comandante werde uns, falls überhaupt, erst sehr kurzfristig vorher mitgeteilt.

Bei einem der Mittagessen im Protokollhaus, in dem Dr. Höppner untergebracht war, erreichte uns die Mitteilung, Fidel Castro würde uns am späteren Abend empfangen und zu einem Essen in den Staatsrat einladen. Die Nachricht erfreute die Delegation, aber auch mich. Ich war gespannt, wie Castro den promovierten Mathematiker Höppner empfangen würde.

Bis zu dem Empfang im Staatsrat hatte ich aber noch eine Menge Arbeit zu erledigen. Sie bestand hauptsächlich darin, deutschen Journalisten die Möglichkeit zu verschaffen, wenigstens an der Begrüßungszeremonie teilzunehmen. Die Botschaft musste ihren ganzen Charme und Einfluss aufbieten. Anrufe im Außenministerium blieben zunächst erfolglos. Aber dann erhielten wir gegen Abend die Mitteilung, dass die deutschen Presseleute kurz an der Begrüßung durch den Staatschef teilnehmen könnten.

Das war insofern bedeutsam, als Begegnungen deutscher Journalisten mit Fidel Castro meist unter einem unglücklichen Stern gestanden hatten. Castro verhielt sich fast immer sehr reserviert, gab auf ihre schriftlichen und mündlichen Anfragen keine Antworten und schon gar nicht das von vielen erbetene Interview. Zahlreiche Interviewwünsche deutscher Journalisten, die sich auf Castro spezialisiert hatten, erreichten die Botschaft. Wir konnten keinen einzigen erfüllen. Wir wussten, dass wir, wie schon unsere Vorgänger, keine Antwort auf diesbezügliche Wünsche erhalten würden.

So hofften die Journalisten, bei der Begegnung des greisen Staatschefs mit Dr. Höppner neben dem Foto wenigstens ein paar Worte Castros, vielleicht sogar ein Statement, zu erhalten. Aber schließlich blieb es doch nur beim Fototermin. Freundlich, aber bestimmt, wurden die Presseleute aus dem Vorraum, in dem Fidel Dr. Höppner begrüßt hatte, hinauskomplimentiert.

Schade, denn die nun folgenden Szenen hätten ihnen Stoff für eine Story liefern können. Während der Unterhaltung vor dem Abendessen, die im Stehen verlief, führte der deutsche Gast dem immer mehr staunenden Castro auf einem Laptop vor, wie man mit Hilfe eines von der Fraunhofer-Gesellschaft in Magdeburg entwickelten Programms eine defekte Maschine über Tausende von Kilometern hinweg reparieren kann.

Wir hielten den Atem an, aber nicht wegen des so interessanten Programms, sondern wegen der Unmöglichkeit, für den Laptop eine geeignete Steckdose im Staatsrat zu finden. So konnten wir das Gerät nicht an das Netz anschließen. Der Computer konnte jeden Moment ausgehen. Das wäre blamabel gewesen, zumal Höppner Fidel den Laptop samt Programm nach erfolgreicher Vorführung schenken wollte.

Mit Spannung folgten wir dem Vortrag des Ministerpräsidenten, der mit dem Laptop vor Fidel Castro stand, das von der Fraunhofer-Gesellschaft entwickelte Programm öffnete und seinen Power-Point-Vortrag begann. Fidel Castro folgte der Präsentation mit wachem Interesse und unterbrach mehrfach mit Fragen. So begann sich der Vortrag in die Länge zu ziehen. Jeden Augenblick konnte der Computer ausgehen. Wir befürchteten eine Blamage.

Aber der Akku hielt durch. Erst beim letzten Satz wurde der Bildschirm dunkel. Die Batterie war leer. Castro hatte sich bereits an eine Ordonnanz gewandt und die Panne gar nicht bemerkt. Wir waren erleichtert. Das »Experiment« war gelungen und der kubanische Staatschef sehr beeindruckt.

Das Thema für das Abendessen war gefunden. Mathematik, Physik und die Umsetzung wissenschaftlicher Erkenntnisse in moderne Technik beherrschten das Gespräch. Fidel hielt schließlich einen langen Vortrag über die mathematische Definition der Unendlichkeit. Wir waren beeindruckt und überrascht. Es war das erste Mal, das er in meinem Beisein nicht über sein Lieblingsthema, die USA, referierte.

Vierte Begegnung mit Fidel Castro

Schon bald ergibt sich erneut eine Gelegenheit, Castro wiederzusehen: Der Besuch von Bundeswirtschaftsminister Müller im Juli 2001.

Wir sitzen im Gebäude des Staatsrats an der Plaza de la Revolución. Es ist kurz nach 21 Uhr. Fidel Castro, der Vorsitzende des Staatsrats, des Ministerrats und Erster Sekretär des Zentralkomitees der Kommunistischen Partei, hat den deutschen Wirtschaftsminister Werner Müller zu einem Gespräch eingeladen. Der Vorsitzende trägt, wie meistens, seine Khakiuniform mit den Insignien des Oberkommandierenden der Streitkräfte, des *Comandante en Jefe*, auf den Schulterstücken. Wir versammeln uns um einen großen, rechteckigen Tisch. Neben Fidel sitzt Dr. Carlos Lage, der Vizepräsident des Staatsrats, der aber auch gleichzeitig Sekretär des Ministerrats ist. Der kubanische Wirtschaftsminister José Luis Rodriguez, der Vizeminister im Außenministerium, Angel Dalmau, und eine kubanische Dolmetscherin sind außerdem anwesend.

Begegnung von Bundeswirtschaftsminister Werner Müller mit Staatschef Fidel Castro (Juli 2001).

Der Bundeswirtschaftsminister wird von fünf Abgeordneten des Deutschen Bundestags, von zwei hohen Beamten aus seinem Ministerium, von einer Dolmetscherin und von mir begleitet. Die Atmosphäre ist gelöst, beinahe freundschaftlich. Fidel Castro ist gut aufgelegt. Er berichtet sehr ausführlich von seiner »berühmten« Reise in die UdSSR 1962. Sein Flugzeug sollte in Murmansk landen. Der Anflug wurde jedoch zum Drama. Nebel und eisige Kälte erschwerten ihn. Fidel sah seine letzte Stunde gekommen, aber der dritte Landungsversuch gelang dann. Nikita Chruschtschow hatte es sich nicht nehmen lassen, ihn persönlich in Murmansk zu empfangen. Der Pakt Kubas mit der mächtigen Sowjetunion, der bis 1990 Bestand haben sollte, wurde erneuert, der Beitritt zum östlichen Wirtschaftsbündnis besiegelt.

Castro spricht in diesem Zusammenhang vom Russischunterricht in Kuba. Es sei blanker Unsinn gewesen, ihn einzuführen. Englisch,

Französisch, Italienisch und Portugiesisch seien für Kuba wichtiger als Russisch. Dies wolle man nun korrigieren. Im kubanischen Fernsehen laufe jetzt ein Französischkurs, dem andere Sprachkurse folgen sollen. Ich frage den Comandante, ob auch ein Deutschkurs vorgesehen sei. Er bejaht. Auch Deutsch sei für ihn eine wichtige Sprache. Viele Kubaner hätten in Deutschland gelebt. Die deutschen Touristen in Kuba spielten eine wichtige Rolle.

Gegen 23 Uhr lädt uns Fidel Castro zu einem Abendessen ein. Wir wechseln in einen anderen Raum. Die Vorspeise besteht aus rosaroten Grapefruitscheiben, vielleicht eine Anspielung auf den zunehmenden Anbau von Zitrusfrüchten in Kuba und entsprechende Exportwünsche. Die Grapefruit ist saftig und süß, sie ist von bester Qualität. Der Präsident lässt uns Rotwein servieren. Es ist *Vega Sicilia* aus dem spanischen Duero-Anbaugebiet. Ein edler Tropfen, den Castro zu besonderen Anlässen anbietet.

Fidel Castro ist Weinkenner und -sammler. Da ich rechts neben ihm sitze, frage ich ihn, ob er auch deutsche Weißweine in seiner Sammlung habe. Er bejaht. »Aber nur Weißweine, es gibt ja keine deutschen Rotweine.« Ich widerspreche. »Doch, es gibt auch gute deutsche Rotweine.« Der Comandante ist erstaunt. »Das wusste ich nicht.« Ich will ihm eine Flasche Rotwein vom Kaiserstuhl übersenden. »Nein«, sagt er lächelnd, »nicht eine Flasche, schicken Sie mir zwei. Eine werde ich trinken, die andere kommt in meine Sammlung.«

Während des Essens beobachte ich Fidel Castro. Es fällt mir auf, dass er nur wenig von den reichlich angebotenen Speisen anrührt. Er isst etwas von der Grapefruit und vom Hauptgang nur das Gemüse. Den Nachtisch spart er sich ganz. Er trinkt ein oder zwei Glas Rotwein. Das ist alles. Castro ist schlank. Seine fast spartanischen Essgewohnheiten, die mir auch von anderen Besuchern bestätigt werden, sind wohl einer der Gründe für seine »gute Figur«.

Während des Essens macht Castro unserer hübschen Dolmetscherin Komplimente. Er lobt sie wegen ihres ausgezeichneten Spanisch. Später erhält sie zusammen mit den anderen Damen eine langstielige Baccara-Rose. Auf eine Kiste Cohiba-Zigarren schreibt er ihr eine Widmung: »Para ..., bella y misteriosa« (Für ..., die Schöne und Geheimnisvolle).

Unter den Sachthemen, die der Staatschef anspricht, befindet sich wieder die von Präsident Bush stark verfolgte Idee der lateinamerikanischen Freihandelszone. Castro lehnt sie erneut heftig ab, weil sie nach seiner Auffassung die Staaten Lateinamerikas in völlige Abhängigkeit zu den USA bringen würde, wirtschaftlich und auch politisch. Die USA würden Lateinamerika mit billigen Waren, vor allem aber mit Agrarprodukten, überschwemmen und die Produzenten des Subkontinents in Not und Armut stürzen. Er weist abermals auf das Beispiel Mexiko hin.

Castro ermuntert die Europäer, dem Konzept der Freihandelszone mit neuen, eigenen Entwürfen zu begegnen und Lateinamerika stärker an sich zu binden. Gleichzeitig lobt er das europäische Einigungswerk und die Einführung des Euro, die für ihn »epochal« sei.

Der Bundeswirtschaftsminister nutzt die gute Stimmung, um die Wirtschaftsreformen in Kuba anzusprechen. Er geht mit Vorsicht an das heikle Thema und hebt hervor, dass Castro im Volk beliebt sei und bei Reformen kein Risiko eingehe. Das Wort »beliebt« übersetzt die kubanische Dolmetscherin mit »popular« (bekannt, gut angesehen) und erntet damit einen prüfenden und kritischen Blick ihres Chefs. Schnell fährt die deutsche Dolmetscherin in die Parade und ruft »querido« (beliebt). Das befriedigt Castro und rettet die leicht brenzlige Situation.

Der deutsche Gast ermuntert Castro, auf dem begonnenen Reformweg fortzufahren und weitere Schritte wirtschaftlicher Öffnung zu wagen, erhält aber keine Antwort. Fidel wechselt das Thema.

Mögliche Reformen in Kuba waren schon während der gemeinsamen Fahrt mit Lage und dem Minister für die Grundstoffindustrie, Marcos Portal, nach Varadero eines der Themen. Ich hatte die Frage nach dem Internetzugang für alle Kubaner gestellt, die von Lage dahingehend beantwortet wurde, dass man Internet erlauben wolle, Satellitenempfang hingegen nicht.

Die Frage nach der wirtschaftlichen Liberalisierung, die Minister Müller besonders interessierte, schien Lage nicht sehr zu gefallen. Er wich aus. Privatwirtschaft im westlichen Sinne werde es in Kuba nicht geben. Ausdrücklich verneinte Lage die Vermehrung von Privatunternehmen. »Das ist nicht vorgesehen«, meinte er kurz und wechselte das Thema.

Das war die offizielle Sprachregelung. Ich war jedoch überzeugt, dass viele Kubaner, auch in den Führungsetagen, anders dachten. Gerade in einigen Mitarbeitern von Lage glaubte ich vorsichtige Reformer vor mir zu haben, die sowohl privatem ausländischen Engagement als auch der Verbesserung der Unternehmensstrukturen positiv gegenüberstanden und sich für eine Dezentralisierung einsetzten.

Der Mediziner Carlos Lage, verheiratet und Vater von zwei Kindern, galt als die »Nummer drei« im Staat. Sein eher bescheiden eingerichtetes Büro im Gebäude des Ministerrats ist weniger als 100 Meter vom Büro Fidel Castros entfernt. Oft erhält er, auch während seiner häufigen Gespräche mit Gästen, Anrufe vom Comandante oder wird zu ihm gerufen. Er hatte 1992, nach dem Sturz des mächtigen Politbüromitglieds Carlos Aldana, allmählich die Koordinierung der Wirtschaftspolitik übernommen.

Lage tritt auch in seinem Äußeren bescheiden auf. Meist trägt er ein kariertes Hemd, bei offiziellen Anlässen eine *Guayabera*, ein einfarbiges plissiertes Hemd, das über den Hosen getragen wird. Nur selten habe ich ihn in einem Anzug gesehen. Wie die übrigen Kabinettsmitglieder fährt er einen Lada, dessen Klimaanlage ausgebaut worden ist. Er ist gern mit dem Fahrrad unterwegs. Gelegentlich spielt er Squash.

Ich habe Lage nie aufbrausen sehen. Er ist stets sachlich, argumentiert überzeugend und sieht seinem Gesprächspartner offen ins Auge. Er ist ein sympathischer Mann, der leider immer wieder als »Feuerwehrmann« herhalten musste, wenn es brenzlig wurde, vor allem wenn das Murren im Volk über Maßnahmen der Staatsführung allzu deutlich wurde.

Wir sind bis gegen vier Uhr morgens bei Fidel. Der Abschied zieht sich über fast eine Viertelstunde hin. Müde sind wir nicht, eher angeregt und dazu aufgelegt, im Delegationshotel noch einen Mojito zu trinken. Gegen fünf verabschieden wir uns. Ich begehe den Fehler, nach Hause fahren und dort schlafen zu wollen. Ich hätte im Hotel bleiben sollen, denn gegen sieben soll ich im Beisein von Minister Müller die deutschen Journalisten informieren, die sehr am Inhalt des Gesprächs mit Präsident Castro interessiert sind.

In meinem Tagebuch vom 8./9. Juli 2001 halte ich noch folgende Notiz fest:

Schreibe offiziellen Bericht über den Besuch beim Comandante. Könnte noch vieles hinzufügen, zum Beispiel, dass der Minister sich in der Residenz an den Flügel gesetzt und sehr professionell Mozart interpretiert hat. Oder: Dass die Crew der Bundeswehr fast eine Stunde auf dem Flughafen eingeschlossen war. Irgendjemand hatte

einfach den Schlüssel umgedreht und war gegangen. Oder: Dass die
Maschine anderswo betankt werden musste, weil in einen der Tanks
am Flughafen Wasser eingedrungen war. Aber alles in allem ein
guter Besuch, der uns vorwärts gebracht hat. Zwischen Lage und
dem Minister bestehen gute Beziehungen. Er hat den Minister bis
ans Flugzeug gebracht.

Raúl Castro, die »Sphinx«

April 2003. Mit Bekannten haben wir uns auf den Weg nach Trinidad gemacht. Wir wollen ihnen das koloniale Städtchen und seine
Umgebung zeigen. Leider bekommen wir wegen der Osterreisesaison
keine Zimmer in dem am Meer gelegenen Hotel *Trinidad del Mar –
Las Brisas*. Wir weichen auf das oberhalb der Stadt gelegene Hotel
Las Cuevas (die Höhlen) aus. Von hier aus hat man einen guten Blick
auf das in gerader Linie etwa zehn Kilometer entfernte Meer.

Da unser Besuch noch schläft, gehe ich vor dem Frühstück allein
auf einen Erkundungsgang. Ich sehe einen, später einen zweiten Mi-
litärlastwagen etwa 300 Meter unterhalb des Hotels. Soldaten laden
Kisten und andere Gegenstände aus und stellen sie ab. Der Vorgang
erweckt meine Neugier. Da ein Feldweg in die Oberstadt von Trinidad bei den Soldaten vorbeiführt, gehe ich den Weg ein Stück entlang und bemerke, dass die Lastwagen vor dem Eingang zu einer
unterirdischen Höhle geparkt haben. Das abgeladene Gerät wird
dort hineingebracht.

Schon öfter hatte ich gehört, dass die Militärs in Kuba über ein
großangelegtes System von Tunneln und unterirdischen Verstecken
verfügen. In ihnen sollen Panzer, Artilleriegeschütze und schwere
Waffen aller Art gelagert sein. Auf diese Weise wolle sich Kuba für
eine mögliche bewaffnete Auseinandersetzung rüsten.

Mir wurde klar, dass sich oberhalb von Trinidad in den *Cuevas*
ein solches Versteck befand. Bei den Kisten und den anderen aus-
geladenen Gegenständen handelte es sich vermutlich um Munition
und leichte Waffen, die hier in Sicherheit gebracht werden sollten.
Jetzt, nach dem raschen Ende des US-Feldzuges im Irak, sprach Fidel
Castro davon, dass Kuba an der Reihe sei. Er bereitete, zusammen
mit seinem Bruder Raúl, das Land auf die militärische Auseinandersetzung mit den USA vor.

Nach Schätzung militärischer Experten bestanden die kubanischen Streitkräfte am Beginn des 21. Jahrhunderts aus 50 000 bis 60 000 regulären Soldaten und über einer Million Milizen zur Territorialverteidigung, die innerhalb weniger Stunden mobilisiert werden konnten. Ihrer Schaffung im Jahre 1980 lag das Konzept des »Krieges des ganzen Volkes« zugrunde, der auch in anderen sozialistischen Staaten, besonders in China und Vietnam, entwickelten Guerilla-Strategie im Falle eines bewaffneten Konflikts.

Raúl Castro war als Verteidigungsminister der Chef der Truppen. Er, der jüngste der drei Castro-Brüder, hat seine Macht seit dem Triumph der Revolution beständig ausbauen können. Er ist Erster Vizepräsident und Stellvertreter Castros im ZK und im Politbüro. Gemäß Artikel 94 der kubanischen Verfassung ist der Erste Vizepräsident im Falle des Todes oder der Verhinderung des Präsidenten dessen Nachfolger.

Leider ist es weder mir noch anderen meiner Kollegen gelungen, mit Raúl Castro ein Gespräch zu führen. Alle meine Versuche blieben vergeblich. Ich habe ihn zwar öfter auf Versammlungen erlebt, meist in der Nähe von Fidel, aber nie ist ein persönlicher Kontakt entstanden. Einige Ausländer, die ihn kennen, schildern ihn als freundlichen und verbindlichen Gesprächspartner, allerdings mit wenig persönlicher Ausstrahlung. Er sei und verhalte sich immer noch wie der kleinere Bruder, der nicht aus dem Schatten des älteren heraustrete. Andere halten ihn für doppelgesichtig, hinterhältig, intrigant und hochgefährlich. Sie berichten auch von schweren Auseinandersetzungen zwischen den Brüdern. Die Gerüchte, Raúl sei krank und alkoholabhängig, sind während meiner ganzen Amtszeit in Kuba nicht verstummt.

Die Machtbasis von Raúl ist die Armee. Diese Basis hat er dadurch ausgebaut, dass ihr Aufgaben zugewiesen wurden, die normalerweise durch ziviles Personal ausgeübt werden. Heute sind wichtige Teile des Tourismus, des einkommensstärksten Sektors, in der Hand der Militärs. Militärs stehen auch an der Spitze des Innenministeriums, des Zuckerministeriums, des Gesundheitsministeriums, des Ministeriums für Hochschulerziehung, an der Spitze der Zivilluftfahrtbehörde, des Hafens von Havanna und anderer wichtiger Institutionen.

Die Militärs selbst verfügen über einhundert mittlerer und kleinerer Betriebe, in denen fast alles hergestellt wird, was Soldaten benötigen, von der Uniform bis zum Gewehr. Als sich Mitte der achtziger

Jahre die allmähliche Verschlechterung der Beziehungen Kubas zur UdSSR und ihren Satelliten abzeichnete, begann Raúl in den Betrieben der Streitkräfte an westliche Vorbilder angelehnte Managementmethoden zur Steigerung der Wirtschaftlichkeit der Unternehmen einzuführen, das *Sistema de Perfeccionamiento Empresarial* (SPE).

Das SPE ist eines der Beispiele dafür, dass Kuba zwar in den privaten Unternehmen geltende Prinzipien anwendet, aber keinesfalls gewillt ist, außer den Kleinstgewerbetreibenden (*cuentapropistas*) private Unternehmen zuzulassen. Beim SPE, das sich an der Marktwirtschaft orientiert, gibt es moderne Buchhaltung, Unternehmensorganisation, Führungsstrategien, Forschung, Marketing und Gewinnmaximierung. Aber selbst die Topmanager erhalten ein für unsere Verhältnisse nur bescheidenes Salär. Es liegt auf der Hand, dass ein solches System anfällig ist für Korruption. Allerdings scheinen bei den Streitkräften infolge der militärischen Strukturen und der geltenden Disziplin Fälle von Bestechlichkeit weniger verbreitet zu sein als in nichtmilitärisch geführten Unternehmen.

Dieses System trug dazu bei, die schwere und lebensgefährliche Krise, in die Kuba nach dem Zusammenbruch der UdSSR geraten war, abzufedern. Es wurde Ende der neunziger Jahre auch auf die übrige staatliche Industrie und den Handel ausgedehnt. Allerdings war es viel zu schwach, um als eine wirkliche Alternative zu privaten Unternehmen mit modernem Know-how und Management in Betracht zu kommen.

Raúl entdeckte aber auch die Landwirtschaft. Auf seine Initiative sollte die Armee Musterbetriebe schaffen, in denen junge Soldaten nicht nur den Anbau und die Ernte von Nutzpflanzen, sondern auch moderne Methoden der Betriebsführung und des Warenabsatzes kennenlernten. Es entstand das jugendliche Arbeitsheer *Ejercito Juvenil de Trabajo (EJT)* mit einem alten Dreisterne-General an der Spitze.

Während einer Einladung auf einen vom *EJT* geführten Betrieb in der Nähe von Havanna bekam ich einen recht genauen Einblick in die Arbeit dieser Einheiten. Ihre Musterbetriebe sind modern ausgestattet und machen einen hervorragenden Eindruck. Man möchte sich wünschen, die gesamte kubanische Landwirtschaft würde so geführt. Aber leider sind die *EJT*-Betriebe wie Inseln in einem Meer aus Schlendrian und Mangel, bei dem es in der Produktion immer mehr bergab geht.

Plakat am Stadtrand von Havanna: »Diese Insel wird sich niemals
ergeben!«

Wer ist nun dieser Mann, der den Militärs in Kuba eine neue Rolle
in der Landwirtschaft zugewiesen hat, wer ist Raúl Castro Ruz?

Während es über Fidel zahlreiche Bücher gibt, kenne ich keines,
das ausschließlich Raúl gewidmet wäre. Das liegt an verschiedenen
Faktoren. Raúl hat stets im Schatten seines älteren Bruders gestan-
den. Als Fidel nach Havanna ging, um an einem Jesuitenkolleg sein
Abitur zu machen, folgte ihm der sechs Jahre jüngere Bruder nach.
Raúl war auch maßgeblich an dem gescheiterten Überfall auf die
Moncada-Kaserne im Juli 1953 beteiligt. Er teilte mit Fidel das Ge-
fängnis auf der Isla de Pinos (heute: Isla de la Juventud, südlich von
Havanna). Raúl folgte Fidel ins Exil nach Mexiko und nahm an der
Landung der *Granma*, sowie an den Kämpfen in der Sierra Maestra
teil. Er wurde Comandante de la Revolución und errichtete 1958 die
zweite Front in der Sierra de Cristal im Osten Kubas.

Raúl heiratete eine der wenigen prominenten Frauen in der Rebellenarmee, Vilma Espín, die heute Vorsitzende des kubanischen Frau-
enverbandes ist. Raúl und Vilma galten als militante Kommunisten.

Als ich ihr 2001 in der chinesischen Botschaft vorgestellt wurde, interessierte sie nur die Frage, aus welchem Teil Deutschlands ich stamme. Als ich ihr sagte, ich sei in der Nähe von Brandenburg an der Havel geboren, antwortete sie mir, das sei gut. Mehr Interesse an Deutschland hatte sie an diesem Abend nicht.

Mancher behauptet, Raúl habe sich von Vilma Espín getrennt, sei aus der gemeinsamen Wohnung in Miramar ausgezogen und lebe, ähnlich wie sein Bruder, in einer größeren Finca in Atabay, im Westen Havannas. Tatsächlich habe ich es seit Ende 2003 mehrfach erlebt, dass der Verteidigungsminister morgens gegen acht Uhr in einem Wagen russischer Bauart und mit einer Eskorte an uns vorbeifuhr. Er kam über die Quinta Avenida, und dies spricht dafür, dass er in ihrer Nähe übernachtet hat, denn die schnellste Verbindung von Atabay zum Verteidigungsministerium führt über die Quinta Avenida.

Von Raúl heißt es, er habe sich bereits als Jugendlicher den Kommunisten angeschlossen und gemeinsam mit Che Guevara, der seine Ideologie weitgehend teilte, den Übergang Kubas zum Marxismus vorbereitet. Er sei ein eiserner, ganz unbeugsamer Dogmatiker. Raúl galt, solange die Sowjetunion existierte, als der »Liebling« Moskaus. Bei seinen Reisen, die er in die UdSSR unternahm, wurde er stets hochrangig empfangen.

Nach meinen Beobachtungen ist Raúl ein Mann, der im kubanischen Machtgefüge die Fäden eher im Stillen und hinter den Kulissen zusammenführt. Dabei schreckt er auch nicht vor härtesten Mitteln zurück. Mit der Liquidierung des populären, wohl auch mit Fidel Castro befreundeten Generals Arnaldo Ochoa im Juli 1989 schaffte er sich einen gefährlichen Rivalen vom Hals.

Ochoa sollte das Oberkommando der kubanischen Streitkräfte im Westteil der Insel erhalten und damit in eine Spitzenposition innerhalb der Militärs aufrücken. Er, der »Held von Angola«, hatte zahlreiche Anhänger in der Truppe und im Volk. Als Jugendlicher war er zu den Rebellen in der Sierra Maestra gestoßen und hatte seitdem an allen wichtigen militärischen Operationen Kubas teilgenommen, darunter auch den Kämpfen in der Schweinebucht. Fidel ernannte ihn in schwieriger Zeit zum Oberkommandierenden der kubanischen Truppen in Angola, um die dortige Revolutionsregierung zu unterstützen und den Fall der Hauptstadt Luanda zu verhindern.

Der erfolgreich in Afrika operierende Ochoa hatte es mehrfach gewagt, eigene Ansichten gegenüber dem strategischen Kommando in Havanna zu äußern und durchzusetzen. Den Streitkräften verschaffte er durch kommerzielle Aktivitäten wichtige zusätzliche Einnahmen. Der beliebte General wurde für Fidel und Raúl gefährlich, als er Sympathien für die Reformen in den kommunistischen Staaten Osteuropas zeigte und dafür Unterstützung bei jüngeren Offizieren erhielt. Es heißt, Ochoa habe die Perestroika von Gorbatschow gelobt und die »Sklerose« des eigenen Systems kritisiert.

Unter dem Vorwurf des Hochverrats, der Verstrickung in den internationalen Drogenhandel, illegaler Geschäfte und der Korruption wurde dem 49-jährigen General ein Schauprozess gemacht, wie wir ihn aus der stalinistischen Zeit kennen.

Ochoa und drei weitere hohe Offiziere wurden dabei zum Tode verurteilt und durch ein Erschießungskommando sofort hingerichtet. Raúl Castro soll im Hintergrund die Regie geführt haben.

Raúl ist kein Charismatiker. Er wirkt bei seinen Auftritten eher hölzern und trocken. Es gelingt ihm nicht, wie Fidel, seine Zuhörer mitzureißen. Daher tritt er auch erheblich weniger in der Öffentlichkeit auf und überlässt die Leitung wichtiger Veranstaltungen oder den Empfang bedeutender ausländischer Besucher oft seinen Stellvertretern.

So fiel mir auf, dass Raúl sich fast das ganze Jahr 2003 hindurch vertreten ließ und kaum sichtbar wurde. Erst im Herbst meldete er sich zurück. Sein Wiedererscheinen fiel mit dem Bekanntwerden eines Korruptionsskandals im größten (staatlichen) Tourismusunternehmen *Cubanacán* zusammen. Der Generaldirektor und die gesamte Führung des Unternehmens wurden »beurlaubt«. Nur wenige Wochen später, im Januar 2004, wurde der Tourismusminister abgesetzt und durch den Chef von *Gaviota* ersetzt, dem den Militärs gehörenden, gut funktionierenden Tourismusunternehmen, dem Raúl als oberster Chef vorsteht.

Für mich wurde dadurch deutlich, dass Raúl den offenbar schon länger im Hintergrund geführten Machtkampf in der Riege hinter Fidel endgültig für sich entscheiden wollte. Als im Oktober 2003 der Minister für Leichtindustrie, Pérez Othon, abgelöst und von einer Vizeministerin und engen Vertrauten des Zentralbankchefs Francisco Soberón abgelöst wurde, vermuteten viele, dass dies mehr als ein Ministerwechsel war. Pérez Othon hatte jahrelang als Vizeminister unter Marcos Portal gearbeitet, dem Minister für die Grundstoffindustrie, der mit einer Nichte der Castro-Brüder verheiratet ist.

Sollte Carlos Lage vielleicht dahinterstehen, er, der das »Wirtschaftskabinett« führt? Hat er womöglich die Gunst der Stunde genutzt, um seine Anwartschaft auf die Nachfolge von Fidel, worüber bereits seit einiger Zeit spekuliert wurde, voranzutreiben?

Im Juni 2004 erfuhr ich von einer Videoaufzeichnung, die Raúl während einer Sitzung des Verwaltungsrates des Tourismusministeriums gezeigt hatte. Aus dem immer noch geheimgehaltenen Video soll sich ergeben, dass Raúl selbst die Kontrolle über den Tourismussektor und andere wichtige Wirtschaftszweige in die Hand genommen habe.

Dies bedeutete einen Rückfall in die Zentralisation. Gerade in den letzten Jahren waren erfolgreiche Versuche im Gange gewesen, Teile der kubanischen Wirtschaft zu dezentralisieren und mehr Eigenverantwortung der Unternehmer und ihrer Manager zuzulassen. Dies war mit dem Begriff *perfeccionamiento empresarial* verbunden

Das kubanische Verteidigungsministerium am Platz der Revolution in Havanna, Amtssitz von Raúl Castro.

gewesen, der gerade von leitenden Funktionären immer wieder bemüht worden war.

Zum anderen aber war dies für mich auch der Versuch, Lage zurückzudrängen, wenn nicht gar zu entmachten. Lage hatte sich weit vorgewagt, hatte Reformen auf den Weg gebracht, die Fidel und Raúl offenbar zu weit gegangen waren. Zudem hieß es immer wieder, Lage habe sich mit wichtigen Militärs getroffen und sogar in Pinar del Rio zu militärischen Führern gesprochen.

Dazu passt, dass im Mai 2004 der Gesundheitsminister entlassen und durch einen Hardliner ersetzt wurde, der einst mit den Rebellen in der Sierra Maestra gekämpft hatte und zuletzt einen führenden Posten im ZK und im Politbüro bekleidete. Es war ein Mann des engsten Vertrauens von Fidel und Raúl.

Dieser Vorgang fiel wiederum mit der Entsendung von Außenminister Pérez Roque als Vertreter von Fidel zum Gipfel der EU und der lateinamerikanischen Staaten im mexikanischen Guadalajara zusammen. Ich hatte mit der Entsendung von Lage gerechnet, so wie vor zwei Jahren beim Gipfel in Madrid. Für ihn muss die Vertretung von Fidel durch den Außenminister wie eine Ohrfeige gewirkt haben.

Vielleicht passten die Teile des Puzzles ja irgendwie zusammen: Raúl war im vergangenen Jahr offenbar schwer erkrankt, seine Abwesenheit hatte Lage genutzt, um seine Position im Kampf um die Fidel-Nachfolge zu verbessern. Für ihn war die Auswechselung des Ministers für Leichtindustrie ein Versuchsballon gewesen. Sekundiert wurde er dabei offenbar von Raúl-Gegnern, die ihre Stunde gekommen sahen.

Aber Raúl meldete sich wider Erwarten zurück. Vielleicht hatten die Machenschaften seiner Konkurrenten dazu beigetragen, ihn wachzurütteln. Er versuchte nun seinerseits, Terrain zu gewinnen. Der devisenträchtige Tourismusbereich schien ihm hierfür geeignet. Er konnte Fidel davon überzeugen, dass hier Militärs hingehören, um den »Saustall« auszumisten und wieder Ordnung zu schaffen.

Danach ging er an den ebenso wichtigen Gesundheitsbereich, den er ebenfalls mit einem seiner Leute besetzen ließ. Fidel wurde überredet, Lage nicht nach Guadalajara zu entsenden. Damit hatte Raúl drei erfolgreiche Schachzüge gemacht und Lage wieder zurückgedrängt. Würden womöglich irgendwann Fidel und Raúl selbst aneinandergeraten? Gerüchte Anfang Juni 2004 gingen in diese Richtung. Raúl schien jetzt für Fidel zu mächtig zu werden. Er musste versuchen, ihn zu bremsen. Ende Juni 2004 entsandte Fidel Lage als seinen Vertreter zur Gipfelkonferenz der AKP-Staaten nach Maputo, offenbar um wieder ein Gegengewicht zu schaffen.

Seinen wohl größten Auftritt hatte der Verteidigungsminister im Dezember 2004, als er die militärische Großübung *Bastión 04* eröffnete. Mit einem gigantischen Aufmarsch sollte der Welt, vor allem aber den USA, vor Augen geführt werden, dass Kuba bereit sei, jeden Angreifer in die Flucht zu schlagen. Weit über eine Million Menschen wurden mobilisiert. Raúl stand über eine Woche im Rampenlicht.

Dies geschah zu einer Zeit, in der Fidel durch einen Unfall vom Herbst 2004 angeschlagen war. Der Comandante war während einer Kundgebung in Santa Clara auf der Treppe gestürzt und hatte sich Brüche am Knie und am Arm zugezogen. Er war danach für viele Wochen nicht mehr einsatzfähig. Sein jüngerer Bruder führte weitgehend die Amtsgeschäfte, empfing wichtige Besucher wie den chinesischen Staatspräsidenten oder den Ministerpräsidenten von Malaysia. Es verging kaum ein Tag, an dem nicht über den Ersten Vizepräsidenten berichtet wurde.

Bei aller überstarken Präsenz von Fidel Castro kennt Kuba keinen ganz so penetranten Personenkult wie es ihn in der UdSSR unter Stalin, in China zur Zeit Mao Tse Tungs oder in Albanien bei Enver Hodscha und bis heute in Nordkorea gibt. Die Fotos von Fidel oder Raúl in Amtsstuben oder öffentlichen Gebäuden sind eher unauffällig platziert. Gelegentlich tritt einem Fidel Castro auf Plakaten am Straßenrand im Kampfanzug der Rebellen entgegen, aber ohne Namen, denn jedermann erkennt ihn sogleich. So auch als der vom Panzer springende Brillenträger im Kampf um die Schweinebucht oder als Guerillero mit Tornister und umgehängtem Gewehr.

Im April 2005, kurz vor unserem Umzug, entdecken wir ein Großfoto von Fidel an der Quinta Avenida mit der Aufschrift »Vamos bien« (Wir kommen gut voran), zufällig vor einem großen, bunten Zirkuszelt, das uns unweigerlich, sooft wir hier vorbeikommen, ein Lächeln abringt. Fidel als der große Dompteur.

Als wir am anderen Ende der Insel bei einem Ausflug das Landgut der Familie Castro besuchen wollen, wo die Brüder einst aufgewachsen sind, müssen wir lange suchen und mehrfach nach dem genauen Weg fragen. Kein Hinweisschild führt dorthin. Immerhin ist ein Soldat am Eingang der Finca postiert. Er bittet uns, einen Moment zu warten. Ein Herr in Zivil im gestreiften Hemd kommt auf uns zu. Er ist der Verwalter des Anwesens und erklärt sich bereit, uns zu führen.

So erfahren wir, dass Angel Castro, der Vater, als Soldat der spanischen Armee gegen die aufständischen *Mambises* kämpfte und nach der Unabhängigkeit Kubas zunächst wieder in seine Heimat Galizien zurückkehrte. Aber Kuba schien ihn so beeindruckt zu haben, dass er schon wenige Jahre später erneut auf die Karibikinsel aufbrach, um sich zunächst in einer Zuckerfabrik als Angestellter zu verdingen.

Sein Aufstieg begann mit dem Kauf von Ländereien und dem Anbau von Zuckerrohr, das er der nahegelegenen Mühle von Loynaz verkaufte. Da über sein Gelände die alte Nord-Süd-Straße von Holguín nach Santiago führte, richtete er bald ein Hotel, eine Telegrafenstation, eine Metzgerei, eine Bäckerei und andere Handwerksbetriebe ein, die nicht nur den Durchreisenden, sondern auch der Bevölkerung der umliegenden Dörfer zugute kamen. Angel Castro verdiente gut und wurde ein reicher Mann. Sein hübsches Wohnhaus, die Hahnenkampfarena und die kleine Schule legen heute noch Zeugnis von diesem Reichtum ab.

In diesem Ambiente sind die Brüder Castro, Ramón, Fidel und Raúl groß geworden. Sie haben hautnah den eigenen Reichtum und die Armut der kleinen Bauern in der Umgebung erlebt. Hier dürfte die Wurzel für den Entschluss Fidels liegen, die sozialen Strukturen Kubas zu verändern.

Auffallend sind bei dem Besuch im Wohnhaus der Castros die Gottesfurcht und die Heiligenverehrung. Die Mutter ist offenbar eine fromme Frau gewesen, die sich bemühte, ihren Glauben auch auf die Söhne und Töchter zu übertragen. Fidel räumt dies in seinem Gespräch mit dem brasilianischen Befreiungstheologen Frei Betto ein. Gleichzeitig wird seine Verehrung für die aus kleinen Verhältnissen stammende Mutter deutlich, die der Vater nach dem Tod seiner ersten Frau aus dem Kreis des Hauspersonals geheiratet hatte.

Der Führer bestätigt uns, dass nur wenige Besucher nach Birán kämen. Dies finden wir erstaunlich. Einmal ist die Landschaft hübsch, zum anderen ist dieses Anwesen ansehnlich und hoch interessant. Aber der Staat macht keine Reklame für Birán.

Später habe ich den älteren Bruder von Fidel, Ramón, auf die Finca seiner Eltern angesprochen. Er erzählte uns, dass er viele Jahre

Fidel Castro verkündet allen Kubanern: »Wir kommen gut voran«.

zusammen mit seinem Vater das Anwesen bewirtschaftet habe. Er, »Mongo«, wie sie ihn nannten, habe daher seine guten Kenntnisse der Landwirtschaft bezogen. Ramón Castro ist einer der besten Kenner der kubanischen Zuckerwirtschaft. Er sagt uns auch, dass die Castros ihr Land nach dem Sieg der Revolution dem Staat zur Verfügung gestellt hätten. Offenbar wollten sie, noch vor der Agrarreform, ein gutes Beispiel geben.

Moa oder das Ende der Umwelt

Eine kleine, grauhaarige Frau vertritt Kuba in einem der Säle im unteren Konferenzgeschoss des Gebäudes der Vereinten Nationen in New York. Sie ist von mehreren jungen Leuten, Angehörigen der Ständigen Vertretung Kubas bei der *UNO*, umgeben. Ich beobachte die Frau. Sie wirkt sehr ruhig, spricht gelegentlich mit einem ihrer Mitarbeiter, macht sich Notizen. Als sie das Wort ergreift, horchen viele auf, sie hat in Sachen Umwelt etwas zu sagen. Sie geht auf die zahlreichen Vorhaben ihres Landes zum Schutz und zur Verbesserung der Umweltsituation ein, erwähnt den Kampf gegen die Wüstenbildung, vor allem im kubanischen Osten, die Aufforstungsmaßnahmen, die Reinhaltung der Gewässer, den Schutz der Biodiversität.

Ihr Vortrag ist beeindruckend, wird allgemein anerkannt. Sollte sich Kuba als treibende Kraft Lateinamerikas in Umweltfragen profilieren? Wir Deutsche nehmen für uns in Anspruch, die Vorreiter des Umweltschutzes und der nachhaltigen Entwicklung in Europa zu sein. Dann wäre es nur natürlich, mit Kuba ins Gespräch zu kommen. Das könnte für beide Seiten nützlich sein.

Also gehe ich auf die Dame in einer Verhandlungspause zu und stelle mich ihr vor. Sie scheint interessiert zu sein, und wir unterhalten uns angeregt. »Lassen Sie uns in Verbindung bleiben«, sagt sie am Ende und überreicht mir ihre Visitenkarte: Rosa Elena Simeón, Ministerin für Wissenschaft, Technologie und Umweltschutz.

Ich wusste damals, 1996, noch nicht, dass ich fünf Jahre später Botschafter in Kuba sein würde. Was lag also näher, als sie bald nach meinem Amtsantritt in Havanna zu besuchen? Sie nahm sich im Frühjahr 2001 tatsächlich Zeit für mich und erläuterte mir ausgiebig Kubas Aktivitäten als Vorreiter des Umweltschutzes in Lateinamerika.

Aber dieser Eindruck wich bald der Erkenntnis, dass Kuba, wie fast alle Entwicklungsländer, mit schweren Umweltproblemen zu kämpfen hat. Das bekamen wir täglich in Havanna zu spüren. Fahren mit geöffnetem Fenster war wegen der Abgaswolken auf den Straßen fast unmöglich. Die meist alten, schlecht gewarteten Fahrzeuge, LKWs und Busse mit ihren schwarzen Dieselrußfahnen würden bei uns keinen TÜV überstehen.

Aber die Luft von Havanna wurde auch noch durch andere Emittenten verunreinigt, zum Beispiel durch die Raffinerie am Hafen von Havanna, die bei ungünstigem Wind ihre Giftwolken in Richtung unseres Stadtviertels schickte. In schlimmem Zustand zeigten sich auch die Gewässer um Havanna, wie das kleine Flüsschen Rio Quibú, das nicht weit von unserem Haus vorbeifließt und als biologisch tot gilt. Ähnlich steht es um den Rio Almendares, der am Beginn des Stadtteils von Vedado ins Meer fließt.

In Kuba gibt es nur wenige funktionierende Kläranlagen. In Havanna steht so gut wie keine. In Varadero, dem wichtigsten Touristenort, gibt es eine entsprechende Anlage, wohl auch in anderen Touristengebieten. Aber sie sind die Ausnahme. Kuba hat nicht das Geld für den Bau teurer Systeme, die auch mit finanziellem Aufwand unterhalten werden müssen.

Die größten Umweltschäden auf der Insel verursacht der Nickelabbau. Er ist auf die östliche Provinz Holguín konzentriert und hat sein Zentrum bei der Stadt Moa, ganz im nördlichen Osten Kubas. Als wir uns mit dem Flugzeug Moa nähern, nehmen das Meer und die Strände eine rötliche Färbung an. Aus zahlreichen Schornsteinen steigt ein gelblich-roter dichter Qualm auf.

Ich muss an meine frühe Jugend denken, als uns das nahegelegene Hochofenzementwerk den Atem verschlug. Ungefiltert gingen der Zementstaub und die Asche über einen hohen Schornstein in die Luft. Die Häuser waren im Umkreis von mehreren Kilometern mit einer gelblich-grauen Staubschicht bedeckt. Hinzu kam ein starker Geruch, der das Wohnen in der Umgebung der Fabrik zur Qual werden ließ.

Aber Moa hatte noch weitere unangenehme Überraschungen zu bieten. Im weiten Umfeld war die Landschaft durch den Nickeltagebau zerstört worden. Die Regierung hatte eine Rekultivierung, besser eine Art Aufforstung, versucht, war dabei aber nicht weit gekommen. So bleiben Moa und seine Umgebung ein Problemfall für den Umweltschutz.

Kuba richtet sich auf weiterhin steigende Nickelexporte ein. Der Irakkrieg und schon zuvor das Eingreifen des Westens in Afghanistan haben die Nachfrage nach diesem Metall ansteigen lassen. Die wachsende Produktion von Edelstahl, vor allem in China, wird den Nickelabbau auch in der Zukunft lukrativ sein lassen.

Als der chinesische Staatspräsident Hu Jintao Kuba im November 2004 besuchte, stand die Zusammenarbeit im Nickelsektor im Mittelpunkt des chinesischen Interesses. Die Gründung von drei

Gemeinschaftsunternehmen wurde beschlossen. China ist interessiert, ein neues Bergbaugebiet in der Provinz Camagüey, im Zentrum der Insel, mit zu erschließen. Es soll hierfür bereit sein, einen Kredit von mehr als 50 Millionen Dollar zu gewähren.

Deutsche Firmen haben sich in den letzten Jahren ebenfalls erfolgreich im Bereich Nickelbergbau betätigt und konnten einige Aufträge für die Lieferung von Förderanlagen erhalten.

Erdöl – Beginn einer neuen Ära?

Ich weiß nicht genau, wie viele Reisen nach Varadero ich im Laufe meines viereinhalbjährigen Aufenthalts in Kuba unternommen habe. Anlässe gab es viele, darunter die Abholung wichtiger Besucher vom Flughafen, der etwa in der Mitte zwischen Matanzas und der Touristen-Halbinsel liegt.

Auf dem Weg nach Varadero, etwa 40 Kilometer östlich von Havanna, fallen Erdölpumpen auf, und noch weiter östlich sieht man besonders am Abend einige Fackeln nahe der Küste. Sie kennzeichnen die Stellen, an denen Gas aus der Erde kommt. Seit Jahren wollen es die Kubaner in Flaschen abfüllen. Warum sie das nicht tun und es ungenutzt in die Luft entlassen, entzieht sich meiner Kenntnis.

Wird es in Kuba, ähnlich wie in Mexiko seit den siebziger Jahren, zu einem Erdölboom kommen? Ich kann mich noch gut daran erinnern, dass wir über diese Frage bei einer Reise nach Villahermosa im mexikanischen Bundesstaat Tabasco Anfang 1974 nachgedacht haben. Als Pressereferent an der Botschaft in Mexiko besuchte ich eine Zeitungsredaktion und eine Radiostation an der Golfküste. Damals gab es erste Meldungen über Erdölvorkommen im Golf von Mexiko. Das Land bereitete sich auf eine neue Ära wirtschaftlichen Aufschwungs vor.

Seit den seismischen Untersuchungen, die seit 2003 verstärkt vor der Küste Kubas stattgefunden haben, zweifelt niemand mehr daran, dass auch dort größere Erdöl- und Erdgasvorkommen vorhanden sind. Einer der leitenden Angestellten in der Vertretung von der spanisch-argentinischen Erdölgesellschaft, *Repsol/YPF* erklärte mir bereits 2002 die Pläne seines Unternehmens. Sollte *Repsol* erfolgreich sein, würden sie auch mit der Förderung im kubanischen Teil des Golfs von Mexiko beginnen.

Ich frage mich, wie die USA auf mögliche Erdölfunde vor Kuba reagieren werden. Würden sie vielleicht bereits im Vorfeld Maßnahmen ergreifen, um die Exploration zu stoppen? Denn ein Erdölboom könnte Castro dringend notwendige Einkünfte bescheren. Dies wäre aber überhaupt nicht im Sinne der Bush-Administration, die alles versucht, um Castro finanziell die Daumenschrauben anzulegen und ihn auf diese Weise in die Knie zu zwingen.

Aber bisher haben die USA nichts unternommen, um die Erschließung vor Kuba ernsthaft zu behindern. Eine Bohrplattform wurde von Norwegen über Kanada nach Kuba geschleppt. Sie traf Ende Mai 2004 ein. Unverzüglich begann die Arbeit. Im Juli 2004 waren die Probebohrungen beendet.

Firmen in den USA haben die Bohrarbeiten vor der kubanischen Küste mit Interesse verfolgt, offenbar, da sie hier später selbst ins Geschäft kommen wollen. Bush, der sehr eng mit den Ölfirmen aus Texas verbunden ist, wollte ihnen nicht in die Quere kommen. So wartete man allenthalben ab. Aber die Meldungen, dass *Repsol* Öl gefunden habe, verdichteten sich.

Ich halte am 5. August 2004 fest:

Betr.: Vermutete Erdöl-/Ergasvorkommen in Kuba
1. In den letzten Wochen erschienen in den Medien öfter wiederkehrende Berichte über angebliche Erdölfunde vor der kubanischen Küste. Es hieß, die spanische Repsol/YPF habe ein größeres Offshore-Erdölvorkommen nordöstlich von Havanna entdeckt. Damit könnte Kuba zu einem bedeutenden Erdölproduzenten werden.

Diese Meldungen treffen insofern zu, als Repsol in den letzten Monaten eine Probebohrung im Meer, etwa 40 Kilometer nordöstlich von Havanna, niedergebracht und vor gut zwei Wochen abgeschlossen hat. Wie mir der hiesige Vertreter von Repsol mitteilte, würden die Bohrproben gegenwärtig in spanischen Labors ausgewertet. Er gehe nicht davon aus, dass bereits die erste Bohrstelle ökonomisch genutzt werden könne. Anzeichen für die Existenz von Kohlenwasserstoffen im Bohrgelände seien jedoch vorhanden. Wahrscheinlich würden weitere Bohrungen erforderlich werden. Repsol sei aber weiterhin sehr optimistisch, im Golf vor der kubanischen Küste auf größere Erdöl- bzw. Erdgasvorkommen zu stoßen.

Schon seit einigen Jahren fördert Kuba Erdöl und Erdgas in einem 30 bis 50 Kilometer östlich von Havanna gelegenen Küstenstreifen.

Die Vorkommen wurden wesentlich mit Hilfe kanadischer Firmen, auch über sogenannte Horizontalbohrungen, erschlossen. Die jährliche Fördermenge (schweres, sehr schwefelhaltiges Öl) liegt gegenwärtig bei circa 4,5 Millionen Tonnen. Sie dient vorwiegend zur Deckung des Energiebedarfs (circa 90 Prozent).

2. Immerhin haben die Meldungen über mögliche Erdölvorkommen vor der kubanischen Küste auch in Brasilien Aufmerksamkeit erregt und dazu geführt, dass sich eine Delegation von Petrobras nach Havanna begeben will, um die Möglichkeiten einer eigenen Offshore-Exploration im Golf zu erörtern.

Bereits seit Jahren wird über ein Engagement Brasiliens im Erdölbereich in Kuba spekuliert. Die positiven Meldungen über das Ergebnis der ersten Probebohrung von Repsol scheinen die Brasilianer jetzt zu beflügeln, sich ernsthaft einer engeren Zusammenarbeit mit Kuba zuzuwenden.

3. Kuba hatte 1999 den auf es entfallenden Teil des Golfs von Mexiko (112 000 Quadratkilometer) in 59 Blöcke aufgeteilt und diese ausländischen Firmen zur Exploration angeboten. Neben spanischen hatten auch brasilianische, kanadische und französische Firmen Interesse gezeigt. Auch Firmen in den USA sollen interessiert sein und daher für eine Aufhebung des US-Embargos gegenüber Kuba eintreten. Repsol hatte als erste ausländische Firma und zum ersten Mal überhaupt mit einer Offshore-Bohrung in Kuba begonnen.

4. Die Meldungen über eine erste (vielleicht erfolgreiche) Offshore-Bohrung sind Fidel Castro hoch willkommen. Sie schaffen ihm eine gewisse Atempause in dem Schlagabtausch mit den USA, der im Rahmen des Vorwahlkampfs an Schärfe zugenommen hat. Castro braucht dringend eine Erfolgsmeldung auf dem Wirtschaftssektor.

Sowohl im Inland als auch im Ausland hatte sich die Stimmung in den letzten Monaten verschlechtert. Die anhaltende Dürre in den fünf Ostprovinzen, aber auch die durch Raúl Castro inszenierte Konzentration und Kontrolle wichtiger Wirtschaftszweige hatten wesentlich dazu beigetragen.

Kuba, das immer noch zu mindestens 50 Prozent auf venezolanisches Erdöl angewiesen ist (vor allem für Treibstoff), sieht die Mög-

lichkeit eigener Lagerstätten vor seiner Küste mit ungeduldiger Zuversicht. Es muss damit rechnen, dass die Lieferungen aus dem jetzt noch befreundeten Venezuela – je nach dem Ausgang des Referendums vom 15. August – unter Umständen schon schnell ein Ende finden könnten. Die von Kuba bisher nicht beglichene Ölrechnung dürfte gegenüber VEN bereits circa eine Milliarde Dollar betragen.

Der hier erwartete brasilianische Besuch würde an die Reise von Präsident Lula im vergangenen September anknüpfen und den Wunsch nach engeren Beziehungen, der damals beiderseits angeklungen war, unterstreichen.

Öl- und Gasfunde im kubanischen Teil des Golfs könnten das Verhältnis USA–Kuba nachhaltig beeinflussen und den Wunsch der USA, Kontrolle über diese Lagerstätten zu erhalten, entstehen lassen. Jedenfalls würden sie Kuba auch für die US-Wirtschaft noch interessanter machen. Sie könnten dazu beitragen, dass der Druck auf die künftige Administration, endlich auf Kuba zuzugehen, noch stärker wird.

Im Herbst 2005 las ich dann in der Presse, dass sich auch die venezolanische *PdVSA* an der Erschließung im kubanischen Teil des Golfs von Mexiko beteiligen will. Dies könnte zu einer Beschleunigung ausländischer Explorationen und zu einem schnelleren Erfolg beitragen. Chávez scheint jedenfalls bemüht, Castro in jeder nur denkbaren Form unter die Arme zu greifen.

Allmählicher Wandel in den außenpolitischen Beziehungen

Ein Wirbelsturm verändert viel

Der Herbst ist die Jahreszeit der Stürme, diesseits und jenseits des Atlantiks. In der Karibik richten sie immer wieder verheerende Schäden an. Anfang November 2001, als gerade die Internationale Havanna-Messe abgehalten wurde, kündigte sich ein schwerer Wirbelsturm auf Kuba an. Er trug den Namen *Michelle* und sollte am ersten Novemberwochenende Havanna erreichen. Sturmgeschwindigkeiten von über 200 km/h wurden vorausgesagt.

Meine Frau und ich waren vor allem in Sorge um unsere zahlreichen großen Fenster. Zwei Fenstertüren im oberen Stockwerk ließen sich nicht richtig verriegeln. Bei einem Sturm konnten sie aus den Angeln gehoben werden. Mit Hilfe des Botschaftspersonals vernagelten wir diese Türen und versahen die Fenster diagonal mit breiten Klebestreifen, um die Scheiben gegen den Druck des Sturms abzusichern. Diese Vorsichtsmaßnahmen hatten sich allgemein in Kuba bewährt und wurden allenthalben angewandt.

In der Nacht von Samstag auf Sonntag sollte der Sturm auf Havanna zurasen. Vorsichtshalber hatte man bereits am Samstagnachmittag den internationalen Flughafen geschlossen. Ein Bekannter war gerade noch um 14 Uhr als einer der Letzten von Havanna nach Europa abgeflogen. Rundfunk und Fernsehen riefen die Bevölkerung dazu auf, den Ordnungskräften unbedingt Folge zu leisten und ihre Unterkünfte nicht mehr zu verlassen.

Im Tagebuch habe ich festgehalten:

3.11. Der Wirbelsturm Michelle kündigt sich an. Er soll sich von Mittelamerika kommend Kuba nähern und immer mehr an Kraft und Geschwindigkeit zulegen. Mit seinem Eintreffen muss morgen oder übermorgen gerechnet werden. Die kubanische Regierung trifft Vorkehrungen. Havanna steht in Alarmbereitschaft. Der Sturm könnte diesmal die Hauptstadt treffen.

Wir prüfen Fenster und Türen. Vor allem müssen wir sicherstellen, dass nichts wackelt und alle Verschlüsse einrasten. Auch mon-

tieren wir unsere Satellitenschüssel ab. (...) Abends prüfen wir die Kommunikation. Wir machen einen Funkruf an alle Irmas.

4.11. Der Sturm kommt näher. Er ist jetzt vor der Isla de la Juventud. Nimmt Kurs nach Norden, das heißt, Havanna ist in großer Gefahr. Es beginnt leicht zu regnen. Wir gehen nicht mehr aus dem Haus. Die Gefahr wächst, durch herumfliegende Objekte getroffen zu werden. Nachmittags legt der Sturm weiter zu. Die Bäume beginnen sich heftig im Winde zu bewegen. Böen von fast 100 km/h fegen über Havanna hinweg. Ich mache Filmaufnahmen.

Abends fällt der Strom aus. Der Zyklon wird heftiger. Er ist jetzt an der Isla de la Juventud angekommen. Wir machen eine zweite Runde von Funkversuchen. Alles klappt gut.

Wir müssen jetzt damit rechnen, dass der Sturm unmittelbar Kurs auf Havanna nimmt. Christian ruft aus Berlin an, will wissen, wie es uns geht. Um 23 Uhr kommt die teilweise Entwarnung. Offenbar nimmt der Sturm jetzt einen nordöstlichen Kurs, da er von einer Kaltfront abgedrängt wird. Havanna wird möglicherweise nur gestreift.

5.11. Der Wirbelsturm hat in der Nacht getobt, ist an Havanna vorbeigezogen, bewegt sich jetzt in Richtung Matanzas, Santa Clara. Aber zahlreiche Bäume sind in Havanna umgeknickt. Der Schaden scheint beträchtlich zu sein. Der Strom ist immer noch nicht wieder da. Unser Generator läuft wie eine Eins. Zum Glück hatte ich darauf bestanden, dass wir in der Residenz Dieselvorräte anlegen. So können wir das Gerät ständig laufen lassen und damit alle Vorräte kühl halten.

Als ich in der Botschaft ankomme, erkundige ich mich nach dem Wohlergehen der Mitarbeiter. Alle sind wohlauf. Aber es scheint, dass Michelle die Provinzen Matanzas, Cienfuegos und Santa Clara schwer heimgesucht hat. Teilweise sollen ganze Dörfer zerstört worden sein. Vielerorts sind Häuser vom Wasser umschlossen und nicht erreichbar, die Apfelsinenernte ist teilweise vernichtet.

Wir bekommen eine Mail aus Berlin. Hilfsangebot der Bundesregierung. 150 000 DM ist der Sockelbetrag. Ich greife zum Hörer und rufe Vizeminister Dalmau an. Erkundige mich nach den Schäden. Biete die deutsche Hilfe an. Er bedankt sich, er werde das deutsche Angebot an die zuständigen Stellen weiterleiten.

Wir waren mit dem Schrecken davongekommen. Lediglich einer unserer großen Bäume, ein Ficus, den wir auf etwa sechzig Jahre schätzten, hatte nur noch den halben Umfang. Einer der beiden starken oberen Äste war vom Sturm abgebrochen worden. Auch sonst war unser Garten voll von Ästen, voller Laub.

Schlimmer war es in unserer Umgebung. Hier waren mehrere Straßen durch umgestürzte Bäume blockiert. Ein großer Baum hatte beim Fall den ganzen betonierten Bürgersteig mitgerissen, der jetzt wie eine Wand neben dem entwurzelten Baum aufragte. In den am meisten betroffenen Provinzen Matanzas und Villa Clara waren in einigen Ortschaften die Dächer ganz oder teilweise abgedeckt, zahlreiche große und kleine Strommasten wie Streichhölzer umgeknickt worden. Die Blätter in den Bananenplantagen waren wie mit einer Sense von den Stielen gefegt worden, die nun traurig emporragten.

Am schlimmsten wirkten sich die Überschwemmungen aus, weil Flüsse und Bäche auf das Land gedrückt wurden und nicht mehr ins Meer fließen konnten. Hierdurch verloren zahlreiche Menschen ihr Hab und Gut. Was der Sturm ihnen noch gelassen hatte, nahm ihnen das Wasser.

Aber es kamen kaum Menschen zu Schaden. Die Behörden hatten innerhalb nur weniger Stunden etwa 700 000 Kubaner, die in Hütten oder baufälligen Häusern lebten, in öffentliche Gebäude, vor allem Schulen und Krankenhäuser, evakuieren lassen. Fidel leitete, wie auch sonst, persönlich den Einsatz, der vom Militär und von der Polizei unterstützt wurde.

Dies gehört zu den besonderen Stärken von Fidel: Eine Gefahr frühzeitig zu erkennen, sofort Schritte zu unternehmen, um ihr zu begegnen, seine Leute mit allen zur Verfügung stehenden Mitteln zu unterstützen. Wie eine Spinne im Netz steht er in solchen Situationen immer an der richtigen Stelle.

Mit einem seit jeher gut funktionierenden Informationsapparat, großer Entschlossenheit, Wendigkeit, Wagemut und unter Einsatz aller verfügbaren Kräfte war es Fidel im April 1961 gelungen, den Angriff der von den USA unterstützten Exilkubaner in der Schweinebucht abzufangen.

Sobald er wusste, wo der Feind landen würde, gab er den Piloten der wenigen ihm nach den Fliegerangriffen der USA noch verbliebenen Flugzeuge den Befehl, die Landungsflotten anzugreifen, setzte

Brandung bei Sturm vor dem Castillo del Morro in Havanna.

eine Panzerbrigade in Marsch und war selbst bald danach an Ort und Stelle. Er, der die Gegend um die Schweinebucht ausgezeichnet kannte, weil er vorher dort öfter zum Jagen und zum Angeln war, errichtete seinen Gefechtsstand in der nur wenige Kilometer entfernten Zuckerfabrik *Australia*, war damit ganz in der Nähe des Kampfgeschehens und leitete schließlich persönlich den Einsatz.

Ähnlich verfuhr er immer, wenn seinem Land eine Gefahr drohte. So auch bei den zahlreichen Hurrikans, die Kuba immer wieder heimsuchten. *Michelle* war da keine Ausnahme. Fidel versuchte stets, alles in den Griff zu bekommen.

Die Botschaft berichtete am Tag nach dem Hauptsturm und nach erster Einschätzung der Sturmfolgen ans Auswärtige Amt in Berlin. Sie bat um Unterstützung, vor allem durch Baumaterial, Lebensmittel und Medikamente. Noch am selben Tag kam eine fernmündliche Hilfszusage. Über das Rote Kreuz sollten von einem Sammellager in Panama Dächer und Baumaterial nach Kuba gebracht werden.

Am folgenden Dienstag, also nur zwei Tage nach dem Sturm, sollte in Havanna ein Seminar über deutsch-kubanische Beziehungen beginnen. Es war von den hier tätigen deutschen politischen Stiftungen gemeinsam vorbereitet worden. Wir waren zunächst im Zweifel, ob wir das Seminar stattfinden lassen sollten, entschieden uns aber dafür, auch um »Normalität« zu demonstrieren.

Zusammen mit einem Vizeminister im Außenministerium eröffnete ich die Veranstaltung. Dabei sprach ich dem kubanischen Volk und der kubanischen Regierung meine Anteilnahme wegen des Todes von fünf Menschen aus, die durch *Michelle* umgekommen waren. Lobende Worte fand ich für die ausgezeichnete Krisenvorsorge, die Arbeit der Rettungsmannschaften und vor allem auch die Ruhe, mit der alle Beteiligten zu Werke gegangen waren.

In der Kaffeepause kamen einige Journalisten und ein Kamerateam auf mich zu. Ich wiederholte mein Lob und fügte hinzu, dass das Auswärtige Amt vor einigen Stunden eine sehr weit gehende Hilfszusage gemacht hätte, die noch nicht genau beziffert sei und die es auch vom Ausmaß der Schäden, die ich jetzt noch nicht voll einschätzen könnte, abhängig mache.

Am Tag darauf machte ich mich mit meiner Frau und einem pensionierten Offizier der Bundeswehr, der gerade mit seiner Frau bei uns zu Besuch weilte, auf den Weg ins Katastrophengebiet. Eigentlich wollten wir die Erlaubnis hierzu durch das Außenministerium abwarten, aber nach einem Gespräch mit einem Pfarrer, der von seinem Amtskollegen in Colón im Osten der Provinz Matanzas benachrichtigt worden war und eine Bitte um Hilfe erhalten hatte, wollten wir nicht länger warten, zumal ich dem Amt in Berlin eine möglichst genaue Schilderung vom Ausmaß der Katastrophe geben wollte.

Unsere Befürchtungen wurden leider bald übertroffen. Je weiter wir von Havanna nach Osten fuhren, umso deutlicher wurden die Verwüstungen sichtbar. Nicht nur Stromleitungen und Masten waren demoliert, sondern fast die gesamte Orangen- und Pampelmusenernte war vernichtet. Die meisten Früchte lagen halb reif, etwa einen Monat vor der Haupterntezeit, auf dem Boden. In zahlreichen Ortschaften stand das Wasser kniehoch auf den Straßen. Einige Landstraßen waren ganz unpassierbar. Dächer von Häusern und Fabriken fehlten ganz oder waren zumindest stark beschädigt.

Der Pfarrer in Colón, den wir in seiner Kirche trafen, schilderte uns die Nacht vom vergangenen Samstag. Die sehr solide gebaute

Kirche habe sieben Stunden lang unter der Wucht des Sturms gebebt. Er habe sich mit einigen Gläubigen in jener Nacht in der Sakristei aufgehalten und immer wieder gebetet. Gegen Morgen habe der Sturm an Wucht verloren und sei schließlich abgeflaut. Er zeigte uns kurz die Schäden in der Kirche, die nicht so schlimm seien, wie er befürchtet habe.

Der Pfarrer berichtete, dass er früher als Arzt im Krankenhaus gearbeitet habe und uns jetzt dorthin begleiten wolle. Die Schäden im Krankenhaus seien viel gewaltiger als in der Kirche. Wir willigten ein und fuhren mit ihm ins Krankenhaus. Dort zeigte uns der Verwaltungschef zersplitterte Scheiben und viel Unrat, der vom Sturm in das Gebäude geweht worden war. Viel mehr ins Gewicht fiel allerdings das Fehlen einer Ambulanz und eines Notstromaggregats. Ich wurde gefragt, ob ich nicht bei der Beschaffung helfen könnte.

Ich äußerte mich verhalten, konnte ohne Rücksprache mit Berlin nichts zusagen, versprach lediglich, dass ich mich um die Geräte bemühen werde. Als sich noch der örtliche Parteichef zu uns gesellte und wir mit dem Klinikchef und dem Pfarrer in der Eingangshalle standen, musste ich unwillkürlich an *Don Camillo und Peppone* denken: Partei und Kirche in der Not einträchtig nebeneinander.

Nur wenige Stunden, nachdem ich später meinen Bericht nach Berlin abgesetzt habe, bekomme ich einen Anruf aus dem Auswärtigen Amt. Die Ambulanz für Colón und auch der Generator seien bereits bestellt. Ich könne dies den Kubanern mitteilen. In etwa drei Wochen könnten wir mit dem Eintreffen des Geräts rechnen. Ich teile dies zunächst dem Pfarrer und dem Klinikchef in Colón mit. Beide reagieren erfreut, aber verhalten, wie dies oft die kubanische Art ist. Man nimmt nicht so gern Geschenke an.

Auf zentraler Ebene bekam der Vorgang allerdings politisches Gewicht. Obwohl unsere Spende mehrfach aufgestockt worden war und insgesamt fast 1,5 Millionen Euro ausmachte, stand kein Wort in den Zeitungen. Wir waren schnell und großzügig. Kleinere Spenden aus Venezuela, aus Japan und Russland wurden dagegen groß herausgestellt. Lediglich das Interview vom Rande des deutsch-kubanischen Seminars war über den zentralen Fernsehkanal ausgestrahlt worden. Daraufhin erhielten wir Dankschreiben an die Botschaft aus allen Teilen des Landes. Die persönlichen Dankadressen zeigten, dass unsere Hilfe angekommen war.

Nach *Michelle* war immerhin eine Verbesserung des Arbeitsklimas festzustellen. Ich hatte das Gefühl, dass unsere Zusammenarbeit nun reibungsloser und in einer freundlicheren Atmosphäre verlief.

Musterbetrieb

Zu einem Mittagessen, auf das ich mich schon lange gefreut habe, erwarten wir Gäste aus der Krebsforschung: Kubaner, Deutsche und Kanadier. Ehrengast ist Dr. Augustín Lage, der Leiter des *Centro de Inmunología Molecular (CIM)* in Siboney, im Westen Havannas. Er ist der Bruder des Vizepräsidenten Dr. Carlos Lage. Neben ihm habe ich Tania Crombet, wissenschaftliche Mitarbeiterin des *CIM*, platziert. Sie ist für die Auslandsbeziehungen des Instituts zuständig und die Frau des Außenministers Pérez Roque. Meine kanadische Kollegin Alexandra Bugailiskis ist zusammen mit zwei Chefs kanadischer Unternehmen erschienen, die Impfstoffe gegen Krebs herstellen.

Anlass für das Essen in meiner Residenz ist der Besuch eines deutschen Anti-Krebsmittelherstellers aus Hamburg, der bereits seit einigen Jahren mit Kuba zusammenarbeitet und speziell an Präparaten gegen Gehirntumore bei Kindern forscht.

Während des Essens wird über die bereits seit Jahren bestehende Zusammenarbeit im Dreieck zwischen Kuba, Deutschland und Kanada bei der Krebsforschung berichtet. Jetzt wird mir auch bewusst, weshalb ich vor einiger Zeit einen geheimnisvollen Hinweis aus dem Außenministerium bekommen hatte. Ich möge mich doch bitte des Visumsantrags einer Señora Crombet annehmen. Das Außenministerium sei an ihrer Reise nach Deutschland sehr interessiert. Nichts weiter. Ich hatte dieser Bitte entsprochen und meinen Mitarbeitern im Konsularbereich das Anliegen befürwortend weitergegeben. Wochen später bedankte sich ein hoher Beamter im Außenministerium bei mir. Er hatte mir allerdings nicht verraten, wer sich hinter dem Namen »Crombet« verborgen hatte.

Dr. Lage stellt während des Essens sein Institut vor. Etwa 1980 habe die Krebsforschung in Kuba begonnen. Ein eigenes Institut sei 1994 eingerichtet worden, es habe zunächst den Namen *Instituto Nacional de Oncología* getragen. Daraus sei schließlich das *CIM* hervorgegangen, das inzwischen 470 Mitarbeiter beschäftige und mit einer Reihe von Staaten, zum Beispiel mit Kanada, Frankreich, Argentinien und Deutschland, eng zusammenarbeite. Mit Deutschland stehe die Forschung zur Bekämpfung von Gehirntumoren im Mittelpunkt, mit Kanada erforsche man Impfstoffe gegen das Lungenkarzinom, und mit Argentinien bestehe eine Zusammenarbeit bei der Bekämpfung des Brustkrebses.

Schwerpunkt der Forschung in Kuba sei die menschliche Zelle. Im *CIM* würden das gesunde und das krankhafte Wachstum der Zellen untersucht und der Versuch unternommen, mit Methoden der Biotechnologie und des Bio-Engineering das Zellwachstum zu steuern. Zahlreiche Versuche seien erfolgreich verlaufen. Kuba stelle bereits heute Impfstoffe gegen bestimmte Arten von Krebs her. Allerdings sei es bisher noch nicht gelungen, den Krebs zu beseitigen. Mit den Impfstoffen sei es nur möglich, sein Wachstum zu hemmen. Dies sei aber bereits ein großer Erfolg.

Der Mediziner Lage verrät uns, dass in Kuba insgesamt 150 Projekte der Krebsbekämpfung in der Planung seien, sich 333 neue Medikamente in der Entwicklung befänden und 72 Krebsimpfstoffe in der Erprobung seien. Kuba stehe damit in Lateinamerika an der Spitze der Krebsforschung und bemühe sich, auch durch seine internationale Zusammenarbeit, zur Weltspitze aufzuschließen.

Zuvor hatte mir bereits ein Marburger Wissenschaftler berichtet, Kuba nehme in der Biotechnologie bereits heute einen der vorderen Plätze ein. Wir hatten damals gemeinsam das *Centro de Investigación Genética y de Biotecnología (CIBG)* in Cubanacán besucht, ein moderner Gebäudekomplex, in dem eine Reihe von wichtigen Impfstoffen hergestellt wird, zum Beispiel eine Vaccine gegen Hepatitis A und ein Impfstoff gegen Meningitis. Kuba exportiert diese Impfstoffe in großen Mengen ins Ausland.

Das Zentrum wurde 2002 berühmt, als in den USA im Zusammenhang mit dem Auftreten von Anthrax der Vorwurf erhoben wurde, Kuba stelle biologische Kampfstoffe her. Sie würden im *CIBG* in Havanna produziert. Der Nachweis zur Erhärtung dieser Vorwürfe konnte aber nie erbracht werden. Es verhielt sich wie mit den Vorwürfen gegen den Irak vor der Intervention.

Ein weiteres Institut, das sich mit der Erforschung von Impfstoffen befasst, ist das *Instituto Finlay*, ebenfalls im Westen von Havanna gelegen. Es ist nach dem kubanischen Arzt und Wissenschaftler Dr. Carlos Finlay benannt, der gegen Ende des 19. Jahrhunderts den Erreger des Gelbfiebers entdeckte und an der Herstellung eines Impfstoffs beteiligt war.

Wir sprechen daher bei Tisch über die lange Tradition kubanischer naturwissenschaftlicher Forschung. Fidel Castro habe daran angeknüpft, als er bereits Mitte der siebziger Jahre den Aufbau der drei führenden kubanischen Institute zu planen begonnen habe. Der Erfolg der kubanischen Forschung habe ihm Recht gegeben.

Ich muss jetzt an Fidels Sohn »Fidelito« denken, der in Moskau zum Atomphysiker ausgebildet worden war. Später war unter seiner Leitung das Projekt eines Atomreaktors entstanden, der tatsächlich in den achtziger Jahren in Bau ging. Nach Tschernobyl und dem bald danach einsetzenden Zusammenbruch der UdSSR hat Castro den Bau in der Nähe von Cienfuegos jedoch stoppen lassen. Der Sohn habe sich heftig widersetzt, aber der Vater habe seine Argumente nicht gelten lassen. Noch heute kann man von weitem die Reaktorkuppel und mehrere Kräne um sie herum sehen. Ein eher gespenstischer Anblick.

Fidelito, der eigentlich Raúl Fidel Castro Diaz Balart heißt, ist heute im kubanischen Staatsrat für Fragen der Hochtechnologie zuständig. Ich bin ihm öfter begegnet, vor allem im Haus meines Freundes Jürgen Nicklaus, einem Vertreter der Firma *Messer* in Kuba. Fidelito, Autor mehrerer Bücher über wissenschaftliche Forschung in Kuba, ist ein ruhiger, zurückhaltender Mann, der gern Deutschland besucht. Vor allem in Hessen und Baden-Württemberg bemüht er sich um Verbindungen zu wissenschaftlichen Instituten.

Während des Essens bringe ich die Rede auf die USA. Von einer deutschen Pharmafirma hatte ich erfahren, dass Kuba erstmalig mit einer bedeutenden Firma aus den USA bei der Krebsforschung zusammenarbeite. Dr. Lage bestätigt mir dies. Mit Stolz sagt er, dass es gelungen sei, mit einer Firma aus Kalifornien einen Vertrag über Zusammenarbeit abzuschließen.

Meine kanadische Kollegin ergreift das Wort und meint, dies sei ein sehr ungewöhnlicher Vorgang, der möglicherweise gegen die Sanktionspolitik Washingtons verstoße. Aber vieles scheine heute im Fluss, was noch vor Jahren undenkbar erschienen wäre: Die Besuche aus den USA, der Handel, die Ausrichtung einer Messe in Havanna ausschließlich für Firmen aus den Vereinigten Staaten.

Ich ermuntere die Kubaner, sich stärker an internationalen Messen zu beteiligen, darunter auch in Deutschland. Dies könne dazu beitrag, weitere Partner in Industrieländern zu gewinnen. Dr. Lage sagt nichts dazu, er lächelt nur. Wir wissen beide, dass selbst diese Frage ganz oben entschieden wird. Ich nehme mir vor, Fidelito einmal darauf anzusprechen.

Die *Europa* kommt

Kuba entwickelt sich immer mehr zu einem Touristenland. Im Jahr 2001 bahnte sich mit etwa zwei Millionen Besuchern ein erster Rekord an. Die Kanadier, die von Toronto aus in dreieinhalb Stunden in Havanna sind, bildeten mit über 300 000 Besuchern die größte Gruppe. Die Deutschen stellten mit fast 200 000 Gästen das zweitstärkste Kontingent, gefolgt von Italien und Spanien. Auch aus den USA kommen immer mehr Touristen. Es sollen 2001 weit über 100 000 gewesen sein.

Kuba hatte sich nach dem Zusammenbruch des Ostblocks inmitten der schweren Wirtschaftskrise der *Período especial* dazu entschlossen, den Tourismus verstärkt voranzutreiben. Mit Hilfe der starken spanischen *Meliá*-Gruppe entstanden in den neunziger Jahren über zwanzig große Hotelanlagen, vor allem auf der Halbinsel von Varadero, aber auch auf Cayo Coco, in der Provinz Holguín und in Santiago. Diese Hotels boten den Touristen nicht nur den günstigen All-inclusive-Service, sondern auch breite Sandstrände, Unterhaltungsprogramme und Exkursionen ins Landesinnere.

Das freundliche Bedienungspersonal, die überall in Europa und auch anderswo populäre Salsa-Musik, der fast täglich blaue Himmel und angenehme Temperaturen ziehen immer mehr Gäste an. Für die Kubaner selbst erschloss sich mit dem Tourismus eine attraktive Einnahmequelle. Während ein Kubaner normalerweise durchschnittlich umgerechnet 10 bis 15 Dollar monatlich verdient, kann er im Tourismussektor bei reichlich fließenden Trinkgeldern leicht auf das Vier- oder Fünffache kommen.

Ärgerlich ist allerdings, dass die einheimische Bevölkerung keinen Zugang zu den »Touristenparadiesen« hat, was den Stolz vieler Kubaner verletzt. Ich selbst machte auch eine negative Erfahrung: Der Manager eines *LTI*-Hotels hatte meine Frau und mich zu einem Wochenende eingeladen, was wir mit einer Dienstreise verbanden. Als wir im Hotel ankamen, hieß es an der Rezeption, dass unser kubanischer Fahrer nicht mitkommen könne. Für ihn müssten wir außerhalb ein privates Zimmer besorgen. Als ich einwandte, er habe an diesem Tage seinen Geburtstag, man möge dies doch berücksichtigen, erhielten wir zwar eine Einladung (mit dem Fahrer) zum Abendessen, sonst aber kein weiteres Entgegenkommen.

Diese Auskunft betrachtete ich als einen Affront. Doch der deutsche Manager war nicht greifbar, und der Abend rückte näher. Es wäre jetzt zu gefährlich gewesen weiterzufahren. Es blieb uns nichts anderes übrig, als für den Fahrer im dem nahegelegenen Ort eine private Unterkunft zu besorgen. Zähneknirschend fuhren wir dann wieder ins *LTI*-Hotel zurück und feierten dort gemeinsam seinen Geburtstag.

Bereits bei meinem Antrittsbesuch hatte mich Vizepräsident Dr. Lage auf den Tourismus angesprochen. Kuba wolle seine Hotelkapazität in den nächsten zehn Jahren mindestens verdoppeln, um bis zu fünf Millionen Touristen aufnehmen zu können. Man rechne fest mit zwei bis drei Millionen Besuchern aus den USA. In Washington gäbe es starke Bestrebungen, das Reiseverbot nach Kuba aufzuheben.

Aber im Kongress gelang es dann doch nicht, das Verbot zu Fall zu bringen. Eine starke Lobby verhinderte dies, genauer gesagt, der US-Präsident drohte, einen entsprechenden Gesetzentwurf des Kongresses mit seinem Veto zu belegen. Dahinter standen mächtige Exil-Kubaner in Florida, die mit ihren Stimmen zum umstrittenen Wahlsieg George W. Bushs im Jahre 2000 beigetragen hatten. Diesen Leuten fühlte er sich verpflichtet, denn er hoffte, dass sie ihn bei der nächsten Wahl wiederum unterstützen würden.

Der Tourismus hatte auch in Kuba nach dem 11. September 2001 einen schweren Rückschlag zu verkraften. Eine ganze Reihe von Hotels schloss für einige Zeit, da die Gäste ausblieben. Die Leute hatten einfach Angst, in ein Flugzeug zu steigen.

Eines Tages im November 2001 rief mich General Choy, der Direktor des Hafens von Havanna, an und berichtete, der deutsche Luxus-Dampfer *Europa* würde in einigen Wochen einlaufen. Wenn ich wolle, könne ich den Kapitän und die Passagiere begrüßen.

Mir schien das Anlegen des Schiffes eine gute Gelegenheit, auf den Tourismus aus Deutschland aufmerksam zu machen. Zugleich war ich neugierig, dieses Schiff einmal kennenzulernen.

Zusammen mit Choy beschlossen wir, den Luxusdampfer in einer besonderen Weise zu begrüßen. Wir brachten eine kubanische Band,

Kreuzfahrtschiff im Hafen der Hauptstadt.

Tänzerinnen und eine größere Gruppe von Journalisten mit. Auch alarmierte ich meine Mitarbeiter, sich für einen möglichen Besuch bereitzuhalten.

So machte die *Europa* unter karibischen Klängen, mit viel Salsa, Son und Merengue in Havanna fest. Mit Choy wurde ich über die Gangway zum Kapitän begleitet, der mich sehr freundlich begrüßte. Schon vorher war mir gesagt worden, dass ich zum Mittagessen eingeladen sei und mitbringen dürfe, wen ich wolle.

Wichtig erschien mir, dass die kubanischen und ausländischen Journalisten gut behandelt würden. Von ihnen erhoffte ich mir eine wirksame Berichterstattung, um unsere wirtschaftliche Zusammenarbeit zu befördern.

Zu meiner Freude ging der Kapitän bereitwillig auf meine Pläne ein. Eine Reihe meiner Mitarbeiter, die Hafendirektion und die anwesenden Journalisten wurden zu einem vorzüglichen Mittagsmenü eingeladen, das von deutschen Hostessen serviert wurde. Die besondere Atmosphäre auf dem Luxusdampfer, die elegante und zuvorkommende Bedienung, die gepflegten Speisen und Getränke versetzten uns für einige Stunden in eine Umgebung, von der einige von uns normalerweise nur träumen konnten.

Schon wenige Tage später erschienen im KP-Zentralorgan *Granma* sowie in den Zeitschriften *Opciones* und *Bohemia* Artikel über den Besuch der *Europa* in Havanna. Das kubanische Fernsehen sendete einen Bericht, in dem auf Deutschland als eines der wichtigsten Entsendeländern von Touristen nach Kuba hingewiesen wurde.

Die Kooperation schien sich allmählich zu verbessern.

Mexikanischer Besuch und Tadel von Fidel

Wie wichtig der Tourismus für Kuba war, erfuhr ich anlässlich eines Empfangs im Februar 2002 im Gebäude des Staatsrats. Anlass war der Besuch des mexikanischen Staatspräsidenten Vicente Fox in Kuba.

Wann immer ein Staatsoberhaupt Kuba besuchte, lud Castro in jener Zeit alle ausländischen Botschafter und ihre Ehefrauen ein. Die Empfänge im Staatsrat dauerten meist mehrere Stunden. An ihrem Ende stand ein Büfett-Essen, das stets ausgezeichnet zubereitet war und von Langusten bis zu typisch kubanischen Rindfleischgerichten reichte. Meist wurde dazu spanischer Wein serviert.

Die Botschafter und ihre Ehefrauen warteten zunächst in der Eingangshalle, bis der Protokollchef ein Zeichen gab. Dann begaben sie sich über eine Art Steg, der von Farnbäumen gesäumt war, in den eigentlichen Empfangsbereich. Die Farne stammten aus der Sierra Maestra in Anspielung auf den Kampf der Rebellen im Gebirge von Ostkuba. Sie hier aufzustellen, soll eine Idee von Celia Sánchez gewesen sein, der langjährigen Gefährtin Fidel Castros.

Als Präsident Fox Kuba besuchte, lief dies ebenso ab. Meine Frau und ich gingen hinter dem Botschafter von Sri Lanka und seiner Frau und vor dem peruanischen Botschafter, der unverheiratet war. Da Castro stets die Gelegenheit nutzte, um einige Worte mit den ausländischen Diplomaten zu wechseln, bewegte sich die Schlange nur langsam voran. Wir hatten auf diese Weise Castro, der einen dunklen Anzug trug, und seinen hohen Gast mit Ehefrau eine ganze Weile vorher im Blick.

Der Besuch von Fox, der seit Monaten angekündigt und vorbereitet worden war, hatte zu diesem Zeitpunkt für Kuba besondere Bedeutung. Einerseits rechnete sich Kuba aus, mit mexikanischer Hilfe an dringend notwendige Kredite zum Ausbau seiner Kommunikationstechnologie zu kommen. Darüber hinaus war aber auch die Einräumung von Sonderkonditionen für die Lieferung von mexikanischem Erdöl an Kuba angestrebt. Schließlich, für Castro ein ganz wichtiger Punkt, nahm Mexiko bei der für April in Genf geplanten Sitzung der Menschenrechtskommission eine besondere Stellung ein. Havanna hoffte, dass sich der wichtige Nachbar bei der Kuba-Resolution der Stimme enthalten werde.

Mexiko hatte 1955 den Flüchtling Fidel Castro aufgenommen, als er nach seiner Freilassung aus dem Gefängnis auf der Isla de Pinos in Havanna verfolgt wurde und seines Lebens nicht mehr sicher sein konnte. In Mexiko formierte er eine größere Gruppe von Rebellen, zu der sein Bruder Raúl und Che Guevara gehörten, um eine Expedition nach Kuba vorzubereiten. Mit dem Auslaufen der *Granma* aus dem Hafen Tuxpan Ende November 1956 startete dann die kubanische Revolution.

In den bewegten Zeiten, als fast alle Staaten Lateinamerikas auf Druck Washingtons ihre diplomatischen Beziehungen zu Kuba abbrachen, hatte Mexiko der Karibikinsel die Treue gehalten. 1974 war der mexikanische Staatspräsident Echeverría Álvarez demonstrativ nach Kuba gereist, was in Washington als Affront angesehen wurde. Damals war ich Pressereferent an der Botschaft in Mexiko. Die Reise von Echeverria hatte man in Mexiko begrüßt, galt sie doch als erneute Bestätigung für den unabhängigen Kurs, den Mexiko damals zwischen den großen Machtblöcken zu steuern suchte.

Mit diesen Erinnerungen im Kopf näherte ich mich allmählich dem Gastgeber. Der Protokollchef stellte zunächst meine Frau vor, dann mich. Fidel legte seine Hand auf meinen Unterarm, lächelte mich an und sagte sehr laut, so dass es Präsident Fox hören musste. »Embajador, Usted tiene que corregir eso. Que van a pensar los turistas alemanes si la Embajada les da semejantes consejos. Usted sabe que ya no hay dengue en Cuba. Lo tienen que cambiar.« (Herr Botschafter, Sie müssen das korrigieren. Was werden die deutschen Touristen denken, wenn ihnen die Botschaft solche Ratschläge erteilt. Sie wissen, dass es kein Dengue-Fieber mehr in Kuba gibt. Diesen Hinweis sollten Sie ändern.)

Ich war wie vom Schlag gerührt. Bevor ich noch antworten konnte, gab mir bereits Fox die Hand, sehr freundlich. Er ignorierte die Bemerkung von Castro und erkundigte sich nach dem Befinden des Bundeskanzlers, der ihn in wenigen Wochen besuchen würde. Er bat mich, ihm seine Grüße zu bestellen.

Den ganzen Abend gingen mir Fidels Worte im Kopf herum. Er bezog sich offenbar auf die Website des Auswärtigen Amts und die Hinweise, die darauf für die Touristen gegeben wurden. Da in Kuba eine Dengue-Epidemie ausgebrochen war – auch mehrere Diplomaten waren daran erkrankt –, war es unsere Pflicht, deutsche Touristen darauf hinzuweisen. Castro hatte aber sehr schnell eine große und letztlich erfolgreiche Kampagne gestartet, um den Überträger dieses gefährlichen und manchmal sogar tödlichen Fiebers, den Moskito *Aedes Aegypti*, massiv zu bekämpfen. Sprühbrigaden waren wochenlang mit Giftkanistern durch Straßen, Betriebe und Wohnungen gezogen, um die Überträgermücken zu liquidieren. Fidel hatte den Erfolg dieser Aktion lautstark als Triumph über den biologischen Feind feiern lassen.

Wir haben später einen entsprechenden Hinweis in unsere Website aufgenommen.

Der Vorfall im Staatsrat zeigte mir einmal mehr, dass Castro über fast alle Einzelheiten, die Kuba betrafen, informiert war. Ihm entging nichts, jede Kritik wies er zurück.

Der Besuch des mexikanischen Staatspräsidenten schien eine neue Ära in den Beziehungen zwischen beiden Staaten einzuleiten. Misstöne, die gelegentlich zu hören gewesen waren, schienen vergessen. Aber dem aufmerksamen Beobachter konnte nicht entgehen, dass der mexikanische Präsident etwas getan hatte, was nur wenige Staatsoberhäupter in Kuba wagten: Er hatte sich mit Vertretern der demokratischen Opposition getroffen. Dies war zwar vor seinem Besuch immer wieder als Möglichkeit erwähnt, aber von Experten als eigentlich nicht denkbar verworfen worden. Doch es lag ganz in der Linie der mexikanischen Politik, sich stärker um den Schutz der Menschenrechte zu bemühen. Besonders Außenminister Jorge Castañeda hatte dies zu einem Grundprinzip der mexikanischen Außenpolitik erklärt. Er war kurz nach seinem Besuch in Kuba an der Seite des Präsidenten nach Florida gereist und hatte dort vor Exil-Kubanern über die Beziehungen Mexikos zu Kuba gesprochen und dabei die Kubaner auf der Insel eingeladen,

Mexiko zu besuchen. »Unsere Tore sind weit geöffnet«, hatte er erklärt.

Dies war von *Radio Martí* in Miami mehrfach übertragen worden, wohl wissend, dass der Exil-Sender in Kuba aufmerksam verfolgt wird. Nur wenige Tage darauf besetzten etwa zwanzig Kubaner die mexikanische Botschaft in Havanna. Sie hatten einen Bus gekapert, das Botschaftstor gerammt und waren mit ihm bis in den Hof der Kanzlei vorgedrungen. Sie wollten auf diese Weise ihre Ausreise nach Mexiko erreichen.

Nach schwierigen Verhandlungen gelang es Mexiko, die Besetzer zur Aufgabe zu bewegen. Ein hoher Beamter war deswegen aus Mexiko angereist. Alle Botschaftsbesetzer wurden sofort nach dem Verlassen des Botschaftsgeländes verhaftet und später zu Freiheitsstrafen verurteilt. Castro drohte allen, die etwas Ähnliches planten, dass sie genauso behandelt werden würden. Auf keinen Fall aber würde er bei Botschaftsbesetzungen künftig zulassen, dass die Besetzer Kuba verlassen dürften.

Der Besuch des mexikanischen Präsidenten in Kuba und dieser Vorfall hatten mich dazu bewogen, noch stärker als bisher den Kontakt zu meinem mexikanischen Kollegen zu suchen. Er war kein Karrierediplomat, sondern Angehöriger einer kleineren Linkspartei, der eine kubafreundliche Haltung nachgesagt wurde. Vor allem interessierte mich, wie Mexiko künftig in der UN-Menschenrechtskommission stimmen würde. Sollte Mexiko etwa in das gegen Kuba stimmende Lager übertreten?

Mein Kollege meinte, er rechne nicht damit. Sein Land wolle die guten Beziehungen zu Kuba nicht aufs Spiel setzen. Sicherlich sei man in der Menschenrechtsfrage nicht immer einer Meinung, aber dies sei auch bei anderen Staaten nicht der Fall, die Kuba in Genf entweder unterstützten oder sich der Stimme enthielten. Auch unter den Botschaftern der Europäischen Union glaubte man nicht, dass sich Mexiko gegen Kuba wenden könne.

Die Dinge liefen jedoch anders. Mexiko stimmte im April 2002 in Genf für die Resolution, mit der Kuba wegen seiner Menschenrechtspolitik verurteilt wurde. Es tat dies gemeinsam mit Uruguay, das diesmal die Resolution förmlich eingebracht hatte, Peru, Costa Rica und einer Reihe weiterer Staaten Lateinamerikas. Uns erschien dies als eine Sensation. Castro war außer sich. Den Präsidenten von Uruguay beschimpfte er als einen »trasnochado«, als verbummelten

Trottel, und »abyecto Judas«, als niederträchtigen Judas, worauf Uruguay seine diplomatischen Beziehungen zu Kuba abbrach.

Sein eigentlicher Zorn aber richtete sich gegen Mexiko, seinen Präsidenten und vor allem gegen den Außenminister. Dieser Zorn sollte sich nun entladen. Castro machte Castañeda als den »Drahtzieher« aus, der im Hintergrund im Auftrag Washingtons das »Komplott« gegen Kuba geschmiedet hätte. Er beschimpfte Castañeda als eine Art Handlanger von Bush, dessen Wünsche er ständig zu erfüllen suche.

Der angegriffene Außenminister wehrte sich gegen die Vorwürfe. An den Worten Castros sei nichts wahr. Mexiko verfolge eine eigene Außenpolitik. Zu keiner Zeit habe es sich den Wünschen Washingtons in Bezug auf Kuba gefügt. Castro wurde indirekt als Erfinder von Geschichten und Gerüchten dargestellt. Er machte dann eine Anspielung auf die »bösen Gerüchte«, die sich um die Konferenz von Monterrey rankten und die ebenfalls erfunden seien.

Kurze Zeit nach dem Besuch von Präsident Fox in Kuba, im März 2002, hatte in der nordmexikanischen Industriestadt Monterrey eine wichtige Konferenz der Vereinten Nationen zu Fragen der Entwicklungsfinanzierung stattgefunden. Castro hatte, wie angekündigt, an der Eröffnung teilgenommen, war dann aber gleich wieder abgereist. Es hieß, US-Präsident Bush habe die frühe Abreise Castros zur Bedingung seines eigenen Erscheinens gemacht. Er habe Präsident Fox veranlasst, Castro entsprechend zu unterrichten.

Mit den Anspielungen von Castañeda war für Castro das Fass übergelaufen. Auf einer Pressekonferenz führte er ein Tonband vor, auf dem ein vertrauliches Telefongespräch mit dem mexikanischen Staatspräsidenten Fox aufgezeichnet worden war. Castro wies anhand des Tonbands nach, dass er von Präsident Fox unmissverständlich aufgefordert worden war, nur kurz in Monterrey zu erscheinen, um einen Eklat zu vermeiden.

Der Vortrag von Castro entsprach zwar den Tatsachen, dennoch war dieser Vorgang ungeheuerlich. Er offenbarte einerseits die Arbeit des kubanischen Geheimdienstes, andererseits aber auch, dass Fidel vor nichts zurückschreckte, wenn es um die Wahrnehmung seiner Interessen ging. Jede zugesagte Diskretion konnte jederzeit gebrochen werden.

Wir waren überzeugt davon, dass Mexiko auf diesen Vertrauensbruch mit dem Abbruch der diplomatischen Beziehungen antworten würde. Aber nichts dergleichen geschah. Mexiko ließ es mit Erklärungen und Protesten bewenden. Dennoch waren danach die Beziehungen zwischen Mexiko und Havanna mehr als frostig. Der als kubafreundlich geltende Botschafter Mexikos wurde abgezogen.

Neuer Wind für die Wirtschaft

Bereits vor dem Besuch von Bundeswirtschaftsminister Werner Müller hatten mehrere deutsche Wirtschaftsdelegationen Kuba besucht. Nach der Reise von *BDI*-Präsident Henkel mit einer großen Delegation im Jahre 1999, war der Besuch von Ministerpräsident Dr. Höppner von besonderer Bedeutung, in dessen Folge die Wirtschaftsministerin von Sachsen-Anhalt, Katrin Budde, Anfang November 2001 Kuba besuchte. Sie führte Gespräche mit dem Minister für Nahrungsmittelproduktion, Alejandro Roca, und dem Minister für Zucker, General Ulises Rosales.

Das Bundesland Sachsen-Anhalt verfügte in Kuba über besonders gute Kontakte, die in die Zeit der DDR zurückreichten. Vor allem erhielt Kuba während seiner Zugehörigkeit zum Ostblock wichtige Lieferungen aus Unternehmen der DDR. Aus dem heutigen Sachsen-Anhalt erhielt es zum Beispiel Förderbänder und Grubengerät von *Takraf* aus Magdeburg, Mahlgerät von *Mühlenbau Wittenberg* oder Porzellan aus Annaburg. Auch Brauereiausrüstungen und Maschinen für die Herstellung von Schokolade stammten aus verschiedenen Volkseigenen Betrieben der DDR.

In den Gesprächen der deutschen Ministerin ging es vor allem um die Lieferung einer neuen Abfüllanlage für die *Tinima*-Brauerei in Camagüey und um die Erneuerung und Erweiterung der Schokoladenfabrik von Baracoa, ganz im Osten der Insel.

Durch den Besuch von Frau Budde war Sachsen-Anhalt auf der Internationalen Havanna-Messe *FIHAV* Schwerpunktland innerhalb des großen deutschen Pavillons. Dies kam auch dadurch zur Geltung, dass Frau Budde am Stand der Europäischen Union auftrat und gemeinsam mit mir an einer Diskussionsveranstaltung mit kubanischen Abiturienten über die Einführung des Euro teilnahm.

Aber auch die alten Bundesländer zeigten wachsendes Interesse an Kuba. Ganz vorn lag Hessen, dessen Wirtschaftsminister Dieter Posch im Februar 2002 mit einer großen Delegation nach Havanna kam. Hessen hatte diesen Besuch sozusagen generalstabsmäßig vorbereitet und nicht nur Firmenprofile für die mitreisenden Unternehmen erstellt, sondern auch Schwerpunktbereiche ausgewählt, bei denen es vorankommen wollte: Verkehrsinfrastruktur und Biotechnologie.

Diese Themen lagen auf der Hand. Das Verkehrswesen war einer der schwächsten Wirtschaftszweige in Kuba. Es fehlten mindestens 5000 Busse im Nahverkehr. Täglich mussten sich Hunderttausende von Kubanern per Anhalter zu ihrer Arbeitsstätte durchschlagen. Vor allem in der Provinz war das Pferdefuhrwerk durch den anhaltenden Treibstoffmangel wieder in Mode gekommen.

Bei der Biotechnologie hingegen handelte es sich um einen Wissenschafts- und Wirtschaftszweig, bei dem Kuba mit manchem Industrieland gleichauf stand. Es hatte glänzende Forschungsergebnisse aufzuweisen und stellte Impfstoffe und Medikamente her, die weltweit Anerkennung fanden. Es trat der groteske Fall ein, dass ein kubanisches staatliches Unternehmen mit einer US-Firma eine Vereinbarung über Zusammenarbeit schloss, nachdem ein deutsches Unternehmen aus Furcht vor dem US-Embargo abgesagt hatte.

Ich begrüßte daher die hessische Delegation in der Hoffnung, dass wir mit ihrer Hilfe einige wichtige Projekte mit Kuba vereinbaren und unsere Position im Land stärken könnten. Hinzu kam, dass ich in Hessen aufgewachsen war, dort Abitur und meine beiden juristischen Staatsexamina abgelegt hatte. Auch mein Elternhaus war dort, ebenso wie die meisten meiner Freunde aus Schulzeit und Studium. Mit Hessen verband mich sehr viel.

Wie auch sonst bei solchen Anlässen üblich, wollte ich in meiner Residenz einen Empfang geben. Gern hätten wir ihn im Garten veranstaltet. Leider ließ dies ein schon am Nachmittag einsetzender Regen nicht zu. Normalerweise bezogen wir die beiden in den Garten führenden, nicht überdachten Terrassen bei Empfängen mit ein, besonders in der kühleren Jahreszeit von November bis Mai. Die üppige subtropische Vegetation stellt einen angenehmen, besonders das Auge ansprechenden Rahmen her, der unsere Gäste immer wieder faszinierte.

Es ist nicht übertrieben, wenn ich von einem Park spreche, denn sowohl die Ausdehnung als auch die mannigfaltige Vegetation sprechen dafür. Dazu gehören die hohen, sehr stark belaubten und Schatten spendenden Ficusbäume. Ich schätze ihr Alter auf etwas

Residenz des deutschen Botschafters.

Der Garten der Residenz mit den Fahnen Deutschlands und der EU.

über sechzig Jahre, denn unsere Residenz war kurz nach 1940 als Domizil einer wohlhabenden kubanischen Familie errichtet worden. Üblicherweise wurde in Havanna mit dem Neubau einer Villa auch der Garten angelegt.

Leider wissen wir nur wenig über die Geschichte der Residenz. Es ist wohl anzunehmen, dass die ursprünglichen Eigentümer bald nach dem Sieg der Revolution Kuba verlassen haben. Sie dürften danach, wie in diesen Fällen üblich, enteignet worden sein. Bevor die Bundesregierung in den siebziger Jahren des vergangenen Jahrhunderts das Grundstück als Botschafterresidenz anmietete, befand sich dort eine Bibliothek des Erziehungsministeriums.

Neben den hohen Fici geben aber auch die alles überragenden Königspalmen – der Nationalbaum Kubas – und Mangobäume dem Garten sein Gepräge. Erst in neuerer Zeit sind auch Orangen- und Zitronenbäume sowie – als Geschenk des Landwirtschaftsministers – ein Guavenbaum hinzugekommen. Aber auch Avocados und Bananen wachsen in diesem Garten. Ein besonderes Kuriosum stellt eine Palme dar, die unmittelbar neben einem anderen Baum gewachsen ist, durch dessen Krone hindurchgeht und ihn sogar überragt. Es bleibt abzuwarten, ob der andere Baum dieses Wachstum toleriert.

Auch eine beachtliche Fauna hat der Residenzgarten aufzuweisen. Wegen des kleinen, im unteren Teil gelegenen Schwimmbades kommen öfter Reiher, die dort wohl Fische vermuten. Aber auch der Zinzonte, ein grauer, zutraulicher Singvogel, der gern andere Vogelstimmen nachahmt, fühlt sich hier wohl und erfreut die Gäste durch sein fröhliches Lied. Manchmal sind sogar die Schreie einer weißen Schleiereule zu hören.

Zu unserem Empfang hatte ich die gesamte Staatsführung eingeladen. Als erste Gäste aus der Regierung kamen die Ministerin für Auslandsinvestitionen und Entwicklung, Marta Lomas, und der Tourismusminister Ibrahim Ferradaz, bald nach ihnen auch Vizepräsident Dr. Carlos Lage.

Der 49-jährige Arzt Lage war 1992 in die Führungsmannschaft aufgerückt. Er hatte sich als Leiter des Wirtschaftsteams in der schweren Krise nach dem Fall der Mauer und dem Zusammenbruch der Sowjetunion bewährt. Kuba hatte damals über sechzig Prozent seines Außenhandels und fast 35 Prozent seines Bruttoinlandsprodukts mit einem Schlage eingebüßt. Mit einer rigiden Austeritätspolitik dieser »Spezialperiode«, die den meisten Kubanern harte Opfer abverlangte, und nachfolgenden kleinen Liberalisierungsschüben gelang es Castro, die Krise allmählich zu bewältigen.

Dass der wichtige Vizepräsident Lage gekommen war, zeigte, dass wir auf dem Wege zu einem interessanten Partner für Kuba waren. Lage hatte mir dies bereits bei meinem Antrittsbesuch vor einem Jahr angedeutet.

Für mich als Botschafter war es vordringlich, Lage als den bedeutendsten Gast des heutigen Abends mit den wichtigsten Delegationsmitgliedern bekannt zu machen und ihm deren spezifisches Interesse an Kuba zu erläutern.

Der Empfang hatte noch keine Stunde gedauert, als im vorderen Teil der Eingangshalle, der zur Auffahrt hin gelegen war, Unruhe entstand. Maria, unser Hausmädchen, rief mir von weitem zu: »Embajador, venga rapido. El Comandante« (Herr Botschafter, kommen Sie schnell, der Kommandant).

Ich war noch nicht ganz an der Tür, da entstieg er auch schon seinem alten, gepanzerten Mercedes. Er trug seine olivgrüne Uniform mit den schwarz-roten Rhomben und dem Eichenkranz auf den Schulterstücken. Es war der *Comandante en Jefe*, Fidel Castro Ruz.

Jetzt fiel es mir wie Schuppen von den Augen: Die beiden Sicherheitsbeamten, die etwa eine halbe Stunde vor dem Beginn des Empfangs bei uns aufgetaucht waren, das Augenzwinkern der Entwicklungsministerin, die Bitte um einen Besprechungsraum, viele andere Details, die mir eigentlich hätten sagen müssen: Nicht nur Lage, sondern ein höherer Besuch kündigt sich an.

Meine Gäste waren zunächst wie erstarrt. Keiner von ihnen hätte im entferntesten damit gerechnet, dass Fidel Castro selbst zu dem Empfang kommen würde.

Ich begrüßte ihn auf der Treppe und geleitete ihn und den uniformierten Sicherheitschef ins Innere der Residenz. Ich stellte den hessischen Wirtschaftsminister und Teile der Delegation vor. Fidel gab dem Minister die rechte Hand und legte die Linke auf seinen Arm. Dann sagte er, dass er sich über den Besuch des Ministers und der Delegation sehr freue. »Estamos muy contentos, Ministro« (Wir sind sehr zufrieden, Herr Minister).

In dem Jahr, in dem ich jetzt als Botschafter in Kuba war, hatte ich Castro mehrfach erlebt. Unzweifelhaft ging von ihm eine starke Wirkung aus. Er sah seinem Gesprächspartner häufig in die Augen, ergriff seinen Arm oder legte seine Hand auf die Schulter des

Anderen. Fidel verfügte über eine Eigenschaft, die in unserer nüchternen, versachlichten Welt immer mehr abhanden gekommen ist: Er stellte persönliche Nähe her, ging ganz auf sein Publikum ein, so dass seine Ausstrahlung die Zuhörer ergriff, die ihm oft stundenlang folgen konnten, ohne zu ermüden.

Fidel erhob sich, sprach und überzeugte. Dabei mochte man über den Inhalt seiner Reden geteilter Meinung sein, aber die Art und Weise seines Vortrags, seine zahlreichen Abschweifungen, seine blitzartigen Angriffe, seine Paraden, seine dann wieder überraschenden Vorstöße waren einzigartig. Oft wurde er von lebhaftem Beifall unterbrochen, der nicht einstudiert war, sondern spontan kam, aus dem Volk, das sich mit ihm identifizierte, ihn als seinen Helden feierte.

Dabei war für viele unerheblich, dass er in den mehr als vierzig Jahren seiner Herrschaft das Land wirtschaftlich kaum vorangebracht hat und zahlreiche seiner Landsleute nach wie vor in Armut leben. Eine ganze Reihe seiner politischen Gegner hatte er ins Gefängnis geworfen. Zugegeben: Der Diktator Batista, den er am letzten Tag des Jahres 1958 gestürzt und in die Flucht getrieben hatte, war ein Tyrann, eine Marionette der USA, und Havanna war das Sündenbabel südlich von Miami, in dem so gut wie alles erlaubt war, was man dort verboten hatte. Aber mit Hilfe der USA florierte die Wirtschaft damals, eine für lateinamerikanische Verhältnisse breite Mittelschicht hatte sich gebildet. Castro selbst war aus der gehobenen Mittelschicht im Osten der Insel hervorgegangen.

Fidel Castro stellt ein Relikt jener postkolonialen Epoche dar, die einen Nasser, Nehru, Sukarno, Tito und Mandela hervorgebracht hat. Anfang der sechziger Jahre war er, der etwa 35-Jährige, der Junior der großen Führer in der Blockfreienbewegung, welche die UdSSR als einen der Blockführer schonte und die USA und den westlichen Imperialismus ohne Unterlass angriff.

Nun also hatten wir ihn leibhaftig vor uns, den *Maximo Lider*, den großen Führer der Nation, den Charismatiker, den Charmeur. Bärtig, mit erhobenem Haupt, lächelnd präsentierte er sich den Gästen, die nach draußen geeilt waren, um ihn zu sehen. Imponierend dieser Kopf mit den leicht ergrauten Haaren, der langen, geraden Nase, den tiefliegenden dunklen Augen und den markanten Augenbrauen. Auf dem Weg ins Innere der Residenz gab er vielen Gästen die Hand, sprach mit dem Minister, seinen Mitarbeitern, mit meiner Frau und unserem Personal. Viele der Besucher standen jetzt auf der breiten Wendeltreppe, um ihn besser sehen zu können.

Trotz seiner fast 76 Jahre ging er gerade und ohne Mühe. Nur beim Treppensteigen schien er sich etwas langsamer zu bewegen und ein Bein ein wenig nachzuziehen.

Wir gingen in die Bibliothek, die als Besprechungsraum diente. Castro betrachtete die zahlreichen Bücher, aber dann fiel sein Blick auf einen Bierkrug, den Franz Beckenbauer mir 1970 geschenkt hatte, als er mit Bayern München in Buenos Aires war. Ich war damals an der Botschaft für Sport und Kultur zuständig und hatte die deutsche Fußballmannschaft betreut.

»Es para tomar cerveza« (Daraus trinkt man Bier), sagte er leise. »Los alemanes tienen muy buena cerveza« (Die Deutschen haben sehr gutes Bier). Ich erläuterte meinem Gast, dass wir in unserem Land noch immer reich gesegnet seien an großen und kleineren Brauereien und dass nun sogar Kleinstbrauereien in Mode seien, die man in einem Restaurant unterbringen könne.

Dann näherte er sich einem großen Barocksessel mit Gobelinbespannung, der ihm offenbar gut gefiel. Ich erläuterte, dass ich diesen »Bischofsstuhl« in Argentinien erstanden hatte. Als er den Stuhl erneut betrachtete, musste ich an das Buch *Fidel y la Religion* denken, in dem der brasilianische Befreiungstheologe Frei Betto 1985 seine mehrtägigen Interviews mit Castro aufgezeichnet hatte. Das Buch hatte dazu beigetragen, dass sich die Kirche in Kuba wieder etwas freier bewegen konnte und mehr Gläubige es wagten, die Kirchen zu besuchen.

Castro nahm in diesem Stuhl Platz. Es blitzte jetzt mehrmals. Die Fotografen hatten nun ihren Termin. Hinter ihnen drängten einige der Gäste in den Besprechungsraum. Sie wollten Fidel Castro wenigstens sehen, da sie ihm vorher die Hand nicht hatten schütteln können.

Es war für die Sicherheitsbeamten, die von meiner Frau unterstützt wurden, nicht ganz einfach, die Gäste, die nicht zur Besprechung zugelassen waren, davon zu überzeugen, jetzt zurückzutreten und die Tür freizugeben. Aber es gelang schließlich, und die Tür zur Bibliothek wurde geschlossen.

Dann begann das Gespräch. Ich gab eine kurze Einführung zum Bundesland Hessen, seiner Wirtschaft, seiner Kultur. Ganz bewusst stellte ich heraus, dass im hessischen Rheingau ein besonders guter

Riesling gedeihe. Castro unterbrach mich. »Alemania tiene buenos vinos blancos« (Deutschland besitzt gute Weißweine). Nun schaltete sich der Minister ein, der auf diesen Augenblick gewartet hatte, um den Comandante zu einem Glas Riesling Spätlese aus dem hessischen Staatsweingut einzuladen. Ich war gespannt, was der Weinkenner und -sammler zum Rheingauer Riesling sagen würde. Doch der Wein kam nicht. Ich merkte dem hessischen Minister an, dass er unruhig wurde. Schließlich blickte er fragend zur Tür und dann zu mir herüber. Weitere Minuten vergingen, nichts. Wir waren längst bei ganz anderen Themen angelangt, als sich schließlich die Tür öffnete, meine Frau und Maria eintraten und ein Tablett mit zwei schlanken Riesling-Flaschen und sechs Gläsern auf das Tischchen in der Mitte der Bibliothek stellten.

Castro betrachtete eine der beiden Flaschen und wollte wissen, woher der Wein genau komme. Der Minister erklärte es ihm, erzählte vom Rhein, dem Rheingau, von Rüdesheim und vom staatlichen Weingut Kloster Eberbach, in dem der Wein gezogen worden war. »No es muy seco, esta muy bien« (Er ist nicht sehr trocken, das ist sehr gut), sagte der Comandante leise, als er den ersten Schluck genommen hatte. Dann kommentierten auch die anderen Gäste das deutsche Getränk. Nur Lage sagte zunächst nichts. Er blickte mich eine Weile an und fragte mich dann: »Porque no exportan más vinos a Cuba?« (Warum exportieren Sie nicht mehr Weine nach Kuba?).

Wir unterhielten uns anschließend über eine Stunde über die Konfliktherde der Welt, den Kampf gegen den Terrorismus und über Deutschland, seine gewachsene Rolle in der Welt, die auch Castro anerkannte. Die längsten Beiträge kamen immer wieder von ihm, der natürlich ganz im Mittelpunkt der Runde stand.

Während der Unterhaltung mit ihm, die eigentlich immer mehr zu einem Castro-Monolog wurde, musste ich an das Gespräch mit dem Präsidenten des Bundestags, Wolfgang Thierse, denken, das vor etwa zehn Monaten stattgefunden hatte. Ich war damals ganz neu in Havanna, hatte Castro erst ein oder zwei Mal gesehen und hatte mein Verlangen, ihn etwas zu fragen, zurückgestellt. Ich hätte von ihm wissen wollen, warum er diejenigen in Kuba, die eine andere politische Auffassung als er vertreten, mit so unnachgiebiger Härte behandelt. Könnte er, der so großes Ansehen in seinem Volk und im Ausland genießt, nicht großzügiger sein angesichts der kleinen Zahl Oppositioneller und ihrer Aufsplitterung in viele Grüppchen?

Gespräch von Hessens Wirtschaftsminister Dieter Posch (links) mit Fidel Castro in der Residenz des Botschafters (Februar 2002).

Eintragung von Fidel Castro im Gästebuch.

Eine gute Gelegenheit, die Frage endlich zu stellen, ergab sich, als Castro auf die DDR zu sprechen kam und meinte, dass die DDR-Führung im Herbst 1989 die Lage falsch eingeschätzt habe. Sie sei überrollt worden vom Gang der Ereignisse.

Der hessische Minister stimmte dem zu und fügte den berühmten Satz Michail Gorbatschows an, den er im Oktober 1989 bei seinem Besuch in Ostberlin Erich Honecker gegenüber gebrauchte: »Wer zu spät kommt, den bestraft das Leben.«

Ich ergriff mit fester Stimme, aber innerlich durchaus aufgewühlt das Wort und leitete nun vorsichtig zu Kuba über. In Kuba herrschten ganz andere Verhältnisse, erklärte ich. Das Land habe 1959 seine Unabhängigkeit und seine nationale Würde zurückgewonnen. Dies sei einer der Gründe, weswegen die Bevölkerung die Revolution mit der Befreiung gleichsetze. Fidel Castro sei für die Kubaner der neue *Libertador*. Die Revolution sei somit zur bestimmenden Kraft im modernen Kuba geworden.

Vorsichtig wandte ich mich an Castro: »Comandante, Sie haben das kubanische Volk hinter sich. Sie genießen große Verehrung hier und vor allem auch in der Dritten Welt. Andererseits reagieren Sie sehr schroff, wenn jemand eine andere politische Meinung äußert. So wie ich die Dinge einschätze, könnten Sie Andersdenkenden toleranter begegnen und eine Auseinandersetzung der Ideen nicht nur zulassen, sondern sie sogar fördern. Die Revolution und Sie als ihr Führer würden damit überhaupt kein Risiko eingehen.«

Castro sah mich sehr ernst an. Die übrigen Kubaner waren blass und sprachlos. Einen Moment herrschte völlige Stille. War ich zu weit gegangen? Er aber antwortete mir ganz ruhig: »Botschafter, wie lange sind Sie jetzt in Kuba?« Ich sagte ihm, dass ich meinen Dienst vor etwas über einem Jahr angetreten hätte. »Dann müssten Sie wissen, dass Kuba von einem mächtigen Gegner belagert wird, dies nun seit über vierzig Jahren. Die kubanische Revolution steht in der permanenten Gefahr, beseitigt zu werden. Was geschah in der Schweinebucht? Wer waren später die ›Rebellen‹ in der Escambray [In dem Gebirge in Zentralkuba kämpften noch bis in die Mitte der 60er Jahre von den USA unterstützte Gruppen gegen die Revolution, der Verfasser]? Wer versuchte, über ständige Attentate und terroristische Akte die Führer der Revolution auszuschalten, dem Ansehen der Revolution Schaden zuzufügen? Wir können uns keinen Fehler leisten. Vor allem müssen wir achtsam sein und hart.

Nachgiebigkeit gegenüber den Feinden der Revolution bedeutet den Anfang vom Ende.«

Der Comandante nahm jetzt einen Schluck Wein und fuhr fort: »Kuba ist ein kleines Land. Aber es ist nicht wehrlos. Der Gegner muss wissen, dass wir zum Kampf bereit sind. Wir werden bis zum letzten Blutstropfen für unsere Freiheit, aber auch für die Errungenschaften unserer Revolution kämpfen. Und noch eines: Die so genannten »Dissidenten«, die Sie in Schutz nehmen, sind nichts anderes als Söldner im Dienst der USA. Sie sind der Brückenkopf, mit dessen Hilfe wir beseitigt werden sollen. Sie werden doch nicht im Ernst glauben, dass wir solchen Leuten gegenüber Toleranz zeigen können und sie gewähren lassen. Das wäre doch geradezu Selbstmord.«

Castro lehnte sich jetzt in den Sessel zurück. Die leichte Müdigkeit, die ich anfangs in seinen Augen bemerkt hatte, war dem Eifer und der Angriffslust gewichen. Fidel war in seinem Element. Ich stellte ihn mir jetzt zwanzig, dreißig Jahre jünger vor. Wie mussten die Sprache und die Gestik dieses Mannes auf die Zuhörer gewirkt haben! Was er sagte, insbesondere zum Verhältnis Kubas zu den USA, war sicherlich anfechtbar. Aber die Art seines entschlossenen Vortrags war durchaus beeindruckend.

Der hessische Wirtschaftsminister Posch schaltete sich jetzt ein. Er sprach von den Fehlern, die seitens der USA gegenüber Kuba gemacht würden. »Wir halten nichts von den Wirtschaftssanktionen, dem Embargo, das gegen Kuba verhängt worden ist. Es wäre gut, wenn es aufgehoben würde. Wo wir allerdings mit den USA einig sind, das ist der Schutz der Menschenrechte. Hier geht es um ein universelles Prinzip. Wenn diese Rechte verletzt werden, ist es Aufgabe jedes Einzelnen, auch von Staaten, hiergegen etwas zu unternehmen. Für mich macht es dabei keinen Unterschied, ob Menschenrechte in den USA, in einem Staat in Afrika oder in Lateinamerika verletzt werden. Alle sind zum Schutz dieser Rechte aufgerufen.«

Castro sah jetzt den Minister fest an. »Sie sollten mal sehen, Herr Minister, wie die USA in der Menschenrechtskommission in Genf vorgehen, wie sie mit Druck die Verurteilung von Staaten durchsetzen, in denen die Menschenrechte weniger verletzt werden als in den USA selbst. Kuba wird, weil die USA einen Krieg gegen uns führen, jedes Jahr in Genf vorgeführt. Das geschieht nur gegen uns, nicht gegen China, nicht gegen Iran oder Russland, dem solche

Verletzungen im Kaukasus vorgeworfen werden. Hier misst man mit zweierlei Maß, und dagegen wehren wir uns mit allen Mitteln.«

Die Diskussion wurde unterbrochen, als Lage aus der Besprechung herausgerufen wurde und danach Fidel etwas zuflüsterte. »Ja, wir müssen aufbrechen«, sagte der Comandante und erhob sich. »Ihr Wein hat mir geschmeckt.« Er gab dem Minister die Hand. »Es ist gut, wenn wir miteinander reden.«

Als er sich verabschiedete, sprach er noch mit einigen Gästen, meist jüngeren Damen. Einem männlichen Gesprächspartner legte er leicht die Hand auf die Schulter, einem anderen hielt er den Arm. Alles wirkte wie ein Abend *en famille*. Schließlich trug er sich ins Gästebuch ein und küsste nach kubanischer Sitte meine Frau auf die Wange.

Als er gegangen war, kamen der Minister und meine Frau etwa gleichzeitig auf mich zu und viele der Gäste auch. Die Stimmung war gelöst, ja fröhlich. Der Minister blickte zunächst noch ernst, aber dann löste sich auch bei ihm die Spannung. »Das ist ja ein toller Abend, Herr Botschafter, aber bitte sagen Sie mir, warum wurde der Wein nicht sofort serviert, warum verging fast eine Viertelstunde?«

Meine Frau wusste es. Sie lächelte. Sie sagte nur: »Die Sicherheit.« Die persönliche Sicherheitsgarde von Fidel hatte die bereits geöffneten Flaschen, die in die Bibliothek gebracht werden sollten, zurückgewiesen und darauf bestanden, dass neue, ungeöffnete Flaschen gebracht würden. Das hatte ein paar weitere Minuten gedauert.

»Wissen Sie, Herr Minister«, sagte ich, »nach den zahlreichen Anschlägen auf das Leben von Castro ist dies kein Wunder, es ist die normale Prozedur. So hat er, der vielleicht heute am meisten bewunderte, aber von vielen gehasste Mann, überlebt. Und so haben wir ihn heute Abend kennengelernt.«

Empfang in Alt-Havanna

Als ich 1997 während einer Konferenz der Vereinten Nationen erstmalig in Havanna war, nahm ich die Gelegenheit zu einer Stadtführung wahr. Wir fuhren die Uferpromenade entlang und begaben uns zur Plaza de Armas, den Platz, an dem Havanna im Jahre 1516 gegründet worden sein soll.

Die zahlreichen verfallenen Häuser, die Gebäude um das *Habana Libre*, das 1958 als Hotel *Hilton* eröffnet worden war, 1959 vorübergehend als Fidel Castros Kommandozentrale gedient hatte und schließlich unter dem Namen *Freies Havanna* wieder Hotel geworden war, erinnerten mich ein wenig an Beirut nach den Zerstörungen im Bürgerkrieg. Aber an der Plaza de Armas war das koloniale Erbe Spaniens ganz unbeeinträchtigt sichtbar, mit der alten Festung Real Fuerza aus dem 16. Jahrhundert, dem Palacio de los Capitanes Generales (Gouverneurspalast) aus dem 18. Jahrhundert und dem Templete, dem klassizistischen Tempelchen aus dem 19. Jahrhundert, das an den Ort der Stadtgründung erinnern soll.

Wir gingen damals vorbei am berühmten Hotel *Ambos Mundos*, in dem Ernest Hemingway so lange ein Zimmer bewohnt hatte, bis ihm seine Frau ein hübsches Haus mit einem großen Landsitz in La Vigía, circa 15 Kilometer außerhalb Havannas, verschaffte und ihn auf diese Weise vor dem übermäßigen Alkoholgenuss in Alt-Havanna bewahrte.

Über die Calle Obispo gelangten wir zu der Kathedrale und auf jenen Platz vor der Kathedrale, der jeder Oper oder Operette eine bezaubernde Kulisse bieten würde. Leider war die Kathedrale, obwohl es Sonntag war, damals geschlossen. Es hieß, die Regierung wolle nicht, dass Besucher von Alt-Havanna auch die Kathedrale besichtigten.

Dieser Teil von Havanna, zu dem noch die Plaza Vieja, der ehemalige Sklavenmarkt, zu rechnen wäre, gehört zu dem Schönsten und Interessantesten, was Alt-Havanna zu bieten hat. Hier ist in den letzten Jahren viel renoviert worden. Dafür ist der *Historiador* Eusebio Leal Spengler zuständig. Der Begriff *Historiador* bedeutet eigentlich Stadthistoriker, wird aber heute im Sinne eines Stadtkonservators gebraucht, der im konkreten Fall sogar mit den Rechten eines Bürgermeisters ausgestattet ist. Leal hat es verstanden, mit sehr begrenzten Mitteln einen wichtigen Teil des historischen Havanna vor dem Verfall zu retten. Er ist nicht nur Abgeordneter des kubanischen Parlaments, sondern auch ausgewiesener Fachmann für die Geschichte Havannas und Kubas. Er, der mütterlicherseits deutsche Vorfahren hat, ist eine der interessantesten Persönlichkeiten Kubas und verfügt über zahlreiche Beziehungen ins Ausland. Für seine Verdienste um die Aufbauarbeit in Alt-Havanna hat er eine Reihe von Auszeichnungen erhalten, darunter auch die *Palmes de l'Académie Française*.

Ich habe ihn bereits kurz nach meiner Ankunft in Havanna, im Januar 2001, kennengelernt, aber zunächst ergab sich keine Gelegenheit für ein vertiefendes Gespräch. Das änderte sich, als wir einen Antrag auf einen Renovierungszuschuss für die Manzana Sarrá, einen Häuserblock mitten in Alt-Havanna, erhielten. Dieser Komplex, der eine der ältesten und schönsten Apotheken Havannas beherbergt – die katalanische Familie Sarrá stellte seinerzeit pharmazeutische Präparate her –, sollte in mehrere Einzelprojekte aufgeteilt werden. Wir wurden gebeten, die Einrichtung einer Grundschule innerhalb der Manzana zu finanzieren.

Eusebio Leal empfing mich in seinen Protokollräumen im altehrwürdigen Palacio de los Capitanes Generales, der bis in die zwanziger Jahre Sitz des kubanischen Staatspräsidenten gewesen war. Ich konnte dem *Historiador* mitteilen, dass das Auswärtige Amt zu einer maßgeblichen finanziellen Unterstützung bereit sei. Er war hocherfreut, und wir kamen intensiv ins Gespräch. Dabei flocht ich ein, dass wir einen geeigneten Ort für den Empfang zum Tag der Deutschen Einheit suchten.

Mein erster Empfang anlässlich des deutschen Nationalfeiertags im Oktober 2001 hatte in einem der großen Hotels stattgefunden. Weder die Räumlichkeiten noch die Qualität der angebotenen Speisen konnten mich dabei überzeugen. Im Jahre 2002 wollte ich, angesichts der immer enger werdenden Beziehungen zwischen Kuba und Deutschland, den Empfang in einem ganz besonders ansprechenden Ambiente stattfinden lassen. Schließlich konnten wir inzwischen auch mit größerem Zuspruch rechnen. Den Durchbruch hierfür hatte der Besuch des Ministerpräsidenten von Sachsen-Anhalt im Mai 2001 gebracht.

Die Botschaft hatte sich in den Jahren zuvor vergeblich darum bemüht, Verbindungen zu den Kubanern herzustellen, die in der DDR studiert und gearbeitet hatten. Die kubanische Regierung hatte es immer wieder abgelehnt, so genannte Alumni-Treffen mit der Botschaft zu erlauben.

Wahrscheinlich befürchtete sie direkte oder indirekte Einflussnahme auf diese wichtigen Kader. Andererseits waren die früheren kubanischen Stipendiaten in Deutschland wichtig für die Anbahnung von Kontakten im Wirtschaftssektor, und Kuba wollte diese Kontakte verstärken. Alumni wären die natürliche Personalreserve für hier operierende deutsche Unternehmen.

Der Stadtkonservator von Havanna: Eusebio Leal Spengler.

Mit diesem Argument hatten Ministerpräsident Höppner und ich bei Gesprächen mit wichtigen kubanischen Persönlichkeiten geworben. Wir erhielten schließlich die Zusage, dass die Botschaft gemeinsam mit dem kubanischen Außenministerium ein Treffen der früheren Stipendiaten organisieren dürfe. Noch im Sommer 2001 kam es im Außenministerium zu einem ersten Treffen ehemaliger Stipendiaten mit der Botschaft. Etwa achtzig Personen nahmen daran teil. Es war, wie sich später herausstellte, der entscheidende Schritt.

Dr. Höppner war darüber hinaus bereit, uns bei unseren Bemühungen zu unterstützen, einem der nächsten Tage der Deutschen Einheit zu einem besonders würdigen Rahmen zu verhelfen. Er bot die Entsendung eines Kammerorchesters aus seinem Bundesland an.

Für die Botschaft ergab sich nun die Frage, wo und wie wir diesen Tag gestalten sollten. Ein Hotel oder die viel zu kleine Residenz schieden aus. Bei Regenwetter, mit dem im Oktober stets zu rechnen ist, wäre innerhalb des Hauses kein Platz für mehrere hundert Gäste gewesen, mit denen nunmehr zu rechnen war. Übrig blieben

131

also nur ein Theater, einschließlich des Foyers, oder die ehemalige Basilika San Francisco in der Altstadt von Havanna, die inzwischen als Konzertsaal diente.

Mit einem Theater hatte ich bereits zwei Jahre zuvor gute Erfahrungen gemacht, nämlich in Priština, der Hauptstadt des Kosovo. Wir hatten unseren Empfang am 3. Oktober 2000, ebenfalls verbunden mit einem Konzert, im Stadttheater veranstaltet und damit großen Erfolg. Problematisch in Havanna war allerdings die Größe der jeweiligen Theaterfoyers. Wir rechneten für den Empfang mit bis zu 800 Personen. Die waren in keinem Foyer unterzubringen.

So richtete ich meine Bemühungen immer stärker auf die Basilika, die eines der Wahrzeichen von Alt-Havanna ist.

Unmittelbar an die Basilika schließen sich zwei sehr große Klosterhöfe an, die wie die Kirche selbst im 18. Jahrhundert errichtet worden waren und für unseren Empfang sehr würdige und zugleich sehr geeignete Räumlichkeiten abgeben könnten. Würde uns dies gestattet werden?

Gegen uns sprach, dass dort noch nie zuvor ein Botschaftsempfang stattgefunden hatte. Es wäre also ein Präzedenzfall. Und Präzedenzfälle sind gefährlich. So verwunderte es mich nicht, dass ich über Umwege hörte, wir sollten unseren Empfang besser im Palacio de los Capitanes Generales abhalten, dem ehemaligen Gouverneurspalast an der Plaza de Armas. Dies war in der Tat ein würdiger und sehr geeigneter Ort. Auch die Vertreter der Vereinten Nationen in Kuba veranstalteten dort Empfänge. Wir konnten dort jedoch kein Konzert stattfinden lassen und wären weiterhin auf die Basilika angewiesen. Nach dem Konzert hätten die Gäste ein gutes Stück zum Palacio laufen müssen. Bei Regen wäre damit unser Empfang möglicherweise »ins Wasser gefallen«, denn Transportmöglichkeiten gab es nicht.

Daher hielt ich an meiner Absicht fest, unseren Nationalfeiertag in der Basilika und den Klosterhöfen zu begehen. Hierfür brauchte ich aber die Genehmigung des Stadtkonservators von Alt-Havanna, Eusebio Leal Spengler.

In der sich immer mehr entwickelnden Atmosphäre gegenseitigen Vertrauens sprach ich ihn schließlich darauf an, und er reagierte zu meiner Freude sofort positiv. »Ich kann Ihre Bitte nicht abschlagen«, sagte er lächelnd und nannte mich bei meinem Vornamen, was ein Beweis für sein Vertrauen war.

Die Höfe der Basilika San Francisco, gesehen vom Turm der Kirche.

Von diesem Tag an sah ich das ehemalige Kloster der Franziskaner und ihre Basilika mit anderen Augen. Wir gingen daran, Einladungskarten mit Programmen zu drucken und die Logistik für den Empfang aufzubauen. Hierbei konnte ich mich einerseits auf unser Residenzpersonal, andererseits aber auch auf eine Hotelfachschule stützen, die mit einer deutschen politischen Stiftung zusammenarbeitete.

Aus Sachsen-Anhalt hatte die Kammerphilharmonie aus Schönebeck bei Magdeburg zugesagt, ein Orchester, das mit deutscher Barockmusik für einen sehr gelungenen Auftakt unserer Feier sorgte. Wir konnten über 700 Gäste begrüßen. Von der kubanischen Führung war unter anderem der Parlamentspräsident Ricardo Alarcón Quesada anwesend.

Kurz vor meiner Begrüßungsrede flüsterte mir meine Frau noch zu, dass sich auch Ramón Castro, der ältere Bruder von Fidel, unter den Gästen befinde. Ich bat ihn, der dem Comandante sehr ähnlich sieht, in der ersten Reihe Platz zu nehmen.

In meiner Ansprache würdigte ich die sich entwickelnden deutsch-kubanischen Kulturbeziehungen und drückte die Hoffnung aus, dass dies auch auf andere Bereiche ausstrahlen möge. Danach bat ich die Gäste zum Empfang in die Klosterhöfe. Die große Verbindungstür wurde geöffnet, und die jungen Schüler aus der Hotelfachschule empfingen mit gut gefüllten Tabletts die Gäste: Deutsches Bier und deutscher Wein gehörten zu den Attraktionen des Abends.

So konnten wir wohl einen der schönsten und würdigsten Empfänge begehen, die es je in Havanna gegeben hat. Welcher Botschafter würde sich nicht darüber freuen? Dies hatten wir auch Eusebio Leal zu verdanken, den ich seither zu meinem Freundeskreis rechne.

Die Preisverleihung

Jedes Jahr in der ersten Novemberwoche findet in Havanna die Internationale Messe statt, die *Feria Internacional de la Habana* (FIHAV). Das Gelände liegt weit draußen hinter dem Parque Lenin, dem größten Freizeitpark Havannas. Annähernd tausend Aussteller aus dem In-und Ausland präsentieren ihre Produkte, vom Mercedes-Sportwagen über Einbauküchen bis hin zu Kosmetika und Büromaterial. Die FIHAV ist eine breit angelegte Querschnittmesse.

Wie Kanada, Spanien oder die Niederlande hat auch Deutschland eine eigene Messehalle, und der Pavillon ist durchaus beliebt, da hier am vierten Messetag, der Deutschland gewidmet ist, große Mengen Würstchen und Bier an die Besucher verteilt werden. Zwei deutsche Unternehmen sponsern dies.

Das ist insofern wichtig, als Deutschland für Kuba bisher kein Handelspartner ersten Ranges ist. Spanien, Kanada, Italien, Frankreich und selbst die Niederlande liegen weit vor uns. Spanien exportiert mehr als zehn Mal so viel, Frankreich etwa fünf Mal so viel nach Kuba wie Deutschland. Im Jahre 2001 hatten unsere Exporte gerade einmal 100 Millionen US-Dollar erreicht. Kraftfahrzeuge, Maschinen, chemische und pharmazeutische Produkte stehen oben auf unserer Exportliste. Einzelnen kubanischen Bürgern ist es nicht gestattet, sich ein neues Auto zu kaufen, wohl aber Firmen, die gern die robusten deutschen Wagen fahren. Auch wohlhabende Touristen mieten sich gern einen Mercedes, Volkswagen, Audi oder BMW. Die staatlichen Mietwagenfirmen in Kuba haben sich darauf eingestellt.

Die deutsche Qualitätsarbeit zählt, auch die Zuverlässigkeit im Servicebereich. Kuba ist bereit, dafür gelegentlich einen höheren Preis zu zahlen. Doch lange Zeit gab es Probleme mit der Finanzierung. Beispiel: Nickel. Die Insel verfügt über große Nickelvorkommen, die weit im Osten in der Provinz Holguín lagern und seit über fünfzig Jahren abgebaut werden. Heute sind die Anlagen veraltet. Kuba will den Export steigern. Aber wie können neue Anlagen finanziert werden?

Das zuständige Ministerium für die Grundstoffindustrie ist zu dem Ergebnis gelangt, dass deutsche Anlagen am besten geeignet wären. Der größte Teil des Nickelexports aus Kuba in Richtung Europa geht ohnehin nach Deutschland, und deutsche Hersteller wären auch bereit, die von Kuba gewünschten Anlagen zu bauen. Die Finanzierung würde über zusätzliche kubanische Nickelexporte nach Deutschland sichergestellt. Deutsche Banken könnten eine Zwischenfinanzierung übernehmen.

Bis ins Jahr 2000 waren solche Geschäfte nicht möglich, da deutsche Anlagenexporteure keine Hermes-Deckung erhielten, also eine Absicherung des Kredits durch eine Ausfallbürgschaft. Kuba hatte seine Schulden, die es der DDR gegenüber hatte, noch nicht beglichen. Erst 1999 gelang es, für diese Schulden eine befriedigende Tilgungsvereinbarung zu treffen, so dass fortan Hermes-Deckungen möglich wurden.

Das Bemühen um Exportsteigerung ist auch der Grund dafür, dass im Jahre 2002 mehr als fünfzig deutsche Firmen an der Messe in Havanna teilnahmen. Die kubanische Presse rühmte die »fraternal invasión alemana« (brüderliche deutsche Invasion). Mit den amtlichen Ständen des Bundes und mehrerer Bundesländer konnte sich der deutsche Pavillon sehen lassen. Für den Deutschen Tag hatten wir uns etwas Besonderes einfallen lassen: Wir organisierten ein deutsch-kubanisch-brasilianisches Unternehmertreffen. Diese Veranstaltung lag auch deshalb nahe, weil eine Reihe deutsch-brasilianischer Firmen aus São Paulo die Messe besuchte und gern bereit war, an dem Dreieckstreffen teilzunehmen. Eine große Stütze waren dabei die wenigen mit einer eigenen Niederlassung in Kuba präsenten deutschen Kaufleute.

Am Abend des Deutschen Tages gab ich einen Empfang im *Club Habana*, zu dem ich auch ein bekanntes und mit der Botschaft eng verbundenes Orchester, *El Son del Trópico*, eingeladen hatte. Zu meiner Freude und zur Überraschung der Gäste kam auch Vizepräsident Carlos Lage.

Lage hatte ein halbes Jahr zuvor Deutschland besucht. Kuba war im März 2002 Ehrengast und Schwerpunktland der *Internationalen Tourismusbörse* (ITB) in Berlin. Zu diesem Zweck hatte er ein ganzes Flugzeug mit Tanzgruppen und Musikern nach Deutschland mitgenommen, darunter Artisten aus der berühmten *Tropicana-Show*, aber auch Musiker wie den Pianisten Chucho Valdés. Lage hatte ein umfangreiches Besuchsprogramm absolviert, war von mehreren Ministern, vom Bundeskanzler, vom Bundeswirtschaftsminister und vom Bundestagspräsidenten empfangen worden.

Nebenbei erfuhr ich, dass Deutschland bei der Abschlussveranstaltung der Messe mit einem Preis rechnen könne. Man bat mich, an dieser Veranstaltung teilzunehmen. Sie sollte im Konferenzzentrum *Palco* in Cubanacán, im Westen Havannas, stattfinden.

Diese Einladung passte mir aus privaten Gründen eigentlich gar nicht. Wir hatten unseren Hochzeitstag, und ich wollte mit meiner

Der bayerische Staatssekretär im Wirtschaftsministerium Hans Spitzner (rechts) gemeinsam mit Kubas Vizepräsident Carlos Lage auf der Internationalen Messe von Havanna (2002).

Frau nach einer anstrengenden Woche allein sein und eine Flasche Sekt öffnen. Aber die Preisverleihung war wichtig. Als ich meiner Frau dies eröffnete, war sie zunächst enttäuscht, meinte aber, dass die Zeremonie gewiss nicht lange dauern würde und wir den Sekt etwas später trinken könnten.

Aber es sollte ganz anders kommen.

Ich bemerkte bereits während der Fahrt zum *Palco*, dass an allen Straßenecken Polizei postiert war. Auch wurden bereits an der Zufahrt die Einladung und die Einlasskarte kontrolliert. Dies konnte nur bedeuten, dass Fidel Castro an der Feierlichkeit teilnehmen würde. So war es dann auch. Kaum hatten wir unsere Plätze eingenommen, als ein Sprecher das Kommen Castros verkündete.

Hinter dem Schild »Alemania« saß ich mit dem bayrischen Staatssekretär Spitzner und einigen deutschen Unternehmern in der ersten Reihe, fast direkt vor Castro, Lage und dem Vizepräsidenten des Ministerrats, Fernández, einem greisen General, der einst mit seinen Leuten die Hauptlast bei der Abwehr des Invasionsversuchs 1961 an der Schweinebucht getragen hatte.

Bevor die Preise verliehen wurden, schritt Fidel zum Podium und begann, über die Bedeutung der Havanna-Messe, die internationale Beteiligung daran, die Fortschritte in der kubanischen Wirtschaft und über viele andere Themen zu sprechen. Aus einer Stunde wurde schon die zweite, Fidel sprach noch immer. Man hatte das Gefühl, dass er während seiner Ansprache immer neue Themen entdeckte, zum Beispiel die »neoliberale Globalisierung«, die Wirtschaftsblockade durch die USA, aber auch die Rolle Europas als Gegenpol zu der Supermacht.

Fidel sprach frei, hatte viele Zahlen im Kopf und steigerte sich in immer neue Thesen. Wir saßen ihm jetzt schon fast drei Stunden gegenüber, als ich auf die Uhr sah. Es war nach 23 Uhr. Hinter mir gingen immer mehr Firmenvertreter, zumal viele kein Spanisch verstanden. Sie waren nach einem langen Tag auf der Messe auch erschöpft. Aber ich konnte nicht gehen, mir sollte ja ein Preis verliehen werden.

Gegen 24 Uhr begann dann endlich die Preisverleihung. Wir bekamen, welche Ehre, den ersten Preis mitsamt einer Ehrenurkunde für den besten Pavillon, eine Statue in Form der Frauenfigur Giraldilla, ein Wahrzeichen von Havanna. Fidel Castro überreichte mir den Preis mit Klopfen auf die Schulter und Händedruck.

Als ich eine halbe Stunde später nach Hause kam, war unser Salon hell erleuchtet. Eine Flasche Sekt mit zwei Gläsern stand auf einem Tischchen. Aber meine Frau konnte ich nicht finden. Sie war nach langem Warten schlafen gegangen.

Die Casa Pedroso oder kommt »Goethe«?

Santiago de Cuba ist bekanntlich eine reizvoll gelegene Stadt im Südosten der Insel, direkt am Karibischen Meer. Bereits bei meinem ersten Besuch dort hatte ich im März 2001 mit Hilfe eines in Deutschland ausgebildeten Diplomingenieurs ein kleines Zusammentreffen mit ehemaligen DDR-Stipendiaten organisiert. Zu unserer Überraschung kamen über zwanzig von ihnen.

Wir erfuhren, dass sie in Magdeburg, Dresden, Halle, Leipzig, Rostock und Greifswald studiert hatten. Ein Stipendiat war vom Deutschen Akademischen Austauschdienst an die Universität Nürnberg-Erlangen vermittelt worden.

Ein Thema stand ganz im Vordergrund: Die von uns beabsichtigte Gründung eines Goethe-Instituts und – damit verbunden – die Einrichtung zusätzlicher Sprachkurse. Ich erfuhr, dass es in Santiago zunehmend schwieriger geworden war, Deutsch zu erlernen. Die besten Lehrkräfte waren in den Tourismussektor abgewandert, wo sie erheblich besser verdienten als an der Universität.

Ich berichtete von unseren Bemühungen, ein Goethe-Institut mit Sitz in Havanna zu gründen. Kuba habe hierfür sein grundsätzliches Einverständnis gegeben, auch die Bundesregierung habe bereits die Entscheidung getroffen, ein solches Institut zu eröffnen. Allerdings müsste zuvor noch ein Kulturabkommen ausgehandelt werden. Dies sei die Voraussetzung für das deutsche Kulturinstitut.

Seit Jahren bemühten wir uns, die kulturellen Beziehungen zu Kuba auf eine solide Grundlage zu stellen. Der Besuch des Bremer Kultursenators und Vorsitzenden der Kultusministerkonferenz im November 2000 hatte dabei sehr geholfen, denn Castro hatte ihm bei einem unerwarteten Besuch kurz vor seinem Abflug im Hotel grünes Licht gegeben.

Während des ganzen Jahres 2001 verhandelten wir mit dem kubanischen Außenministerium und dem Kulturministerium über das Abkommen. Wir konnten gegen Jahresende drei Themenkomplexe

Das Kulturprogramm der deutschen Botschaft mit Hinweisen auf Veranstaltungen in angemieteten Theatern und Kirchen.

herausfiltern, bei denen noch Meinungsunterschiede bestanden. Das Hauptproblem war für uns, Kuba zu vermitteln, dass wir in einer föderalen und pluralistischen Gesellschaft lebten und kulturelle Aktivitäten daher vom Staat aus weder initiiert noch kontrolliert würden, wir also nicht vorab alle Inhalte der Veranstaltungen benennen könnten.

Nach einiger Mühe war man von kubanischer Seite aus bereit, dies hinzunehmen, weshalb wir konkret daran gingen, ein geeignetes Gebäude zu suchen. Wir hatten zunächst an ein Haus im Ortsteil Vedado gedacht, um das Goethe-Institut in der Nähe der Botschaft anzusiedeln, fanden aber nichts Geeignetes. Dann kamen wir auf den Gedanken, mit dem Goethe-Institut in den Bereich der Altstadt von Havanna zu gehen.

Hier sollten wir mehr Glück haben. Für Alt-Havanna war der Stadthistoriker Eusebio Leal zuständig, zu dem inzwischen gute Beziehungen bestanden. Deutsche Unternehmen und das Auswärtige Amt halfen mit erheblichen Summen beim Wiederaufbau der Altstadt.

Die frisch restaurierte Casa Pedroso war als Sitz des Goethe-Instituts gedacht, doch es kam bisher nicht zur Unterzeichnung des dafür erforderlichen Kulturabkommens mit Deutschland.

Innenansicht der Casa Pedroso.

Der Plan der Botschaft bestand darin, ein repräsentatives Gebäude in Alt-Havanna langfristig anzumieten und über Mietvorauszahlungen die Renovierung zu finanzieren. Eusebio Leal schien der Plan zu gefallen, er verwies allerdings darauf, dass er hierfür die Zustimmung des Außenministeriums brauche.unsere Beziehungen zu Kuba entwickelten sich in dieser Zeit so günstig, dass die Zustimmung ohne große Probleme gegeben wurde.

Bei einem meiner Besuche nahm mich Eusebio Leal am Arm und fragte mich, ob ich ein wenig Zeit mitgebracht habe. Er wolle mir etwas zeigen. Wenig später standen wir vor einem großen alten Gebäude. An seiner Vorderseite lag die Bucht von Havanna mit einem reizvollen Panorama, daneben die ehemalige Börse, die Lonja de Comercio.

Das Gebäude stammte aus der Zeit um 1800. Im Untergeschoss verfügte es über mehrere große Räume und einen Innenhof, einen typisch spanisch-kubanischen Patio, der gebäudeseitig von Säulen eingerahmt war. Im Obergeschoss lagen mehrere große Räume und ein langgezogener Saal mit der für jene Zeit typischen Holzdecke und bunten Wandfriesen. Ein Saal, der für größere Veranstaltungen, für Konzerte, Vorträge und Ausstellungen bestens geeignet war.

Eusebio Leal teilte mir sehr nüchtern und beinahe beiläufig mit, dass er uns dieses »besonders schöne und alte Gebäude«, die Casa Pedroso, als Sitz des Goethe-Instituts anbiete. Es werde in wenigen Monaten fertig restauriert sein. Wir müssten nur noch die Fenster und die Klimaanlage einbauen und das Gebäude nach unseren Wünschen möblieren. Ich war begeistert.

Kuba und Europa, ganz »normale« Kontakte

Oswaldo Payá reist nach Straßburg

Wenn wir von Demokratisierung, Menschenrechten und Pluralismus in Kuba sprechen, denken wir zuallererst an Oswaldo Payá. Dieser mutige Katholik trat seit 2001 allmählich aus den wenigen, zersplitterten und ein wenig farblos wirkenden Dissidentengruppen in Kuba hervor. Seine Ziele waren die Änderung der kubanischen Gesellschaft, die Verankerung eines Mehrparteiensystems, der Rede- und Versammlungsfreiheit, kurz die Einführung der Demokratie, und zwar über ein Plebiszit.

Dieser Ansatz war neu. Bisher hatten die Oppositionspolitiker, wie zum Beispiel Elizardo Sánchez oder Vladimiro Roca, sich auf mehr abstrakte Forderungen beschränkt, wie beispielsweise den Schutz der Menschenrechte, der Grundfreiheiten oder den Übergang zur Demokratie. Payá reichte dies nicht. Er wollte den Spielraum, den die Verfassung gewährte, nutzen und einen Volksentscheid über das künftige Gesellschaftssystem herbeiführen. Hierzu benötigte er allerdings zunächst einmal 10 000 Unterschriften.

Payá beschaffte sie bis Ende 2001, Anfang 2002. Dies war eine Sensation. Denn damit hatten sich zum ersten Mal zahlreiche Kubaner aus allen Landesteilen zur Notwendigkeit der Änderung des politischen Systems bekannt. Es wäre schwierig gewesen, so viele Menschen vor Gericht zu stellen oder ins Gefängnis zu stecken. Denn gefährdet waren sie, weil sie mit ihren Unterschriften subversiv tätig geworden waren, was als staatsgefährdend galt. Es gehörte großer Mut dazu, sich in dieser Weise zu exponieren.

Dennoch blieb das *Proyecto Varela*, das nach dem kubanischen Geistlichen Felix Varela, der bereits in der ersten Hälfte des 19. Jahrhunderts von einer eigenständigen kubanischen Nationalität sprach und als geistiger Vater der Unabhängigkeit angesehen wird, bis Mai 2002 weitgehend unbekannt. Hätte man damals einen Kubaner danach gefragt, so hätte er mit einem fragenden Gesichtsausdruck oder einem Kopfschütteln geantwortet. Erst während des Besuchs von Jimmy Carter in Kuba wurde es schlagartig bekannt.

Dieser Besuch, der seit langem vorbereitet worden war, wurde auch von uns Botschaftern mit besonderem Interesse begleitet. Erstmalig kam nach 1959 ein früherer Präsident der USA nach Kuba. Fidel Castro empfing ihn persönlich auf dem Flughafen. Er trug einen Anzug oder eine *Guayabera*, nicht die übliche olivgrüne Uniform. Zudem hatte Fidel Carter eingeladen, alles zu besichtigen, was er sehen wolle, und auch öffentlich zu sprechen. Diese Einladung war sogar in den kubanischen Medien verbreitet worden.

Carter sprach am 14. Mai 2002 in der Aula Magna der Universität Havanna in Anwesenheit von Fidel Castro und anderen führenden Vertretern des Landes. In einer geschickt angelegten Rede in spanischer Sprache, die von Fernsehen und Rundfunk direkt übertragen wurde, forderte er die USA auf, den ersten Schritt zu tun und auf Kuba zuzugehen. Dann aber wandte er sich an die Kubaner, die ihre Regierung nicht frei wählen könnten. Er meinte, dass sie über das *Projekt Varela* zu mehr Demokratie kommen könnten.

Dies hatten Kubaner so noch nicht gehört. Das war mutig, das traf. In Kuba fragten plötzlich viele Menschen nach dem *Projekt Varela* und seinem Initiator, Oswaldo Payá. Kubanische Politiker, darunter auch der Außenminister Perez Roque, mussten der internationalen Presse, die zahlreich den Carter-Besuch begleitete, Rede und Antwort stehen.

Aber das war noch nicht alles. Payá, der schlaue Fuchs, nutzte die Gunst der Stunde und legte während des Besuchs von Jimmy Carter seinen Antrag auf ein Referendum mit den über 10 000 gesammelten Unterschriften dem kubanischen Parlament vor. Dies war eine ungeheure, noch nie dagewesene Herausforderung. Wir waren gespannt, wie das offizielle Kuba hierauf reagieren würde. Doch zunächst schwieg man.

Durch die Carter-Rede und die Öffentlichkeit, die Payá durch sie erreicht hatte, wurde er mit einem Schlage überall bekannt, auch in Europa. Er bekam viel Beifall, vor allem auch vom Europäischen Parlament. Nur in Miami gab es zahlreiche kritische Stimmen, die ihm vorwarfen, dass er mit seinem Antrag implizit die kubanische Verfassung und das Regime als Gesprächspartner anerkannt habe. Allerdings stimmten auch in Florida viele Exilkubaner seinem Vorgehen zu.

Es vergingen einige Monate, bis wir Mitte November 2002 von den Absichten des EU-Parlaments hörten, Payá den prestigeträchtigen Sacharow-Preis zu verleihen. Anfang Dezember wurde dies dann beschlossen. Jetzt ging es nur noch darum, ob Payá auch nach Straßburg reisen durfte, um den Preis in Empfang zu nehmen.

Wir berieten über diese Frage im Kreis der EU-Botschafter und beschlossen, zunächst keinen gemeinsamen Vorstoß bei der kubanischen Regierung zu unternehmen, sondern individuell vorzugehen.

Die Reaktionen, die wir bei unseren Kontakten mit hohen kubanischen Funktionären erfuhren, gaben eher zu Skepsis Anlass. Selbst als eine Delegation von EU-Parlamentariern aus dem linken Spektrum nach Havanna kam, gab es keine positiven Zeichen und das, obwohl gerade die dänische Präsidentschaft in der EU den Gedanken des Dialogs mit Kuba wieder aufgegriffen und zu einem Treffen nach Kopenhagen eingeladen hatte.

Würde Castro Payá die Reiseerlaubnis geben? Während eines Empfangs im kubanischen Außenministerium diskutierten der spanische, der französische, der portugiesische Kollege und ich mit einem der Vizeminister. Er wurde sehr heftig und meinte, die Opposition in Kuba habe überhaupt keine Bedeutung. Es grenze an eine Zumutung, eines ihrer Mitglieder im Parlament in Straßburg auszuzeichnen.

Wir gaben zu bedenken, dass eine Ablehnung der Reise nicht nur in Straßburg, Brüssel und in anderen europäischen Hauptstädten bedauert werden würde, sondern auch die internationale Presse auf den Plan rufen werde. Kuba wäre wieder einmal negativ in den Schlagzeilen, während eine positive Entscheidung keineswegs zu groß aufgemachten Meldungen führen müsse. Kuba solle dies doch sorgfältig gegeneinander abwägen.

Zu diesem Zeitpunkt war beim kubanischen Parlamentspräsidenten Ricardo Alarcón bereits ein Brief des EU-Parlamentspräsidenten Pat Cox eingegangen, in dem der Kubaner gebeten wurde, die Einladung nach Straßburg zu unterstützen. Das war wichtig, denn die Kubaner sollten ernst genommen und als gleichwertige Partner behandelt werden.

Aber wieder vergingen Tage ohne jede Entscheidung. Am 14. Dezember teilte mir der Gesandte der spanischen Botschaft schließlich mit, dass er soeben die Mitteilung erhalten habe, Payá dürfe ausreisen. Ich informierte sofort das Auswärtige Amt in Berlin.

Castros »Zuckerparty«

Die Zeit um Weihnachten und Neujahr ist die Zeit der Glückwünsche und der Geschenke – auch in Kuba. Im Jahre 2002 hatte die Botschaft vor Weihnachten besonders viel zu tun, weil in den vergangenen beiden Jahren zahlreiche neue Verbindungen und Kontakte entstanden waren. Möglichst alle sollten einen Weihnachtsgruß und unsere wichtigsten Partner ein Geschenk erhalten. Auch wir bekamen zahlreiche Grüße und Geschenke. Das größte und umfangreichste Geschenk schickte uns Fidel Castro in Form eines riesigen Truthahns, der unseren Koch verzweifeln ließ. Der Riesenvogel hätte keinesfalls in unseren Backofen gepasst, und so entschieden wir, ihn erst einmal auf Eis zu legen.

Im Dezember 2002 hielt Fidel Castro noch eine andere Überraschung für uns bereit: Er lud die Botschafter und ihre Ehefrauen zu einem Essen in den Staatsrat ein. Bekleidungsvorschrift: Dunkler Anzug. Vor dem Essen wollte der Staatschef noch etwas mit uns besprechen und lud uns zu diesem Zweck in den großen Sitzungssaal des Staatsratsgebäudes ein.

Neben ihm saß Außenminister Pérez Roque, als Castro damit begann, uns zu begrüßen und in das heutige Thema einzuführen. Es sollte um die Zuckerproduktion und die Umstrukturierung der Zuckerindustrie in Kuba gehen.

Zucker ist der traditionell wichtigste Rohstoff, über den Kuba verfügt. Mit Zucker waren vor der Revolution zahlreiche Kubaner reich geworden, hatten sich palastartige Villen in den Ortsteilen Vedado oder Miramar gebaut. Wegen des Zuckers waren in Kuba und Lateinamerika ab 1836 die ersten Eisenbahnen gebaut worden. Man brauchte ein effizientes und schnelles Transportmittel zu den großen Zuckermühlen und von dort zu den Häfen.

Kuba, die Zuckerinsel. Wer durch das Land reist, begegnet auf Schritt und Tritt den großen Zuckerplantagen. Irgendwo im Hintergrund wird auch meist ein Schornstein sichtbar, das Erkennungszeichen der *Ingenios* (Zuckermühlen), von denen es in Kuba bisher mehr als 150 gibt. Zu Zeiten des Ostblocks war Zucker das wichtigste Handelsgut und Zahlungsmittel. Mit seiner Hilfe verschaffte sich Kuba Maschinen, Fahrzeuge und das wichtige Erdöl. Ein künstlich hoher Preis machte es Kuba einfach, die benötigten Güter aus seinen Bruderländern zu erhalten.

Kein Wunder, dass Fidel Castro Ende der sechziger Jahre die Zuckerrohrernte zur Chefsache erklärt hatte und die Bevölkerung dazu antrieb, noch mehr zu produzieren. 1970 sollte mit einem Ertrag von zehn Millionen Tonnen Zucker ein Rekord aufgestellt werden. Trotz Mobilisierung aller verfügbaren Kräfte schaffte man schließlich knapp 8,5 Millionen Tonnen. Auch das war ein Rekord. Aber er führte dazu, dass Zuckerrohr immer mehr zur Monokultur wurde. Fast alle anderen Zweige der Landwirtschaft litten darunter, vor allem der Anbau traditioneller Feldfrüchte wie zum Beispiel Mais, Maniok oder Malanga.

Mit dem Zusammenbruch der Sowjetunion und des osteuropäischen Wirtschaftsbundes hatte Kuba 1990 seine wichtigsten Absatzmärkte verloren. Es war nun gezwungen, Zucker zu deutlich niedrigeren Preisen auf dem Weltmarkt anzubieten. Dort lagen aber längst Länder wie Brasilien, Indien und China vorn. Hinzu kam, dass durch den Agrarprotektionismus der EU Zuckerrohr gegenüber der Zuckerrübe in Europa kaum eine Chance hatte.

Eine Umorientierung, ja eine völlige Umstrukturierung der kubanischen Landwirtschaft war unausweichlich geworden. Weg vom Zucker war nun die Devise. Vizepräsident Carlos Lage hatte mir während eines Essens in der Residenz gesagt, dass er davon ausgehe, dass wohl auf längere Sicht nur etwas über fünfzig der Zuckermühlen erhalten bleiben würden. Auch stelle sich das Land auf einen Rückgang der Ernte auf circa 2,5 Millionen Tonnen Zucker ein.

Dies alles erklärte uns Castro in seinem Vortrag im Staatsratsgebäude. »Wir haben uns entschlossen, die Hälfte unserer Zuckermühlen zu schließen. Die Ingenieure und Arbeiter werden umgeschult. Sie werden in anderen Berufszweigen unterkommen. Bis dahin werden sie ihr Gehalt weitergezahlt bekommen. Niemand soll durch die notwendige Umstrukturierung benachteiligt werden.«

Mit diesen Worten fasste Fidel den Kern seines Vortrags zusammen. Aber wie sollte dies alles gehen, fragte sich manch einer von uns. Könnte man einen 50-Jährigen, der sein ganzes Berufsleben in der Zuckerfabrik zugebracht hatte, noch umschulen? Welche neuen Berufszweige standen zur Verfügung? Castro ging darauf nur in sehr vager Form ein. Offenbar bereitete diese Frage ihm und den Wirtschaftsfachleuten noch Sorge.

Während der Havanna-Messe, einen Monat zuvor, war diskutiert worden, ob nicht auch Kuba, wie etwa Brasilien oder Argentinien,

Historische Ansicht der Zuckermühle Acana mit der ersten Eisenbahn der Karibik aus dem Jahr 1852 und eine heutige Anlage der staatlichen Firma Cubazucar, dem größten Zuckerunternehmen der Welt.

Treibstoff aus Zuckerrohr gewinnen könne. Man nannte dies *Alconafta*. Er bestand aus einer Mischung aus Alkohol, gewonnen aus Zuckerrohr, und üblichem Benzin. Das Experiment war erfolgreich und hatte in den beiden südamerikanischen Ländern zu einer Entlastung des angespannten Treibstoffmarktes geführt.

Beim deutsch-kubanisch-brasilianischen Unternehmertreffen war dies auch zur Sprache gekommen. Brasilien wollte mit seiner Erfahrung und Deutschland bei der Entwicklung entsprechender Anlagen helfen.

Als Castro seinen Vortrag nach etwa einer Stunde beendet hatte, wurden wir Botschafter aufgefordert, Fragen zu stellen. Da kein anderer Kollege um das Wort bat, stellte ich Fidel Castro die Frage, ob nicht die Gewinnung von Industriealkohol aus Zuckerrohr, gerade auch zur Herstellung von Treibstoff, ein Weg sein könnte, sozusagen zwei Fliegen mit einer Klappe zu schlagen: Einerseits das Zuckerrohr weiter, aber anders zu nutzen als bisher, und andererseits dem Mangel an Treibstoff abzuhelfen.

Die Antwort von Fidel Castro dauerte fast eine halbe Stunde. Er ging sehr weitschweifig auf die verschiedensten Fragen der kubanischen Wirtschaft ein, auf die Ursachen für den Preisverfall von Zuckerrohr auf dem Weltmarkt, auf Protektionismus und die US-Sanktionen. Erst gegen Ende seiner Ausführungen fand er zum Thema zurück, ohne jedoch eine konkrete Antwort zu geben.

Die Frage hatte ich noch vor einem anderen Hintergrund gestellt. Es war immer wieder erschreckend zu sehen, dass es in Kuba kaum eine Koordination zwischen den Ministerien gab. Jeder kochte sein eigenes Süppchen, meist ängstlich und darauf bedacht, einerseits seine Kompetenzen nicht zu verlieren und andererseits ja nicht anzuecken. Obwohl es oft dringend erforderlich gewesen wäre, tat man in den Ministerien meist nichts, solange keine Weisung von oben kam. Das machte den Staatsapparat sehr schwerfällig und führte dazu, dass Castro immer wieder zum Träger von Entscheidungen wurde, die oft reinen Verwaltungscharakter hatten.

Ein geradezu absurdes Beispiel hatte ich im Herbst 2002 erfahren, als mir ein deutscher Unternehmer von einer Wohnung erzählte, die er im Ortsteil Playa kaufen wollte. Der Kauf von Wohnungen in Kuba war zwar in den neunziger Jahren zeitweise erlaubt, dann aber wieder verboten worden. Eine Wohnung konnte man nur mit einer Sondergenehmigung erwerben. Der deutsche Unternehmer, der hier großes Ansehen genoss, weil er mehrere Joint Ventures in Kuba betrieb, hatte um diese Sondergenehmigung gebeten, wofür das Ministerium für Kooperation und Auslandsinvestitionen *MIN-VEC* zuständig war. Nach langer Wartezeit hatte der Unternehmer erfahren, dass die Ministerin, welcher der Antrag vorgelegt worden war, sich bei Castro rückversichern wollte. Er hatte also darüber zu entscheiden, ob dem deutschen Unternehmer die Ausnahmegenehmigung zu erteilen war.

So war mir nach der Diskussion mit den kubanischen, brasilianischen und deutschen Unternehmern über die Frage der Herstellung von Industrialkohol in Kuba klar, dass dies eine so wichtige Grundsatzfrage war, dass nur Castro würde entscheiden können, ob ihr nachzugehen sei. Als mich wenige Tage danach Vizepräsident Lage auf meine Intervention ansprach, die inzwischen in den zuständigen Ministerien diskutiert wurde, war mir klar, dass Castro eine Weisung erteilt hatte. Im September 2003, während des Besuchs von Brasiliens Staatspräsident Luiz Inácio (Lula) da Silva, wurde die Frage dann sogar zu einem der Hauptthemen im Bereich der bilateralen wirtschaftlichen Zusammenarbeit.

Der Fall Hugo Chávez

Mitten in der Nacht läutete das Telefon. Meine Frau, die den Hörer abnahm, wies die nächtliche Ruhestörung mit freundlichen, aber klaren Worten zurück. Aber die andere Seite insistierte. Das kubanische Außenministerium wollte mich sprechen. Als ich mich meldete, teilte mir eine weibliche Stimme mit, dass der Außenminister mich in das Konferenzzentrum in der Nähe meiner Residenz bitte. Die Sache sei außerordentlich wichtig und dulde keinen Aufschub. Die Dame entschuldigte sich sehr höflich für den nächtlichen Anruf.

Als ich auf die Uhr sah, war es halb zwei. Ich zog mich an, steckte einen kleinen Schreibblock ein und fuhr zum Kongresszentrum. Dort stieß ich auf den chilenischen Botschafter, der sich ebenso wie ich über die nächtliche Ruhestörung beklagte. »Was können Sie jetzt zu dieser Zeit von uns wollen?« fragte ich ihn. Er sah mich eine Weile an. »Ich weiß es auch nicht«, antwortete er. »Vielleicht hängt alles mit den Vorgängen in Venezuela zusammen.«

Das konnte gut sein. Der venezolanische Präsident Hugo Chávez, einer enger Freund Castros, war in großer Bedrängnis. Die letzten Nachrichten aus Caracas sprachen von einem Putschversuch. Chávez befinde sich in militärischer Obhut. Sein genauer Aufenthaltsort sei unbekannt.

Allmählich trafen immer mehr Botschafter oder Geschäftsträger ein. Der brasilianische, der französische, aber auch der portugiesische und der britische Kollege stießen zu uns. Es hieß, Fidel wolle mit uns sprechen. Nach etwa einer halben Stunde traf Außenminister Pérez Roque bei uns ein, setzte sich auf die Empore vor uns, entschuldigte sich für die nächtliche Ruhestörung und berichtete uns Folgendes:

Präsident Chávez sei im Laufe des vergangenen Tages von Offizieren der venezolanischen Streitkräfte aus dem Regierungssitz an einen anderen Ort gebracht und unter Hausarrest gestellt worden. Fidel habe mit Chávez telefoniert und ihm geraten, mit den Militärs zu sprechen. Ein Ausbruch von Gewalt müsse verhindert werden. Kuba sei im äußersten Fall bereit, Chávez bei sich aufzunehmen. Ein kubanisches Flugzeug, das man auf dem Flughafen von Havanna bereithalte, könne Chávez jederzeit nach Kuba bringen. Man erwarte von den Militärs, dass sie Chávez, wenn er dies wünsche, ausfliegen ließen.

Der kubanische Außenminister bat uns Botschafter um zweierlei: Wir sollten uns erstens in unseren Hauptstädten für eine Lösung der politischen Krise auf dem Verhandlungswege einsetzen, und zweitens: Sollte Kuba ein Flugzeug nach Caracas entsenden, sollten wir dorthin mitfliegen, um die kubanische Vermittlungsaktion zu unterstützen.

Das erste Petitum des Außenministeriums war aus meiner Sicht erfüllbar. Der Bundesregierung und auch den Regierungen der EU-Partner musste daran gelegen sein, eine Ausweitung der Krise zu verhindern. Dies konnte wohl am besten auf dem Verhandlungswege erreicht werden. Aber das zweite Anliegen hatte es in sich. Ich würde mir hierzu eine Weisung geben lassen. Ich war fast sicher, dass das Auswärtige Amt in dieser Frage zurückhaltend reagieren würde.

Ganz bestimmt würde sich Berlin mit seinen europäischen Partnern und möglicherweise mit Washington abstimmen. Nichts würden wir hier im Alleingang unternehmen.

Interessant schien mir das außerordentliche Engagement von Fidel Castro in dieser Frage. Ich erinnerte mich jetzt an den Besuch von Mexikos Präsident Fox in Kuba. Castro hatte Fox gesagt, als die Rede auf Venezuela kam, dass Chávez um sein politisches Überleben kämpfen und kein Risiko scheuen würde. Er würde die Präsidentschaft seines Landes bis zum Äußersten verteidigen.

Bei näherem Licht betrachtet, war dieses Engagement nachvollziehbar. Castro und Chávez sahen sich beide in der Nachfolge der *Libertadores* des 19. Jahrhunderts. Beide standen revolutionären Regimen vor. Der Unterschied war allerdings, dass Chávez durch demokratische Wahlen an die Macht gekommen war, während Fidel einen Diktator gewaltsam gestürzt und sich mit Hilfe militärischer Macht und seines Charismas an die Staatsspitze gebracht hatte.

Chávez betrachtete Fidel Castro als Vorbild. Seine sozialen Bemühungen, das umfassende Schulwesen und die breite ärztliche Versorgung in Kuba begeisterten ihn. Beide einte auch die Abwehr des »aggressiven Yankeetums«, das vor allem unter George W. Bush wieder hervorgetreten sei und eine Bedrohung für zahlreiche Staaten darstelle. Die Idee von Bush, eine ganz Amerika umfassende Freihandelszone einzurichten, kritisierten beide Staatsmänner als den Versuch, eine US-Hegemonie auf dem gesamten Kontinent zu begründen und die Staaten Lateinamerikas zu unterwerfen. Sie setzten dem ihre Idee, nämlich *ALBA, Alianza Latinoamericana y Bolivariana de las Américas*, entgegen.

Aber die eigentliche Basis der Gemeinsamkeiten zwischen Castro und Chávez lag in dem Bestreben, den verarmten Massen zu Gerechtigkeit und mehr Wohlstand zu verhelfen.

Kuba entsandte Lehrer und medizinisches Personal nach Venezuela. Dafür erhielt es zunächst kostenfrei, später nach erheblichen Protesten in der venezolanischen Bevölkerung zu einem Vorzugspreis Erdöl. Diese Lieferungen waren für Kuba von größter Bedeutung, denn im Lande herrschte notorischer Treibstoffmangel, der immer wieder Ursache für den Ausfall von Bussen war und auch die Energieversorgung nachhaltig beeinträchtigte. In Zeiten schwankender Versorgung mit venezolanischem Öl fiel im ganzen Land fast täglich, oft mehrfach, der Strom aus. Dies führte zu weiteren erheblichen Schäden für die kubanische Volkswirtschaft. Auch deshalb war der »Schulterschluss« zwischen Chávez und Castro von erheblicher wirtschaftlicher Bedeutung für Kuba.

Als ich in dieser Nacht gegen drei Uhr morgens nach Hause kam, war es in Berlin bereits neun Uhr früh. Ich rief sogleich im Auswärtigen Amt an und berichtete kurz über das Vorgefallene. Die Kollegen reagierten genau so, wie ich es mir vorgestellt hatte. Sie würden zunächst eine Abstimmung mit den EU-Partnern herbeiführen.

Für Kuba war die Rückkehr von Chávez in sein Amt, nur wenige Tage später, die Befreiung von einem Albtraum. Fidel Castro verstärkte fortan seine Bemühungen, Chávez noch mehr Unterstützung zu gewähren, vor allem sein Ansehen bei den verarmten Massen durch Entsendung von noch mehr Lehrern und Ärzten zu steigern. Viele Kubaner verfolgten diese Entwicklung mit Sorge, weil dadurch nicht mehr genügend Lehrer und Ärzte im eigenen Land zur Verfügung standen.

Der unerwartete Sturz des kubanischen Gesundheitsministers Dr. Peña Pentón im Frühjahr 2004, nach einer Amtszeit von weniger als zwei Jahren, dürfte hiermit in Zusammenhang stehen. Der Minister soll Fidel auf entstehende personelle Engpässe im Gesundheitswesen angesprochen haben. Fidel, der dies wohl als versteckte Kritik empfand, schickte den Arzt bald hierauf in den unbefristeten Urlaub oder, wie die Kubaner es scherzhaft nennen, er schickte ihm einen Pyjama.

Zweite Reise in den kubanischen Osten

Im Osten Kubas, zu Füßen der Sierra Maestra, liegt die Stadt Bayamo. Sie ist die Hauptstadt der Provinz Granma und zählt etwa 80 000 Einwohner. Bayamo ist sozusagen historisches Urgestein Kubas. Hier nahm der Freiheitskampf gegen Spanien 1868 seinen Ausgang, und hier komponierte der Freiheitsheld Perucho Figueredo die kubanische Nationalhymne, die erstmals 1868 intoniert wurde, die *Bayamesa*.

Im Herbst 2001 bekam ich in Havanna Besuch von zwei Damen. Eine, die ältere, stellte sich mir als die Rektorin der Universität von Bayamo vor, die jüngere war die Verantwortliche der Universität für internationale Beziehungen. Die beiden Damen luden mich ein, am Festakt zum 25. Jahrestag der Gründung der Universität Bayamo teilzunehmen. Bei dieser Gelegenheit wollte man auch das Jubiläum der 20-jährigen Zusammenarbeit mit der Humboldt-Universität in

Das Landesinnere ist von üppigem Grün und zahlreichen Gebirgsketten geprägt.

Berlin begehen. Ich sagte zu. Denn zum einen interessierten mich die kubanischen Universitäten, zum anderen wollte ich den Kontakt zu den Alumni stärken. Außerdem bot sich die Gelegenheit, eine neue Stadt kennenzulernen.

Zusammen mit meiner Frau machte ich mich auf den Weg. Die Fahrt begann mit einer Katastrophe. Ich bemerkte viel zu spät, dass ich zwar die schwarze Hose eingepackt, das dazugehörige Jackett aber am Bügel in meiner Residenz hatte hängen lassen. Was tun? Zum Glück ist Kuba kein Land, in dem Bekleidungsvorschriften einen hohen Stellenwert haben. Selbst zu offiziellen Anlässen trägt man in Kuba ein weißes Hemd über einer dunklen Hose, eine *Guayabera*. Die wollte ich mir unterwegs kaufen.

Das war leichter gesagt als getan. In Havanna gibt es Läden, in denen man *Guayaberas* kaufen kann. Man bekommt sie sogar auf den Touristenmärkten, aber in der Provinz? Auf dem Weg lag Camagüey, immerhin eine Stadt mit über 300000 Einwohnern. Hier würden wir übernachten, und hier wollte ich mein Glück versuchen.

Unser Hotel empfahl uns für den Kauf einer *Guayabera* einen Laden in der Stadtmitte, ganz in der Nähe der hübsch restaurierten Casa Agramonte, einem der wichtigen historischen Denkmäler der Stadt. In der Tat, hier bekam ich eine weiße *Guayabera* in meiner Größe zum Preise von acht Dollar (in Havanna hätte sie mich mindestens das Dreifache gekostet). Beim Blick in die Regale entdeckte ich auch ein Buch über die Grande Dame des kubanischen Balletts, Alicia Alonso, das ich schon lange für meine Frau gesucht hatte. Das Buch kostete fast das Doppelte meines Hemdes.

Nun waren wir also für Bayamo und die dortigen Feierlichkeiten gewappnet.

Zunächst einmal steuerten wir das *Sierra Maestra* an, ein von Kubanern betriebenes Hotel, das gerade frisch restauriert worden war und einen guten Eindruck auf uns machte. Es lag relativ ruhig in der Nähe der Ausfallstraße in Richtung Santiago, besaß einen Innenhof mit einem großen Schwimmbad und einem Restaurant. Im Schwimmbad herrschte bei unserer Ankunft reger Betrieb. Angesichts der hohen Temperaturen kein Wunder.

Auch der Stadtkern von Bayamo machte auf uns einen guten Eindruck. Er gruppiert sich um den Parque Céspedes mit dem Geburtshaus des »Vaters der Unabhängigkeit«, Carlos Manuel de Céspedes, der Kathedrale und dem Haus, in dem die *Bayamesa* entstanden war. Alle diese Gebäude, mit einer wichtigen Ausnahme, waren bei einem Brand, welchen die Bürger der Stadt 1869 gelegt hatten, um zu vermeiden, dass Bayamo in die Hände der spanischen Truppen fiel, zerstört worden. Sie wurden später wieder aufgebaut.

Die Universität, die etwa 15 Kilometer außerhalb am Fuße der Sierra Maestra liegt, besteht aus einer Reihe von modernen, im Bauhausstil errichteten Gebäuden, denen allerdings frische Farbe fehlt.

Die Häuser hier hatten nur verhältnismäßig wenige Fenster, dafür aber zahlreiche Öffnungen, durch welche die stets von der Sierra wehende leichte Brise hindurch konnte. Die klugen Architekten hatten auf diese Weise für eine natürliche Belüftung gesorgt.

Auf einem der luftigen Flure trafen wir die Rektorin Antonia Maria wieder, die uns freundlich begrüßte und zur Aula Magna begleitete. Auf dem Weg dorthin zeigte sie uns die Bibliothek, die mehr gebundene Hefte und Publikationen der Universität als Bücher enthielt. Wir verstanden. Auch ohne viele Worte wurde uns schnell klar, dass eine deutsche Bücherspende sehr willkommen sein würde.

In der Aula Magna wurden wir dem Lehrkörper und den Gästen, den Professoren von der Humboldt-Universität in Berlin vorgestellt, die teilweise bereits seit 20 Jahren regelmäßig nach Bayamo kamen. Fast alle von ihnen waren Agrarwissenschaftler, denn die Provinz Granma ist eine der wichtigsten Agrarregionen Kubas. Vor der Revolution war die Gegend wegen ihrer großen Bestände an Milchvieh bekannt. Jetzt gab es zwar auch noch Kühe auf den Weiden, aber die meisten waren abgemagert und gaben nur wenig Milch. Im Durchschnitt lag die Produktion bei täglich drei Litern pro Kuh, das sind 1000 Liter im Jahr. In Deutschland liegt der durchschnittliche Ertrag bei etwa dem Sechs- bis Siebenfachen.

Dies war das Thema, das auch die Berliner Professoren beschäftigte: Wie konnte man die Milchproduktion in Granma steigern? »Wir haben den Kubanern seit Jahren Vorschläge unterbreitet, aber es tut sich einfach nichts«, erklärten sie mir und baten um Unterstützung.

Bereits beim Mittagessen erhielt ich Gelegenheit, mit einem hochrangigen Vertreter des kubanischen Hochschulministeriums zu sprechen. Ich fragte ihn nach dem Stand der Milchproduktion. »Das ist ein sehr komplexes Thema«, meinte er. Wir vereinbarten, hierüber ausführlicher in Havanna zu sprechen.

Während des Seminars wurde mir klar, wo die Ursachen für die geringe Milchproduktion der Kühe in Granma lagen. Sie hingen im Wesentlichen mit klimatischen Fragen zusammen. Von November bis Mai regnet es in der Provinz, wie an den meisten Orten des kubanischen Ostens, nicht. Das Gras auf den an sich guten Weiden verdorrt, die Kühe bekommen nicht genügend Futter und magern ab. Magere Kühe geben wenig Milch. Wenn schließlich die Regenzeit einsetzt und sich die Wiesen erholen, brauchen die Tiere einige Zeit, um wieder ihr altes Gewicht zu erlangen. Auch in diesem Zeitraum bleibt die Milchproduktion unter der Norm.

Das Problem, das es zu lösen gilt, ist die Versorgung der Kühe mit zusätzlichem Futter während der Trockenzeit, damit ihr Abmagern verhindert wird. Dieses Futter kann über das Anpflanzen besonders eiweißreicher Futterpflanzen, aber auch über Futtersilos bereitgestellt werden. Hierzu sind Investitionen erforderlich, vor allem auch finanzielle Mittel, über die der kubanische Staat jedoch nicht verfügt. Der Gedanke drängte sich auf, über ein Projekt die notwendigen Aufwendungen, zu denen auch die Bereitstellung von Treibstoff gehörte, zu testen.

Bei einem Abendessen im Gästehaus des Gouverneurs Leyva besprachen wir dies. Es war Antonia Maria, die Rektorin, welche die Bedeutung eines solchen Projektes für die Provinz Granma und darüber hinaus für ganz Kuba hervorhob. Eine Verdoppelung der Milchproduktion könnte für die Provinz Granma nicht nur wesentlich zur Ernährungssicherheit beitragen, sondern auch zur Gründung milchverarbeitender Industrie und damit zur Schaffung dringend benötigter Arbeitsplätze.

Ein Mitarbeiter von Antonia Maria sprach zunächst verklausuliert, dann aber immer offener ein Problem an, dessen Tragweite sich mir erst später erschließen sollte. Er umschrieb es mit der »soziokulturellen Einbindung« des Projekts. Es kam ihm darauf an, die Akzeptanz in der Bevölkerung und vor allem die notwendige Motivation seitens der kubanischen Arbeiter in dem Projekt herzustellen. Damit sprach er ein Thema an, das in das Kernstück der revolutionären Philosophie Fidels hineinragte: die Agrarreform.

Die Agrarreform, die in Kuba seit 1959 in mehreren Schritten erfolgt war, hatte die Zerschlagung des weitgehend im ausländischen Besitz befindlichen Großgrundbesitzes und des Großbauerntums zum Ziel. Ihre Folge war die Umwandlung privater in staatliche Latifundien, die über 80 Prozent der landwirtschaftlich genutzten Fläche ausmachten und die, wie sich im Lauf der Jahre herausstellte, nur schlecht funktionierten. Die Folge waren sinkende Erträge und die wachsende Notwendigkeit von Agrarimporten, um die Grundernährung der Bevölkerung sicherzustellen.

Die wenigen noch übrig gebliebenen privaten Bauern konnten hingegen auf erheblich höhere Erträge verweisen. Wir haben gemeinsam mit dem Leiter der Zweigstelle des Welternährungsprogramms der Vereinten Nationen in Kuba einen privaten Betrieb in der Nähe von Bayamo besucht. Seine Milchproduktion lag durchschnittlich mehr als doppelt so hoch wie bei den staatlichen Betrieben.

Berühmtheit hat die Nachbarin der Castros in Birán erlangt, die heute über siebzigjährige Maria Antonia Puyol Bravo. Ihr war es trotz Agrarreform und Enteignungen gelungen, ihren stattlichen Besitz zu halten und einen Musterbetrieb aufzubauen, der immer wieder große Bewunderung ausgelöst hat. Sie hat es verstanden, die Jugendfreundschaft zu ihren mächtigen Nachbarn zu bewahren. Sie spricht lobend von Fidel, den sie noch aus der Schule kennt und dessen Intelligenz und Beredsamkeit sie stets anerkannt hat.

Schutzhütte Iraquín in der Sierra Maestra mit moderner Solaranlage (rechts vor dem Haus).

Für sie als Unternehmerin mit weit über 1000 Stück Vieh, darunter mehr als 700 Kühe, ist es ganz entscheidend, die Mitarbeiter, vor allem die *Vaqueros*, zu motivieren, ihnen finanzielle Anreize zu geben und eigene Initiative zu beflügeln. Hier liegt für sie das Geheimnis für den Erfolg privaten Wirtschaftens.

Wohl aus dieser Erkenntnis beschloss Fidel 1993, die Staatsgüter in Genossenschaften umzuwandeln und die Landarbeiter am Gewinn der Genossenschaften zu beteiligen. Ein Prozess der Dezentralisierung auf dem Lande setzte ein, der jedoch mindestens drei grundlegende Mängel enthielt: Die Genossenschaften waren einerseits gezwungen, ihre Produkte weitgehend zu staatlich festgesetzten Niedrigpreisen zu verkaufen. Zum anderen wurden die Genossen im Prinzip nicht nach ihrer individuellen Leistung, sondern nach einem Quotensystem entlohnt, das nicht genügend Leistungsanreize bot. Schließlich verfügten die Genossenschaften nicht über die notwendigen Kenntnisse betriebswirtschaftlicher Lenkung und Logistik.

Unternehmerische Initiative und Verständnis für rationale Produktionsweisen waren in Kuba nicht gefragt. Dies führte dazu, dass riesige Flächen, vor allem auch im Zentrum und im Osten der Insel, brachlagen und ein Großteil der Ernte wegen des Fehlens logistischer Systeme verdarb. Die enormen Schäden für die Volkswirtschaft liegen auf der Hand.

Dies ist eines der Kernübel der kubanischen Wirtschaft und eine Folge der eng verstandenen sozialistischen Ideologie, welche die Produktionsmittel nicht in die Hand von Privatleuten oder von selbständigen Genossenschaften legen will, weil sie damit dem Kapitalismus, dem »Erzfeind«, Vorschub leisten würde.

Hierauf nahm der Mitarbeiter der Rektorin Bezug, als er die notwendige »Motivation« der Arbeiter ansprach. Er tat es sehr vorsichtig, umschrieb es mit der Nomenklatur des Systems, aber wir wussten alle, was damit gemeint war: In dem Projekt würden zumindest Leistungsprämien unterzubringen sein.

Wie so oft in Entwicklungsländern, würde die deutsche Beteiligung im Wesentlichen auf die Bereitstellung finanzieller Mittel hinauslaufen. Ich hoffte auf Hilfen der EU-Kommission oder des BMZ. Leider aber hat der Verzicht Fidel Castros auf die Entwicklungshilfe der Mitgliedstaaten der EU die Findung eines Gebers sehr erschwert. Wir haben jedoch bis heute nicht die Hoffnung aufgegeben, dieses wichtige Projekt, dem wir den Namen *Candelaria* gaben, doch noch, wenn auch um Jahre verschoben, durchführen zu können.

Auf den Spuren der Revolution

Die Universität Bayamo lud uns aber zunächst zu einem Ausflug an historisch wichtige Orte in der Provinz Granma ein. Wir beginnen in Manzanillo, einer Stadt von etwa 50 000 Einwohnern im Westen von Bayamo, dann fahren wir die Küste entlang in südlicher Richtung, über Media Luna, ein kleines Städtchen mit einer großen Zuckermühle. Hier wurde Celia Sánchez geboren, die langjährige Weggefährtin von Fidel Castro. Sie, die Arzttochter, versorgte den *Comandante en Jefe* in den schwierigen Monaten nach der Landung in Kuba mit Hilfsgütern, Munition und frischen Kräften. Neben Vilma Espín und Melba Hernández gehörte sie zu den führenden Kämpferinnen während der Revolution.

Nur wenige Kilometer von Media Luna entfernt liegt der Punkt Los Colorados, ein mehrere Kilometer breites, rot schillerndes Mangrovendickicht, an dem am 2. Dezember 1956 Castro mit weiteren 81 Rebellen an Bord der Jacht *Granma* landete.

Wir laufen einen etwa zwei Kilometer langen betonierten Steg entlang. Unter uns die Mangroven. Ein Dickicht aus Wurzeln, kleinen Büschen und gelegentlich auch Bäumen. Krebse huschen über die rötlichen Stangen, und Moskitos schwärmen zu Tausenden darüber. Unser Führer bringt uns bis zum Meer, genau an die Stelle der Landung der *Granma*. Er erläutert uns das Geschehen vom 2. Dezember 1956.

Der Morgen dieses Tages war kein Glücksmoment. Die Jacht war völlig überladen auf eine Sandbank gelaufen und manövrierunfähig. Im Morgengrauen wateten die Rebellen durch das bis zur Brust reichende Wasser. Dann erreichten sie die ausgedehnten Mangrovensümpfe mit Sandflöhen und Moskitos, die den ohnehin langsamen Vormarsch zur Hölle werden ließen.

Einen Großteil ihres Gepäcks mussten sie abwerfen, weil es ihnen sonst nicht möglich gewesen wäre, die strapaziöse Flucht durch die Sümpfe zu überstehen. Schließlich erreichten sie fast völlig erschöpft festen Boden.

Ein Bauer bot ihnen Essen an, ja er wollte ein Spanferkel für sie zubereiten. Aber Fidel gab den Befehl weiterzumarschieren, denn mittlerweile hatte die Küstenwache die *Granma* gesichtet. Dann tauchten die ersten Flugzeuge auf, um die kleine Rebellenarmee zu vernichten. Die Gruppe musste sich nun trennen, sie gliederte sich in Abteilungen von zwei, drei, vier oder maximal fünf Guerilleros. Sie liefen durch ein savannenartiges Gelände, hier und da Büsche, kaum Bäume. Ihr Ziel war die Sierra Maestra in der Ferne.

Bei jedem der Tieffliegerangriffe flohen sie in irgendeine Bodensenke, verloren schließlich die Orientierung, waren am Verzweifeln. Ohne Essen legten sie sich erschöpft schlafen.

Wir hören aufmerksam der Schilderung unseres Führers zu. Er verschweigt mehr als er uns erzählt. Denn die Landung der *Granma* in Los Colorados war in Wirklichkeit ein noch schlimmeres Debakel.

Das Schiff sollte an einer ganz anderen Stelle landen. Die Rebellen wollten weiter nördlich an Land gehen. Dort warteten ihre Kampfgenossen auf sie, darunter auch Celia Sánchez, die von Niqueros aus gestartet waren, um ihnen entgegenzukommen. Aber die *Granma*-Besatzung beging Navigationsfehler. Hinzu kam, dass einer der Guerilleros über Bord gespült worden war, Fidel aber nicht locker ließ, bis man ihn gefunden hatte. Das alles hatte Zeit und Kraft gekostet. Man hätte im Schutz der Dunkelheit an Land gehen müssen, landete aber bei Tagesanbruch. So war es für die vorgewarnten Soldaten Batistas ein Leichtes, die Rebellen aufzuspüren.

Drei Tage später, am 5. Dezember, kam es bei Alegría de Pio zum ersten Kampf und zur Niederlage der Rebellen. Die Armee rückte mit Verstärkung an. Ein Verräter in den eigenen Reihen hatte sie informiert. Die meisten Rebellen wurden getötet. Nur einigen gelang es, sich auf einer Zuckerrohrplantage zu verstecken und dort mehrere Tage auszuhalten.

Am 12. Dezember konnte Fidel endlich die Zuckerrohrplantage verlassen und sich nachts in die Obhut einer Bauernfamilie begeben, die ihm und seinen Gefährten Essen und Trinken gaben. Es waren Bauern, die zum Freundeskreis der Rebellen gehörten.

Am 18. Dezember vereinten sich schließlich die Gruppen von Fidel und Raúl. Fidel stellte dabei die später viel zitierte Frage: »Wie viele Gewehre hast du?« –»Fünf«– Fidel: »Und zwei habe ich, also sieben. Ja, jetzt gewinnen wir den Krieg.«

Wir verabschieden uns von Los Colorados und fahren die Straße wieder zurück in Richtung Manzanillo. Gegen Mittag erreichen wir Santo Domingo, einen Weiler in der Sierra Maestra.

Beim Mittagessen erfahren wir, dass hier im Tal, durch das ein Flüsschen dahinrauscht, im Sommer 1958 die entscheidenden Kämpfe der Rebellen stattgefunden haben. Fidel hatte sich zunächst mit seinen Leuten zum Jahresende 1956 in der Sierra Maestra festsetzen können. Dieses von dichter tropischer Vegetation bestandene Gebirge, das eine Höhe von fast 2000 Metern erreicht, war für Guerilla-Operationen wie geschaffen. Hier gab es so gut wie keine Straßen, nur schmale Pfade, auf denen die Soldaten Batistas, die den Kampf gegen die Rebellen aufgenommen hatten, ständig in Hinterhalte gerieten.

Umgekehrt konnten die Rebellen die militärischen Quartiere und die Gefechtsstände immer wieder überfallen, Gefangene machen und Waffen erbeuten. Danach konnten sie sich blitzschnell in das unwegsame Gelände zurückziehen. Wichtig war auch, dass die Kleinbauern, die dort ansässig waren, die Guerilla unterstützten. Sie hatten viel unter Batista zu erdulden gehabt, waren ständig Plünderungen und Übergriffen des Regimes ausgesetzt gewesen. Fidel und seine Leute hingegen behandelten sie gut und bezahlten für die geleisteten Dienste bzw. die Waren, die sie an sie abgaben. Es entwickelte sich ein Vertrauensverhältnis, das für den Kampf in der Sierra ausschlaggebend war.

Der Diktator Batista leugnete zunächst die Existenz einer Rebellentruppe im Osten des Landes. Immer wieder aufkommende Gerüchte, die auch in den USA verbreitet worden waren, wonach Fidel Castro einen Guerilla-Kampf begonnen hätte, dementierte er vehement. Er habe die Rebellen nach ihrer Landung bei Los Colorados ausgelöscht. Man glaubte ihm zunächst, bis ein Reporter von *Time/ Life*, Matthews, Anfang 1957 Fotos von den Rebellen und ein Interview mit Castro veröffentlichte.

Dies war eine Sensation. Sie zerstörte die Glaubwürdigkeit von Batista, der nach und nach an Rückhalt durch die USA verlor. Als es den Rebellen während des ganzen Jahres 1957 gelang, sich nicht nur zu halten, sondern auch immer mehr Anhänger hinter sich zu bringen und ihren Aktionsradius auszudehnen, sah sich Batista schließlich gezwungen, eine Großoffensive gegen die Rebellen zu beginnen. Er zog mit Flugzeugen und Panzern, mit Artillerie und Infanterie gegen sie zu Felde, insgesamt mit fast 10 000 Mann.

Die Hauptmacht der Rebellen lag in dieser Zeit bei etwa 200 bis 250 Mann. Er griff die Rebellen in ihrem Kerngebiet, im Tal von Santo Domingo, an. Es gelang ihm aber nicht, ihrer Herr zu werden. Im Gegenteil: Die Streitmacht der Regierung erlitt schwere Verluste, die sich zusehends demoralisierend auswirkten. Hinzu kam, dass der Diktator in Havanna auf immer weniger Rückhalt in der Bevölkerung zählen konnte. Die Stimmung im Lande war dabei umzuschlagen. Die Sympathie für Fidel und seine Leute stieg von Tag zu Tag.

Fidel entschloss sich nach der fehlgeschlagenen Offensive gegen ihn im Sommer 1958 eine zweite Front zu eröffnen, weiter im Norden, in der Sierra de Cristal, dem zweithöchsten Gebirgszug. Mit dem Kommando betraute er seinen sechs Jahre jüngeren Bruder Raúl. Auch er konnte sich dort halten und die Unterstützung der Bevölkerung gewinnen. Eine dritte Front eröffneten schließlich die Comandantes Che Guevara und Camilo Cienfuegos in der Sierra de Escambray, im Zentrum der Insel.

Licht nach der Dunkelheit

Als Botschafter habe ich an zahlreichen Empfängen in Havanna teilgenommen, manchmal waren es mehrere in der Woche. Bei fast neunzig diplomatischen Vertretungen kein Wunder. Ein Empfang, der mir in bleibender Erinnerung geblieben ist, fand im Februar 2001 in der Botschafterresidenz von Benin statt. Einige Minuten nach meinem Eintreffen ging das Licht aus, und die Gäste konnten sich in der Dunkelheit nicht mehr erkennen. Ich hatte mich gerade einer Gruppe genähert und begann – nun in der Dunkelheit – ein Gespräch mit einem Kubaner, der sich von Minute zu Minute als immer interessanterer Partner entpuppte. Als das Licht wieder anging, stellten wir uns vor. Er war der Arbeits- und Sozialminister Alfredo Morales, einer der wenigen Schwarzen im kubanischen Kabinett.

Der Minister erzählte mir, dass er für April zu einer Konferenz über Fragen der Sozialversicherung eingeladen habe, an der auch ausländische Experten teilnehmen würden. Meine Frage nach einer möglichen deutschen Beteiligung beantwortete der Minister in dem Sinne, dass sie willkommen sei. Deutsche Teilnehmer seien ihm jedoch bis zur Stunde nicht bekannt.

Dass Deutschland als erstes großes Land bereits in den achtziger Jahren des 19. Jahrhunderts die Sozialversicherung eingeführt hatte, war dem Minister aber bekannt. Daher sprach er mich bei einer zweiten Begegnung erneut auf seine Konferenz an. Er bat mich nun, für eine deutsche Beteiligung zu sorgen.

Ich dachte an eine der deutschen politischen Stiftungen, die sich hier engagierten. Als ich in Havanna eintraf, waren dies die Friedrich-Ebert-Stiftung *(SPD)*, die Hanns-Seidel-Stiftung *(CSU)* und die Heinrich-Böll-Stiftung *(Bündnis 90/Die Grünen)*. Sie betreuten Kuba allerdings von Drittstaaten aus, da die kubanische Regierung ihren Vertretern keine Aufenthaltserlaubnis erteilte, sondern lediglich von Fall zu Fall ein Visum. Auch die Rosa-Luxemburg-Stiftung *(Linkspartei/PDS)* war sehr an einer Arbeit in Kuba interessiert und entsandte von Zeit zu Zeit von Berlin aus einen Beauftragten nach Havanna.

Der Vertreter der Ebert-Stiftung, der mich im Februar 2001 von seinem Sitz in Santo Domingo aus besucht hatte, zeigte lebhaftes Interesse an einer Teilnahme an der Konferenz. Nachdem er die Unterlagen erhalten hatte, schrieb er sich sogleich als Teilnehmer ein. Da die Konferenz interessante Einblicke in das kubanische Sozialversicherungssystem ermöglichte, das sich grundlegend von unserem System unterschied, schlug die Friedrich-Ebert-Stiftung später ein deutsch-kubanisches Seminar über Fragen der Sozialversicherung vor. Im September 2002 fand es unter Leitung von Minister Morales mit deutschen und kubanischen Experten in Havanna statt.

Die Arbeit der politischen Stiftungen war aber noch aus einem anderen Grund sehr wichtig. Sie führte uns auf natürliche Weise in den von uns angestrebten Dialog. Als wir 2003 in die Phase der politischen Schwierigkeiten mit Kuba gerieten, waren es die Stiftungen, die den Dialog weiter betrieben. Während der »Frostperiode«, in der fast alle Botschafter der EU kaum mehr Zugang zu kubanischen Offiziellen hatten, zahlten sich die früher geknüpften Kontakte der Stiftungen besonders aus.

Ein Thema, das mir wichtig erschien, war das kubanische Strafrecht, das sich grundlegend von den westeuropäischen Traditionen unterschied. Im politischen Strafrecht gab es eine Reihe von Paragrafen, die völlig unbestimmt waren und beinahe jedwedes Verhalten, das nicht mit der politischen Linie von Partei und Regierung übereinstimmte, zu ahnden gestatteten. Vor allem die Staatsschutzbestimmungen waren gummiartig dehnbar. Wenn es der Polizei oder den Staatsanwälten opportun erschien, konnten sie so gut wie jede kritische Äußerung darunter subsumieren und ein Verfahren gegen den Betreffenden eröffnen.

Zufällig lernte ich im Herbst 2004 in Buenos Aires einen deutschen Strafrechtler kennen, der die paraguayische Regierung beriet und sich in Asunción niedergelassen hatte. Professor Schöne zeigte auch Interesse an Kuba und fragte mich nach meinen Erfahrungen mit dem kubanischen Straf- und Strafprozessrecht. Ein paar Wochen später besuchte er mich in Havanna, da er an einer Strafrechtstagung in Kuba teilnahm und zusätzlich noch die Universität in Camagüey besuchte, um dort Gespräche mit Strafrechtslehrern zu führen. Die kubanische Seite zeigte sich überraschend aufgeschlossen und schlug eine größere Veranstaltung unter Einbeziehung deutscher Strafrechtslehrer für 2006 vor. Dies berichtete mir Professor Schöne in Havanna. Das Problem war jedoch die Finanzierung. Wer würde die Reisekosten übernehmen?

Zufällig hielt sich zu dieser Zeit der Vertreter der Ebert-Stiftung in Havanna auf, und ich berichtete ihm von diesen Plänen. Ich fügte hinzu, dass aus meiner Sicht das Strafrecht besonders geeignet sei, den von uns gewünschten Dialog mit Kuba voranzubringen. Mein Gesprächspartner stimmte mir zu und bot Unterstützung an.

Nach dem Besuch des Papstes

Als ich im Februar 1997 zum ersten Mal nach Havanna kam – ich nahm hier an einer internationalen Umweltkonferenz teil –, war gerade der für 1998 geplante Besuch von Papst Johannes Paul II. in aller Munde. Die Menschen auf Kuba hatten die Bilder eines in Zivilkleidung dem Papst in Rom gegenübersitzenden Fidel Castro vor Augen, der eher wie ein Pilger als wie ein kämpferischer Revolutionär wirkte. Sie machten sich Hoffnungen: Sie glaubten, dass sich mit dem Besuch des Papstes in Kuba vieles verändern würde. Sie zählten auf mehr Religionsfreiheit, auf weniger Reglementierung durch den Staat und seine Behörden, kurzum auf mehr Freiheit.

Diese Hoffnungen erfüllten sich nicht. Der Papstbesuch änderte Kuba kaum spürbar. Zwar wurde der 25. Dezember wieder als Feiertag eingeführt, aber von mehr Freiheit für den Einzelnen konnte keine Rede sein. Nicht einmal von mehr Freiheit bei der Religionsausübung. Ich stellte dies fest, als mich ein katholischer Geistlicher anrief und mich um ein Gespräch bat. Ich willigte gern ein und lud ihn zu mir in die Residenz zum Frühstück ein.

Der Pfarrer war selbst Ausländer und lebte seit einigen Jahren in Kuba. Er schilderte mir den Fall eines kubanischen Arztes, eines Familienvaters von vier Kindern, der seine Anstellung in einem Krankenhaus im Jahre 2001 verloren hatte, nachdem er jahrelang im Gemeinderat einer Pfarrei tätig gewesen war. Der Arzt hatte sich nicht etwa in einer der Oppositionsgruppen betätigt, sondern hatte lediglich eine aktive Rolle in der Pfarrei gespielt. Deswegen war er entlassen worden. Nun fragte mich der Geistliche, ob ich dem Mann nicht helfen könne. Er brauche dringend eine Verdienstmöglichkeit, um seine Familie finanziell über Wasser halten zu können.

Dieser und ähnliche Fälle zeigten mir, dass sich die katholische Kirche Kubas, mehr noch als die protestantischen Religionsgemeinschaften, nach wie vor in erheblichen Schwierigkeiten befand. Das Regime sah in ihr den eigentlichen Gegner, die Opposition, der es nach wie vor misstraute und daher Beschränkungen aller Art auferlegte. Zwar hatte Castro im Jahre 2001 ein etwa fünf Stunden dauerndes Gespräch mit dem Oberhaupt der katholischen Kirche Kubas, Jaime Kardinal Ortega, geführt. Aber auch aus diesem Gespräch waren keine konkret-positiven Ergebnisse erwachsen.

Wichtige Hilfe erhielt die Kirche lediglich aus dem Ausland. In Deutschland waren es Adveniat, Misereor und Brot für die Welt, die sich seit Jahren für Kuba engagierten. Auch die deutsche Caritas spielte eine wichtige Rolle, was zugleich zum Aufbau einer Zivilgesellschaft beitrug. Die Hilfen waren breit gefächert und reichten von der Unterstützung für besonders bedürftige Menschen bis zur Renovierung von Kirchen.

Bereits 1997 war mir die neben meinem Hotel gelegene Kirche aufgefallen, die von außen heruntergekommen wirkte. Aber in der Kirche Corpus Cristi fanden nicht nur regelmäßig Gottesdienste statt, ihr Inneres barg auch besondere Schätze. Da waren zum einen die Alabasterverkleidungen über dem Altarraum und zum anderen der beeindruckende und künstlerisch wertvolle Kreuzweg. Die Fresken mit ihrer Sepiatönung und dem beeindruckenden Hell-Dunkel-Kontrast vermochten die Dramatik des Karfreitag eindrucksvoll wiederzugeben.

Diese schönen Fresken waren jedoch bedroht. Wenn es stark regnete, drang Wasser vom schadhaften Dach in den Kirchenraum ein und floss die Wände herunter. Wenn man nichts dagegen unternähme, würden die Fresken in einigen Jahren nicht mehr zu erkennen sein. Auf meine Bitte ließ der Pfarrer von Corpus Cristi einen Kostenvoranschlag für die Dachreparatur erstellen. Sie würde etwa 7.000 Dollar kosten. Dieser nicht sehr hohe Betrag für die Reparatur des großen Kirchendaches war auf die besonders niedrigen Lohnkosten zurückzuführen.

Ich überlegte: Die Reparatur des Daches würde das Aufstellen eines hohen Gerüsts in der Kirche notwendig machen. Ein Gerüst ist in Kuba nur schwer zu bekommen. Daher lag der Gedanke nahe, nach der Dachreparatur die Kirche gleich noch innen und außen neu zu streichen. Dies würde nochmals etwa 7000 bis 8000 Dollar kosten.

In Corpus Cristi wirkte ein vorbildlicher Seelsorger, der sich der Altenbetreuung, der Jugendarbeit und der Förderung junger oder in Not geratener Familien verschrieben hatte. Diese Arbeit würde eine gute Unterstützung erfahren, wenn die Kirche in neuem Glanz erstrahlte. Wie ein Felsen stand sie neben dem Kongresszentrum, in dem die meisten Zusammenkünfte in- und ausländischer Prominenz stattfanden. Fidel Castro und die Führungsriege Kubas fuhren beinahe täglich an ihr vorbei.

Mit einigen Anstrengungen gelang es mir, das Geld für die Kirchenrenovierung zu beschaffen. Mit dem Beginn der trockenen Jahreszeit Ende 2002 wurden die Arbeiten am Dach begonnen, im Innenraum der Kirche ein hohes Gerüst aufgestellt.

Alles verlief zunächst planmäßig, aber nach der Fertigstellung des Daches kam das Problem. Das Gerüst wurde dringend anderweitig gebraucht. Es musste sofort abgebaut werden. Wann wir es zurückbekommen würden, stand in den Sternen. Enttäuschung machte sich breit. Woher könnten wir nun ein anderes Gerüst bekommen? Ich versuchte es über das Bauministerium, dann über ausländische Firmen. Vergeblich. Auch eine Hebebühne, wie sie bei der Reparatur von Straßenbeleuchtungen verwendet wird, war nicht zu bekommen. Schließlich kam der Pfarrer nach Beratung mit den Handwerkern auf den Gedanken, ein eigenes schmales Gerüst zu bauen und es je nach dem Stand der Malerarbeiten zu verschieben.

Als ich später dieses »Gerüst« sah, die schmalen Leitern, die bis in die schwindelerregende Höhe der gotisch gewölbten Decke reichten,

Kirche Corpus Christi in Havanna; Eingangsbereich (rechts) und Turm sind mit Hilfe aus Deutschland bereits renoviert, am Mittelschiff wird noch gearbeitet (Juli 2004).

bekam ich einen gewaltigen Schrecken. In Gedanken sah ich bereits einen der Arbeiter in die Tiefe stürzen. Ich sprach sogleich den Pfarrer darauf an, der mich aber beruhigte. Seine Leute seien solche Arbeiten gewöhnt. Mit dieser Konstruktion eigener Bauart würden die Arbeiten zwar länger dauern, aber es sei besser als nichts. Im Übrigen würden sich die Arbeiter über Gurte und Seile absichern. Damit bestände für sie keine Gefahr, auch nicht in den höchsten Höhen.

Nicht nur hier, auch bei Besuchen von Gottesdiensten in anderen Landesteilen sah ich, dass die Kirche lebte, dass viele Kubaner die Gottesdienste besuchten, sich in der Altenbetreuung oder in der Jugendarbeit betätigten. Die karitative Arbeit war angesichts der oft großen Armut in den Provinzen Schwerpunkt kirchlichen Wirkens. In der Provinz Sancti Spiritus beispielsweise kümmerte sich der Pfarrer, ein Spanier, vor allem um die Krankenbetreuung. Wie an zahlreichen anderen Orten in Kuba unterhielt seine Pfarrei einen inoffiziellen ärztlichen Dienst, um die Bevölkerung mit Medikamenten zu versorgen und eine ambulante Behandlung sicherzustellen, da der ärztliche Dienst in den Krankenhäusern nicht ausreichte. Diese »kirchlichen« Ärzte wurden weitgehend geduldet, weil nur auf diese Weise das viel gelobte Gesundheitswesen in Kuba aufrechtzuerhalten war.

Die Medikamente, um die mich der spanische Pfarrer bat, konnte ich über deutsche Pharmafirmen beschaffen. Wir hatten insgesamt so viele Medikamente geschenkt bekommen, dass mir unterwegs nach Sancti Spiritus der Gedanke kam, sie aufzuteilen und auch das Provinzkrankenhaus partizipieren zu lassen. Ich wollte dies aber zunächst mit dem Pfarrer besprechen.

Zu meiner Freude willigte er sofort ein. Er sah in der Beteiligung des Krankenhauses sogar die Chance, in Zukunft eine Zusammenarbeit aufzubauen, die bisher kaum oder nur in Ausnahmefällen möglich gewesen war. Wir vereinbarten, dem Krankenhausdirektor die gesamte Spende anzubieten, aber mit ihm abzusprechen, dass er einen Teil davon der Kirche zur Verfügung stellte.

Auch er willigte ein. Für mich kam dies nicht überraschend, weil Medikamente entgegen den publizierten staatlichen Verlautbarungen überall knapp waren. Es kam immer wieder vor, dass Kubaner ausländische Besucher um Medikamente baten, vor allem auch um Aspirin, das kaum in den Apotheken erhältlich war.

So machte ich mich mit dem Pfarrer, einem Freund, der mich begleitete, und zahlreichen Paketen auf und fuhr zur Klinik. Diese machte einen wenig ansprechenden, ja ungepflegten Eindruck. Das Ganze wirkte eher wie ein Lagergebäude, nicht aber wie ein Krankenhaus.

Im oberen Stock befand sich ein Konferenzraum, in dem uns der Klinikchef empfing. Wir ließen die Medikamente dorthin bringen und auf den langen Konferenztisch stellen. Ich schlug vor, die Arzneimittel nun im Verhältnis eins zu drei zwischen Kirche und Klinik aufzuteilen und erhielt zustimmende Blicke. Aber das war viel leichter gesagt als getan, denn in den Kartons befanden sich viele verschiedene Medikamente, die wir erst einmal zu zählen und dann durch drei zu teilen hatten.

Mit Hilfe meines versierten Freundes, der einst bei der Bundeswehr gewesen war, gelang es aber bald, die Sache in den Griff zu bekommen. Dabei versuchte allerdings die Klinik über die zwei Drittel der für sie bestimmten Medikamente hinaus ein paar Päckchen zusätzlich zu gewinnen. Es war fast lustig, wie die Päckchen hin und her geschoben wurden, wobei unsere Entscheidung aber stets akzeptiert wurde.

Der Pfarrer hat mir später mitgeteilt, dass dieser Tag sehr wichtig gewesen sei, denn die offiziellen Stellen hätten seither den ärztlichen Dienst über die Kirche nicht mehr behindert.

Amerikaner kommen nach Kuba

Erste US-Messe seit mehr als 40 Jahren

Als im Juli 2002 durchsickerte, dass im September eine größere Messe mit US-Firmen in Havanna stattfinden würde, war das eine Sensation. Seit mehr als 40 Jahren hatten die USA keine Messe mehr in Kuba abgehalten. Mit Wirtschaftssanktionen, die im Helms-Burton-Act gipfelten, nach dem jeglicher Handel mit Kuba verboten war, hatte die Regierung in Washington den Versuch unternommen, Kuba wirtschaftlich in die Knie zu zwingen. Allerdings waren von dem Handelsverbot Nahrungsmittel und Medikamente ausgenommen.

Nach dem verheerenden Wirbelsturm *Michelle* im November 2001, der Hunderttausende von Kubanern obdachlos gemacht und das Land an den Rand einer humanitären Katastrophe gebracht hatte, erzählte mir ein Minister, die USA schickten sich an, Schiffe mit Lebensmitteln nach Kuba zu entsenden. Kuba sei dabei, die notwendigen Vorkehrungen zu treffen. Schon dies war eine Sensation, denn bis dahin war es US-Schiffen grundsätzlich verwehrt, kubanische Häfen anzulaufen.

Im Januar 2002 hatten sich im mexikanischen Cancún kubanische Politiker aus dem Wirtschaftsbereich mit über 100 US-Firmen getroffen. Die kubanische Delegation stand unter Leitung von Außenhandelsminister Raúl de la Nuez, der fünf Jahre lang in Kanada gelebt hatte und die Mentalität der Nordamerikaner kannte. Als ich ihn wenige Wochen später auf das Treffen mit den US-Firmen ansprach, bestätigte er mir, dass es Pläne gäbe, den Handel mit den USA wieder auszubauen.

Zuvor war mir aufgefallen, dass zahlreiche US-Bürger Kuba besuchten. Filmschauspieler wie Kevin Costner, Regisseure wie Oliver Stone, aber auch Abgeordnete des Repräsentantenhauses und Senatoren wurden von Fidel Castro empfangen. Dabei unterstrich er wiederholt seine hohe Wertschätzung für das amerikanische Volk, die sich deutlich von den schwierigen politischen Beziehungen zu Washington unterscheide.

Kurz nach meiner Ankunft in Kuba hatte ich eine Einladung der Leiterin der »US-Interest-Section«, einer Art Ersatzbotschaft der USA, erhalten. Zu meinem Erstaunen war einer der Gäste der kürzlich pensionierte US-General Charles Wilhelm. Sein letzter Posten war der des Chefs des Southern Command der US-Streitkräfte mit Sitz in Florida. Wilhelm berichtete, dass er als Angehöriger einer Nichtregierungsorganisation nach Havanna gereist sei, um an Gesprächen über die Sicherheit in den Grenzgewässern teilzunehmen. Übrigens war dieser Besuch auch der in Miami erscheinenden Tageszeitung *El Nuevo Herald* nicht entgangen und einen ausführlichen Bericht wert.

Dieses erschien mir alles recht widersprüchlich. Einerseits bediente man sich auf beiden Seiten einer kämpferischen bis feindseligen Rhetorik, andererseits gab es vielfältige Gesprächskanäle, die von wichtigen Besuchern offen gehalten wurden. Ich habe noch lange über den Besuch des Generals Wilhelm nachgedacht. In seiner letzten Dienststellung hatte er Kuba sozusagen im Visier. Er wäre im Konfliktfall ganz vorn an der Front verantwortlich gewesen. Nun kam er als Zivilist ins »Feindesland«. Eine doch recht ungewöhnliche Konstellation.

Als nach dem Wirbelsturm die ersten Nahrungsmittellieferungen aus den USA das Eis gebrochen hatten, war in der Tat der Weg für die allmähliche Anbahnung von Handelsbeziehungen frei. Zur ersten bilateralen Messe seit über vierzig Jahren kamen 288 amerikanische Firmen auf das im Westen Havannas gelegene Messegelände der *PABEXPO*. Castro, im dunklen Anzug und mit Silberkrawatte, gab sich in Siegerpose. Es war ihm endlich gelungen, einen Schlag gegen den US-Boykott zu führen.

Kuba kaufte auf einmal für über 100 Millionen Dollar Waren in den USA ein. Weitere Geschäfte wurden in Aussicht gestellt. Es musste alles in bar bezahlt werden, so sah es eine Ausnahmevorschrift im so genannten Helms-Burton-Act vor. Leidtragende dieser Transaktionen waren europäische Firmen, die dadurch entweder entsprechend weniger Aufträge erhielten oder auf ihr Geld warten mussten.

Fidel Castro und die USA

In einer seiner besten Reden, der recht kurzen Ansprache zum 1. Mai 2002, hat Castro die Lateinamerikaner davor gewarnt, sich auf eine gesamtamerikanische Freihandelszone mit den USA einzulassen. Wenn diese Idee der USA verwirklicht würde, käme dies einer Annexion gleich. Hunderttausende auf der Plaza de la Revolución skandierten sodann »Plebiscito si, anexión no« (Volksentscheid ja, Annexion nein).

Eine der bekanntesten Diskussionssendungen im kubanischen Fernsehen trägt den Titel »En las entrañas del monstruo« (Im Inneren des Monsters). Der Name nimmt Bezug auf eine Aussage von José Martí, der sein Leben in den USA einmal so beschrieben hat. Gelegentlich sprechen Kubaner, wie übrigens auch immer häufiger andere Lateinamerikaner, vom »Imperio«, wenn sie die USA meinen.

Fidel Castro lässt keine Gelegenheit aus, die Regierung in Washington zu attackieren. So wirft er ihr ständige Verletzungen der Menschenrechte an der Grenze zu Mexiko vor, bezichtigt sie terroristischer Machenschaften oder klagt sie wegen angeblichen Hegemonialstrebens an. Stets operiert er mit dem Vorwurf, die USA planten einen Angriff auf Kuba.

In einer seiner längsten Reden, Anfang Februar 2004, bezichtigte Castro die USA erneut, Angriffspläne gegen Kuba zu schmieden. Gleichzeitig warf er ihnen in seinem fünfeinhalb Stunden dauernden Monolog vor, ihn ermorden lassen zu wollen und über das Projekt der kontinentalen Freihandelszone *ALCA* die heimliche Annexion des gesamten Subkontinents vorzubereiten.

Am Ende des Jahres wurden auf Anordnung der Brüder Castro in Kuba die größten Manöver abgehalten, die man seit etwa 20 Jahren hier beobachten konnte. *Bastión 04*, unter dieser Losung wurden etwa 60 000 reguläre Soldaten und etwa eine Million Mann Milizen in Marsch gesetzt. Fidel wollte den USA zeigen, dass Kuba in der Lage ist, das Volk in wenigen Stunden zu mobilisieren und damit jeden Angreifer zurückzuschlagen.

Seine USA-Kritik wird mehr heimlich als offen in ganz Lateinamerika und auch in anderen Teilen der Dritten Welt mit viel Beifall bedacht. Es wird gesagt, Castro sei der einzige Staatsmann, der es offen wage, die USA anzugreifen. Seine Kritik sei berechtigt. So

Fidel Castro als Broadway-Held: Werbeplakat der US-amerikanischen Zeitschrift *Man's Health* in New York.

hat seine Rede vor der juristischen Fakultät in Buenos Aires im Mai 2003 nicht nur in Argentinien, sondern überall auf dem Kontinent viel positives Echo ausgelöst. Sie war ein einziger Angriff auf die USA und ihre »Verbündeten«.

Es fragt sich, weshalb Castro sich derartig auf die USA eingeschossen hat. Was hat ihn zu seiner unerbittlichen Haltung veranlasst?

Darauf gibt es vermutlich keine einfache Antwort. Es ist ein komplexer Vorgang, der auch mit der Persönlichkeitsstruktur von Fidel Castro zusammenhängt.

Die Geschichte Kubas ist seit dem 19. Jahrhundert eng mit den USA verknüpft. Die Politik Washingtons gegenüber der Insel ist oft widersprüchlich und von dem Willen getragen gewesen, weitgehende Kontrolle über diesen größten Staat der Karibik auszuüben. Die USA unterstützten den Unabhängigkeitskampf der Kubaner nicht, sondern hielten zur spanischen Kolonialmacht.

Sie haben im entscheidenden Moment der Erringung der Unabhängigkeit Kubas von Spanien eingegriffen und den Aufständischen den Sieg über das Mutterland entrissen. An die Stelle der abziehenden Spanier trat 1898 eine von den USA entsandte Besatzungsmacht, die bis 1902 im Land blieb.

In einer Ergänzung der kubanischen Verfassung von 1901, der so genannten *Enmienda Platt* (Platt-Amendment) – Orville Platt war Mitglied des US-Senats –, sicherten sich die USA ein jederzeitiges Interventionsrecht und machten damit Kuba zu einer Art Protektorat. Die *Enmienda Platt* hatte bis 1934 rechtlichen Bestand. Große Teile des kubanischen Territoriums waren bis zur Revolution von 1959 in der Hand von US-Firmen.

Bei meinem ersten Besuch in Birán, dem Geburtsort Fidel Castros, erzählte der dortige Verwalter, Fidels Vater Angel habe sich immer wieder der Versuche von US-Grundbesitzern erwehren müssen, seine Ländereien aufzukaufen. Offenbar war der ansehnliche Besitz des Vaters von US-Grundbesitz umschlossen wie eine Insel im Ozean. Es mag sein, dass diese Situation auch Thema von Unterhaltungen in der Familie war.

Ein zweites Element dürfte die Lieferung von Waffen der USA an den Erzfeind Castros, an den Diktator Batista, gewesen sein. Mit diesen Waffen wurden viele der Rebellen getötet.

Castro unternahm noch im Jahre seiner Machtergreifung, im April 1959, eine USA-Reise, während der ihn Vizepräsident Richard

Streng abgeschirmte Interessensvertretung der USA in Havanna; die Sicht darauf ist mit kubanischen Flaggen verstellt.

In der Altstadt von Havanna tragen viele Geschäfte noch die in Marmor eingelassenen Namen der ursprünglichen Firmen, so auch die ehemalige Pelzhandlung »Miami«.

Nixon für etwa eine Stunde empfing. Über das Gespräch ist nur wenig bekannt. Nixon soll nur einen knappen Kommentar abgegeben und Castro als »Kommunisten« bezeichnet haben.

US-Präsident Dwight D. Eisenhower wollte den jungen Revolutionär nicht empfangen. Hätte er es getan und Castro seine Unterstützung angeboten, wäre vielleicht die jüngste Geschichte Kubas anders verlaufen. So aber sah sich Castro von der Supermacht im Norden nicht genügend ernst genommen.

Ein drittes Element für die Einstellung Castros gegenüber Washington ist die Rolle der USA im lateinamerikanischen Kontext. Washington hat nie für die sozial Schwachen Partei ergriffen, sondern hat sich stets den reichen Oberschichten zugewandt, sich für sie eingesetzt und sich mit ihnen verbündet. Letztlich scheiterten fast alle sozialen Modelle in Lateinamerika. Im Gegensatz zu Europa gelang es in Lateinamerika nicht, »soziale Demokratien« dauerhaft zu etablieren, vielleicht mit Ausnahme von Costa Rica. Aus der Sicht Castros können auf diese Weise die USA ihren Herrschaftsanspruch in Amerika am besten verwirklichen. Für ihn sind die USA mitschuldig an der sozialen Misere, an der fehlenden Bildung und an der Marginalisierung eines großen Teils der Bevölkerung Lateinamerikas.

Die Globalisierung ist für Castro nur die Fortsetzung des US-Imperialismus unter anderen Vorzeichen. Er lehnt sie ebenso ab wie den *american way of life*. Die Beendigung der Herrschaft der USA über Kuba und die Beseitigung der von den USA begünstigten »kapitalistischen« Lebensformen ist der eigentliche Triumph der Revolution von 1959.

Es entsprach daher einer inneren Logik, dass sich die Beziehungen zwischen Kuba und den USA nach 1959 schrittweise verschlechterten, wozu die revolutionäre Bodenreform, die den US-Grundbesitz in Kuba traf, die Enteignung der Großindustrie und das Bemühen, die Revolution in andere Teile Lateinamerikas zu tragen, eine wichtige Rolle gespielt haben.

Die US-Sanktionen gegen Kuba und der Abbruch der diplomatischen Beziehungen 1960 waren aber nur das Vorspiel einer Krise, die mit dem Invasionsversuch an der Schweinebucht im April 1961 einen vorläufigen Höhepunkt erreichte. Die Abwehr der Invasion war eine militärisch-strategische Meisterleistung Castros, der selbst das Kommando über seine Truppen übernommen hatte. Die

Bahía de Cochinos (Schweinebucht) wurde zum Symbol des erfolgreichen Abwehrkampfes der kubanischen Revolution gegen die mächtigen USA.

Der Einmarschversuch markiert einen Wendepunkt der noch jungen Revolution. Castro vollzieht noch im April 1961 die Hinwendung zum Sozialismus. In seiner berühmten Rede vom 16. April auf dem Friedhof Colón in Havanna nennt er die kubanische Revolution zum ersten Male eine »sozialistische«.

Der Rebell weiß jetzt, dass ihm keine Wahl mehr bleibt. Wenn seine Revolution überleben soll, so muss er sich der UdSSR und ihren Verbündeten anschließen. Innerhalb weniger Monate wird sich Kuba zum ersten Stützpunkt der UdSSR in der westlichen Hemisphäre verwandeln. Dies ist eine der größten Herausforderungen der USA im Kalten Krieg. Fidel Castro ist ihr Urheber.

Er lässt auf der Insel sowjetische Raketen stationieren, die damit erstmals direkt die USA bedrohen. John F. Kennedy verlangt von Chruschtschow ultimativ den Abzug und droht mit einem Gegenschlag. Die Situation eskaliert im Herbst 1962, es kommt zur Oktoberkrise, in der die Welt am Rande eines Dritten Weltkriegs steht.

Es ist viel darüber spekuliert worden, ob Kennedy nach der Oktober-Krise 1962 den Versuch einer Annäherung an Castro unternommen hat. Kennedy soll im November 1963, kurz vor seiner Ermordung, einen Emissär, den französischen Journalisten Jean Daniel, mit einer persönlichen Botschaft zu Castro geschickt haben. Darin habe er die Frage gestellt, ob nicht Gespräche und ein Dialog mit den USA dazu dienen könnten, die großen Spannungen zu überwinden. Während des Gesprächs habe Castro die Nachricht von der Ermordung Kennedys erhalten.*

Die Beziehung Kennedys zu Castro war vielschichtig. Einerseits war Castro einer der Hauptverursacher der Oktoberkrise 1962. Andererseits war Kennedy nicht von dem Vorhaben einer Invasion in Kuba überzeugt. Er unterstützte die exilkubanischen Kräfte in der Schweinebucht nur halbherzig. Auch hat er US-Plänen, Castro zu ermorden, eine Absage erteilt.

Jüngst ist erneut die These vertreten worden, Fidel Castro habe die Ermordung John F. Kennedys veranlasst. So behauptet Wilfried

---

* Tad Schultz: Fidel – A critical portrait, New York 1986, S. 558.

Huismann in seinem Dokumentarfilm *Rendezvous mit dem Tod*, der Anfang Januar 2006 im Kino und im Fernsehen gezeigt wurde, der kubanische Geheimdienst stünde hinter dem Verbrechen. Der Anschlag in Dallas sei unter anderem die Rache für die zahlreichen Attentatsversuche auf Castro gewesen, die von den USA ausgegangen seien.

Zweifel an dieser These erscheinen mir angebracht. Einerseits gab es vertrauliche Kontakte zwischen Castro und Kennedy, die über den französischen Journalisten Jean Daniel liefen. Ziel dieser Kontakte war eine Verständigung. Hierauf haben Volker Skierka und Stephan Lamby in ihrem sorgfältig recherchierten Dokumentarfilm *Fidel Castro – Ewiger Revolutionär* hingewiesen. Jean Daniel kommt darin ausführlich zu Wort. Er bestätigt, dass er am Tage der Ermordung Kennedys ein geheimes Schreiben von diesem an Castro überbracht habe. Fidel Castro sei bei der Nachricht von der Ermordung Kennedys überrascht gewesen und habe gesagt, er habe stets den Eindruck gehabt, dass sich Kennedy Gedanken über die Frage der Beziehungen zu Kuba gemacht habe.

Außerdem ist die mögliche Verstrickung Castros in den Mord an Kennedy eingehend von einem Sonderausschuss des US-Senats unter der Leitung von Louis Stokes 1978 untersucht worden. Stokes, der zahlreiche Zeugen vernehmen ließ, ist nach Havanna geflogen, um mit Castro zu sprechen. Der Ausschuss fand keinerlei Anhaltspunkte für eine Beteiligung Castros an dem Mord.

Gegenüber Tad Shultz hat sich Castro einige Jahre später positiv über Kennedy geäußert. Er habe die Fähigkeit und den Mut besessen, die kubafeindliche Politik zu korrigieren. Daher sei der Tod von Kennedy ein »schwerer Schlag, ein negativer Faktor« gewesen.*

Diese Äußerungen sind umso erstaunlicher, als unter Eisenhower und Kennedy die US-Sanktionspolitik gegenüber Kuba ihren Anfang nahm, die die kubanische Revolution in ernste Schwierigkeiten brachte. Im Juli 1960 beschlossen die USA, die kubanischen Zuckerimporte, die damals 700 000 Tonnen jährlich ausmachten, einzustellen. In den folgenden Monaten erteilte die US-Regierung ihren Bürgern den Rat, nicht mehr nach Kuba zu reisen oder die Insel zu verlassen. Im Oktober 1960 beschloss die US-Regierung ein

---

* Ebenda, S. 559.

weitreichendes Handelsembargo gegen Kuba. Alle Exporte nach Kuba, mit Ausnahme von Nahrungsmitteln und Medikamenten, wurden untersagt.

Diese Maßnahmen mündeten 1996 in das Helms-Burton-Gesetz, das unter anderem US-Firmen und Unternehmen anderer Staaten mit Klagen und Sanktionen bedroht, falls sie von der kubanischen Revolution enteigneten Besitz nutzen. Dieser Passus wird auch von deutschen und anderen europäischen Firmen gefürchtet und hat dazu beigetragen, dass nur gebremstes Interesse an Investitionen in Kuba besteht, da kaum jemand genau sagen kann, wem früher ein bestimmtes Haus oder eine Parzelle gehört hat.

Die Einbeziehung von Drittstaaten durch die US-Gesetzgebung hat zu Spannungen zwischen den USA und der Europäischen Union geführt, die mit Klage vor der Welthandelsorganisation *(WTO)* drohte. Die US-Regierung setzt daher den Drittstaaten betreffenden Artikel III des Helms-Burton-Act in regelmäßigen Abständen durch eine einseitige Erklärung (einen *waiver*) außer Kraft.

Werden die USA Kuba angreifen?

Nie habe ich eine perfektere Residenz gesehen als die Dienstwohnung des Leiters der US-Interessenvertretung in Havanna. Sie liegt im vornehmen Stadtteil Cubanacán, im Westen von Havanna, gegenüber einer Farm, die Fidel Castro gelegentlich als Ausweichquartier dienen soll. Die Residenz hat 65 Zimmer, ist von einem Park umgeben, hat einen Tennisplatz und einen recht großen Pool, aber auch einen ansehnlichen Nutzgarten, in dem fast alle Pflanzen gezogen werden, die man in Kuba vorfinden kann. Auch Hühner und zwei Truthähne mit den Namen Fidel und Raúl hält der amerikanische Kollege. Schließlich besitzt er ein Denkmal in seinem Park, das er mit Stolz zeigt: Es ist den 75 seit April 2003 verurteilten kubanischen »Dissidenten« gewidmet.

Bei einem Abendessen, das der Hausherr Jim Cason im Frühjahr 2003 gibt, sind Aussagen von US-Politikern, die sich auf die angebliche Herstellung von biologischen Kampfstoffen in Kuba beziehen, das Hauptthema. Die Frage im Hintergrund: Würden die USA, falls sich diese Behauptung als wahr herausstellte, eingreifen? Würden sie einen Krieg gegen Kuba führen?

Sturmgeschütz sowjetischer Bauart, das zur Abwehr der Invasion in der Schweinebucht eingesetzt wurde; es steht heute vor dem Revolutionsmuseum in Havanna.

Wir Diplomaten können uns kaum vorstellen, dass Kuba den Willen hätte, solche Kampfstoffe herzustellen. Zwar verfügt das Land über hervorragende Institute und Labors, die zum Beispiel erstklassige Impfstoffe herstellen und auch exportieren. Aber biologische Kampfstoffe?

Nach dem 11. September 2001 ist der Kampf gegen den internationalen Terrorismus zum Hauptziel der US-Außen- und Verteidigungspolitik geworden. Mit dem Eingreifen in Afghanistan und im Irak haben die Amerikaner der Welt klar gemacht, dass sie es ernst meinen. Die sogenannten Schurkenstaaten, zu denen von den USA Iran, Nordkorea, Syrien, Libyen und auch Kuba gezählt werden, sind wieder ins Rampenlicht gerückt.

Fidel Castro hatte die Kriege in Afghanistan und im Irak lautstark verurteilt. Er lehnte den internationalen Terrorismus, aber auch die Besetzung eines fremden Staates, soweit dies nicht durch ein Mandat der Vereinten Nationen gedeckt war, ab. »No al terrorismo, no a la guerra« (Nein zum Terrorismus, nein zum Krieg), lautete sein Motto. Bereits das Eingreifen der *NATO* im Kosovo war von ihm kritisiert worden.

Castro sah Kuba im Laufe des Jahres 2003 in wachsendem Maße als mögliches Ziel eines Angriffs der USA. Er propagierte dies nicht nur, er machte auch Ernst. Bei unseren Reisen über die Insel stellten wir fest, dass an verschiedenen Orten unterirdische Stollen und Tunnel reaktiviert wurden. Auch sahen wir mehr Soldaten und Armeelastwagen als gewöhnlich.

Kuba ist kein waffenstarrender Staat wie einst die Sowjetunion. Die Armee, einschließlich der Wehrpflichtigen, dürfte kaum über 60 000 Mann hinauskommen. Dennoch verfügt Kuba mit den Milizen bekanntlich über eine immense Reserve potentieller Kämpfer, etwa eine Million Mann. »Das Volk in Waffen«, so hatten die Brüder Castro ihre Militärdoktrin einmal umschrieben.

Aber die Waffen sind kaum sichtbar. Jedenfalls die schweren Waffen, die Panzer, die Artilleriegeschütze, die Kampfjets. Sie sind zumeist in unterirdischen Verstecken abgestellt und werden nur selten hervorgeholt. Meist nur dann, wenn Paraden und Übungen stattfinden. Am Tag der Streitkräfte ist dies der Fall. Dann kann man rund um Havanna das Ballern der Artilleriegeschütze vernehmen.

Eine Schwierigkeit sind die Finanzen. Streitkräfte sind teuer, vor allem dann, wenn ihre Ausrüstung an den modernsten Standards ausgerichtet ist. Raúl Castro, Verteidigungsminister und einziger Vier-Sterne-General, hat dies frühzeitig erkannt und sich daher bemüht, den Streitkräften eigene Deviseneinkünfte zu erschließen. Das große Tourismusunternehmen *Gaviota* gehört inzwischen den Streitkräften. Es wird in der Regel von einem General geleitet.

»Gehen Sie, wenn es kein ausländisches Joint-Venture-Hotel gibt, möglichst in ein *Gaviota*-Hotel«, hatte mir ein hoher kubanischer Beamter geraten und hinzugefügt, »die werden am besten gemanagt. Die Militärs haben das gelernt.« Diesen Rat habe ich gelegentlich befolgt und bin nicht enttäuscht worden.

Wenn wir zu Hause mit besonders guten Kartoffeln oder Pampelmusen aufwarten konnten, so hatten wir auch dies den Streitkräften zu verdanken. In diesem Fall dem jugendlichen Arbeitsheer *EJT*, Sondereinheiten, die im Rahmen der Streitkräfte große und sehr effiziente landwirtschaftliche Betriebe bewirtschaften. Sie stehen ebenfalls unter dem Kommando eines Generals.

Die *EJT*-Einheiten vertreiben ihre Produkte teilweise auf freien Märkten, zu Preisen, die etwas günstiger sind als die auf den freien Bauernmärkten. Auch die Qualität der angebotenen Waren ist häufig besser. Auf diese Weise sichern sich die Streitkräfte ihr eigenes Einkommen, das sie in den Stand versetzt, Ausgaben zu tätigen, für die es eigentlich kein Budget gibt. Raúl Castro bildet sich auf diese Weise zugleich die Gefolgsleute heran, die er am Tage X, wenn ihm die Führung zufiele, brauchen würde.

Nach meinem Eindruck wurden die Streitkräfte nicht nur im Jahre 2003, sondern insgesamt in den letzten Jahren strukturell, logistisch und finanziell für den Fall einer kriegerischen Auseinandersetzung mit den USA vorbereitet.

Kuba wäre in einem solchen Fall ganz allein auf sich gestellt. Bis zum Zusammenbruch der UdSSR und des Warschauer Pakts stand das Land unter dem Schutz der Sowjetunion. Aber jetzt? Die USA sind die einzige Supermacht. Mit ihren modernen Waffen könnten sie das benachbarte Kuba überrennen. Würde das kleine Land mit seinen knapp zwölf Millionen Einwohnern diesem Sturm in irgendeiner Weise widerstehen können?

Kuba hatte in der Vergangenheit mehrfach bewiesen, dass es ein ernstzunehmender und auch militärisch gefährlicher Gegner sein konnte. Seine militärischen Einsätze in Afrika, vor allem in Angola, waren, wenn auch teilweise unter großen Opfern, erfolgreich.

Castro ist überzeugt davon, dass die USA jederzeit unter irgendeinem Vorwand in Kuba militärisch eingreifen könnten. Er lässt nicht gelten, dass sich dann ein Sturm der Entrüstung nicht nur in Lateinamerika, sondern in der gesamten Dritten Welt gegen die USA erheben würde, dass China auf den Plan gerufen würde, dem sich Kuba heute besonders verbunden fühlt. Auch im Verhältnis zu Europa würden die USA mit einer Invasion in Kuba eine schwere Krise der Beziehungen herbeiführen.

In den USA gibt es immer wieder Leute, die Castro in seinen Ängsten bestärken. Äußerungen von Verteidigungsminister Donald Rumsfeld und eines US-Botschafters in der Karibik, noch vor dem offiziellen Ende des Irak-Krieges im Frühjahr 2003, gingen in diese Richtung. Aber in der US-Residenz tat unser Gastgeber dies als »absurdes Geschwätz« ab. Die USA dächten nicht im entferntesten daran, Kuba anzugreifen.

Miami und die »5. Kolonne«

Vom Balkon des Kanzleigebäudes der US-Interest Section hat man einen herrlichen Blick über den Malecón, die Uferstraße von Havanna, auf das zweitürmige Hotel *Nacional* und aufs weite Meer, dessen nördliche Gestade 90 Seemeilen entfernt liegen.

Dreht sich der Betrachter in Richtung Malecón, so sieht er einen merkwürdigen Platz vor sich. Er ist langgestreckt, mit einer Tribüne an seiner zur Interest Section gelegenen Stirnseite. Es ist die Plaza de la Dignidad, der Platz der Würde, wo regelmäßig Aufmärsche stattfinden.

Hierher führte im Jahre 2000 der Marsch von etwa einer Million Kubanern, als Fidel Castro das 40-jährige Bestehen der US-Sanktionen anprangerte oder als er die Heimkehr von Elián feierte, die er als großen Sieg und Triumph über die »Mafia« in Miami proklamieren ließ. Elián war für Castro das Symbol, mit dessen Hilfe er den »wahren Charakter« des kubanischen Exils zu entlarven glaubte.

Der kleine Junge war mit seiner Mutter 1999 auf einem Floß nach Florida geflüchtet. Das Floß geriet in ein Unwetter und kenterte. Die Mutter ertrank vor den Augen ihres Sohnes, der gerettet werden konnte. Verwandte in Florida nahmen ihn auf, reklamierten aber auch für ihn das Sorgerecht, während der in Kuba verbliebene Vater die Rückkehr des Kindes forderte.

Castro unterstützte energisch den Vater. Er selbst hatte in den fünfziger Jahren um seinen ältesten Sohn Fidelito und seine Rückkehr aus den USA gekämpft und diesen Kampf für sich entschieden. Er wollte auch den Kampf um Elián gewinnen, den er mit großem propagandistischen Aufwand führte. Und er schaffte es mit Hilfe der US-Gerichte, die schließlich den Jungen – zum Entsetzen seiner Verwandten in Miami – dem Vater auf Kuba zusprachen.

Für viele Kubaner ist die Straße von Florida, die hier oben vom Balkon der »US-Botschaft« so deutlich zu sehen ist, eine Straße der Hoffnung gewesen. Beispielsweise 1980, als ihnen zeitweilig erlaubt wurde, auf welchem Weg auch immer, »auszureisen«. Tausende machten sich vom Hafen Mariel, im Westen von Havanna, auf den gefährlichen Weg, auf Flößen, Booten oder einfach Gummireifen.

Vorausgegangen war die Besetzung der Botschaft von Peru, in die Tausende von Kubanern drängten. Der Vorfall drohte zu einer Katastrophe zu werden. Da erlaubte plötzlich Castro die Ausreise.

Aber viele der Reisenden, die man *Marielitos* nannte, ertranken auf offenem Meer.

Ähnlich war es 1994, als sich Kubaner zu Demonstrationen gegen das Regime zusammenfanden. Die wirtschaftliche Misere in der Zeit der »Spezialperiode« trieb die Menschen in die Verzweiflung. Auch hier öffnete Castro die Schleuse. Es kam für kurze Zeit erneut zu einem Massenexodus aus Kuba.

Besonders traurig verlief der Fluchtversuch von Kubanern wenig später im Sommer 1994 mit dem Schlepper *13 de Marzo.* Am Morgen des 13. Juli 1994 war das kleine Schiff mit 68 Flüchtlingen an Bord von Havanna in Richtung Miami ausgelaufen, wurde aber auf dem Meer von mehreren Schiffen einer staatlichen kubanischen Firma, die dem Innenministerium unterstand, aufgebracht. Kurz darauf sank es unter ungeklärten Umständen. Es wird behauptet, dass es versenkt worden sei. 37 Passagiere, darunter zahlreiche Kinder, fanden dabei den Tod.

Ein Kubaner, mit dem ich in Havanna auf die Angelegenheit zu sprechen kam, sagte mir, dass die kubanische Öffentlichkeit damals regen Anteil genommen und die Handlungsweise der kubanischen Behörden scharf verurteilt habe. Das Versenken des Flüchtlingsschiffs, offenbar im Auftrag oder zumindest unter Duldung des kubanischen Innenministeriums, sei durch nichts zu rechtfertigen gewesen.

In Miami gedachten zahlreiche Exilkubaner am 13. Juli 2004 des Todes ihrer Landsleute vor zehn Jahren, unter anderem in einem Gedenkgottesdienst.

Auch heute flüchten beinahe täglich Kubaner über das offene Meer nach Florida. Anfang 2004 war zum Beispiel eine ganze Familie in einem umgebauten LKW geflüchtet. Sie hatten das Fahrzeug wasserdicht gemacht und ihm »Schwimmflügel« angeschraubt. Die US-Küstenwache traute ihren Augen nicht, als sie auf hoher See auf einmal einen Lastwagen auf sich zukommen sah.

Wer es auf dieser gefährlichen Flucht schafft, US-Territorium zu erreichen, erwirbt das Anrecht auf die »Residence«, die dauernde Aufenthaltsgenehmigung in den USA. Wer allerdings von der US-Küstenwache auf See abgefangen wird, muss damit rechnen, wieder nach Kuba zurückgeschickt zu werden.

Castro nennt diese Regelung ein »mörderisches Gesetz«. Hierdurch würden ständig Kubaner in den Tod getrieben, weil die Chance, nach einer abenteuerlichen und lebensgefährlichen Flucht die USA zu erreichen, viele locke, den Sprung nach Norden zu wagen. Kuba setzt sich seit Jahren für eine Änderung dieser Bestimmung ein, ohne jedoch bei der Regierung in Washington Gehör zu finden.

Eine Art Lotteriespiel haben die USA mit der Zusage eröffnet, jährlich 20 000 Kubanern die legale Einreise zur Einwanderung in die USA zu gewähren. Dabei werden die geeignet erscheinenden Kandidaten für die Einwanderung durch das Los bestimmt. In den Jahren nach 2000 scheint die Zusage der USA nicht immer eingehalten worden zu sein, weil erheblich weniger als 20 000 Kubanern die Einreise in die USA gewährt worden ist.

Mittlerweile leben annähernd zwei Millionen Kubaner im Ausland, die meisten von ihnen in Florida. Miami hat sich zur »zweitgrößten Stadt Kubas« entwickelt. Hier haben die Exilorganisationen ihren Sitz. Ihre Führer bereiten sich und ihre Anhänger auf den Tag X vor, an dem sie wieder in ihre Heimat zurückkehren und dort auch die Macht übernehmen können.

Im Juni 2004 hatte ich nach längerem Zögern den Entschluss gefasst, gemeinsam mit meiner Frau von Kuba aus nach Miami zu reisen. Für Angehörige des diplomatischen Corps gab es die Möglichkeit eines Direktfluges, der allerdings Dritten, zum Beispiel in Kuba tätigen Kaufleuten, verwehrt war. Sie mussten umständliche Dreiecksflüge über Jamaika oder Mexiko in Kauf nehmen.

Anlass für unsere Reise war einerseits die private Einladung eines deutschen Freundes, der sich in der Nähe von Miami niedergelassen hatte, und andererseits ein Erfahrungsaustausch mit dem deutschen Generalkonsul, der sich vor seiner Versetzung in ein lateinamerikanisches Land verabschiedete.

Wir hatten diese Reise offen gestanden etwas gescheut und vor uns her geschoben, denn Kollegen aus Havanna erzählten nicht sehr erquickliche Geschichten über Schikanen bei der Einreise in die USA, was bis zur Leibesvisitation reichte.

Zu unserer Überraschung geschah aber nichts dergleichen. Die Grenzbeamten behandelten uns höflich und zuvorkommend. Innerhalb weniger Minuten waren die Formalitäten erledigt.

Miami empfing uns von seiner schönsten Seite. Mit seinen gepflegten Siedlungen und Gärten, seinen riesigen Shopping Malls, den kaum zu zählenden Luxusbooten und Autobahnen, auf denen die neuesten Modelle aus aller Welt in Massen dahinfuhren. Das war ein ausgesprochenes Kontrastprogramm zu Havanna und Kuba, in dem die Zeit stehengeblieben war und längst der Verfall eingesetzt hatte.

Der Abschiedsempfang beim Kollegen Anding, dessen Residenz im vornehmen Coral Gabels liegt, enttäuschte uns nicht. Wir lernten eine Reihe von interessanten Gästen kennen, darunter auch Kubaner, die bereits kurz nach dem Sieg der Revolution nach Miami gegangen waren. Einige von ihnen hatten sich als ehemalige Offiziere zur Verfügung gestellt, um, wie sie glaubten, gemeinsam mit US-Truppen in Kuba einmarschieren zu können.

Ein etwa 70-jähriger Kubaner packte mich freundlich an der Schulter und sagte: »Dejeme que le toque, Usted viene de mi tierra« (Lassen Sie mich Sie anfassen, Sie kommen von meiner Erde). Er stellte mich ein paar Tage später im Dade College dem Comandante Huber Matos vor, der vor Monaten sein interessantes Buch *Cuando llegó la noche* (Als es Nacht wurde) veröffentlicht hatte.

Huber Matos gehörte in der Zeit der Revolution 1958/59 zum engsten Kreis um Fidel Castro. Beim Einmarsch der Revolutionäre in Havanna, am 8. Januar 1959, saß er neben Fidel und Camilo Cienfuegos auf dem Armeejeep. Die zunehmende Radikalisierung der Revolution und die Entwicklung Kubas zum totalitären Staat führten jedoch zum Bruch mit Fidel. Huber Matos trat für einen demokratischen Staat mit einem Mehrparteiensystem ein. Fidel enthob ihn seines Postens als Kommandeur von Camagüey, der drittgrößten Stadt Kubas, und ließ ihn ins Gefängnis werfen. Er wurde 1959 zu einer 20-jährigen Gefängnisstrafe verurteilt, die er voll verbüßen musste.

Der Comandante Matos vertritt auch heute noch die These, ihr damaliger Mitkämpfer Camilo Cienfuegos sei im Herbst 1959 gewaltsam von den Castro-Brüdern liquidiert worden. Während eines Fluges in einem Kleinflugzeug ins Zentrum Kubas war er im Oktober 1959 verschollen.

Mich beeindruckte bei Matos vor allem die klare und nüchterne Analyse. Seinen Vortrag fasste er mit dem knappen Satz zusammen: »Die Militärs werden beim Übergang in die Zeit nach Castro eine entscheidende Rolle spielen.«

Die eigentliche Sprecherrolle hatte an diesem Tage aber Ricardo Bofill, der 1985 und 1986 von sich reden gemacht hatte. Bofill war damals einer der bedeutendsten Menschenrechtsaktivisten in Kuba.

Er hatte sich bei Präsident Ronald Reagan bedankt, der die Initiative zur Gründung einer Radiostation für Kuba ergriffen hatte. *Radio Martí* sollte in der Folgezeit zu einer wichtigen Informationsquelle für alle Kubaner werden, ob sie nun in Florida oder auf der Insel lebten. Aber Bofill ging noch darüber hinaus. Er forderte die USA auf, die Frage der Menschenrechtsverletzungen in Kuba vor die Kommission für Menschenrechte der Vereinten Nationen in Genf zu bringen.

Zur Überraschung der kubanischen Oppositionsgruppen beantwortete Ronald Reagan den Brief und die Aufforderung von Bofill. Er drückte darin seine Solidarität mit allen aus, die unter der kommunistischen Unterdrückung litten. Bofill veröffentlichte das Schreiben Reagans. Damit hatte Bofill den Zorn Castros auf sich gezogen. Seine Verhaftung war nur noch eine Frage der Zeit. Als Bofill bei einer Vorsprache in der französischen Botschaft in Havanna bemerkte, dass das Gebäude von Sicherheitskräften umstellt wurde, bat er kurzerhand um politisches Asyl. Zur gleichen Zeit wurde eine Reihe bedeutender Köpfe der kubanischen Opposition verhaftet und in das berüchtigte Gefängnis Villa Marista verbracht. Hierzu gehörten Elizardo Sánchez, Enrique Hernández, Samuel Martínez Lara, Eddy López Castillo und Rodolfo Rivero Caro.

Nach einer Intervention von Präsident François Mitterrand bei Castro wurde Bofill nach halbjährigem Hin und Her freies Geleit gewährt. Er konnte die französische Botschaft in Havanna unbehelligt verlassen. Auch wurden die seinerzeit verhafteten »Dissidenten« auf freien Fuß gesetzt.

Bei unseren Fahrten und Spaziergängen durch Miami stellten wir fest: Kubaner sind ein entscheidender Faktor im Leben des südlichsten Staates der USA. Viele der Ausgewanderten haben es zu Wohlstand gebracht, sind Ärzte, Wissenschaftler, Ingenieure oder Facharbeiter geworden. Sie denken zwar nicht mehr unbedingt an eine Rückkehr, aber an ihre Heimat schon. Die kubanische Sängerin Gloria Estefan, die in Florida lebt, hat es in einem ihrer Songs auf den Punkt gebracht: *La Tierra*. Die Heimaterde ist es, die die Kubaner vermissen.

Für die Kubaner, die auf der Insel leben, verbindet sich mit ihren Landsleuten im Exil Zuversicht, Optimismus, aber auch Angst und Misstrauen. Mit ihren Geldüberweisungen, den *Remesas*, oder ihren Besuchen auf der Insel ist das Exil für die Verwandten in der

Heimat eine wichtige Stütze. Über eine Milliarde Dollar sollen auf diese Weise jährlich vom Norden in den Süden fließen.

Die Überweisungen nutzen aber auch Castro und seinem Regime. Denn die Kubaner kaufen mit diesem Geld in den staatlichen Läden auf Kuba ein. Daher wollte sie US-Präsident George W. Bush im Mai 2004 stark beschneiden und damit, wie auch mit anderen Maßnahmen, das Regime wirtschaftlich treffen. Er löste damit jedoch eine Lawine von Gegenmaßnahmen aus. Castro erhöhte die Preise in den Devisenläden, die er zu diesem Zwecke vorübergehend schließen ließ. Es sollte keine Panik durch Hamsterkäufe ausgelöst werden.

Bush hatte sich erneut verrechnet. Denn die Kubaner reagierten nicht so, wie er erhofft hatte. Sie richteten ihren Zorn nicht gegen Castro, sondern letztlich gegen ihn selbst, den sie als den eigentlichen Verantwortlichen der Verschlechterung ihrer Lage ausmachten.

So sind die Exilkubaner zu einem doppelten Zünglein an der Waage geworden. Einerseits für die Regierung in Washington, da sie zu deren Sieg oder Niederlage entscheidend beitragen können, andererseits für Havanna, das in gewisser Weise auch von ihnen abhängt. Die Machthaber fürchten sie auch noch aus einem anderen Grund:

Fünf in den USA verhaftete Geheimagenten werden in Kuba offiziell als Helden verehrt: »Unbeugsam in ihren Prinzipien und in ihrer Würde« verkündet ein großes Propagandaplakat.

Es besteht die Angst, dass sich nach Fidel alles ändern könnte, dass es einen Ausgleich zwischen Kuba und den USA geben, die Exilkubaner zurückkehren und Entschädigung für ihre Vermögensverluste auf der Insel erhalten könnten. Für viele ist dies ein Albtraum.

Noch gefährlicher erscheint für Castro aber der Einfluss des Exils auf die eigene Bevölkerung. Viele hören *Radio Martí* oder empfangen gar die Fernsehsendungen, die von Miami ausgestrahlt werden. Oft sind es sehr kritische Sendungen, die all das berichten, was in der örtlichen Presse, in den kubanischen Zeitungen oder Zeitschriften verschwiegen wird.

Bestimmte Exilgruppen in Miami, wie zum Beispiel die 1981 gegründete *Cuban American National Foundation (C.A.N.F.)*, unterstützen die Opposition auf der Insel, geben ihr Geld oder Sachzuwendungen. Damit werden die kubanischen Oppositionsgruppen auf der Insel in die Lage versetzt, Schriften zu drucken und zu verteilen oder einfach physisch zu überleben. Eine Reihe von Oppositionsgruppen besitzt eine direkte Unterstützung aus Miami.

Eine andere dieser Gruppen nennt sich *Hermanos al rescate* (Brüder zur Rettung). Sie will unter anderem durch den Abwurf von Flugblättern über der Insel die Bevölkerung zur Rebellion und zum Widerstand aufrufen. Am 2. Februar 1998 starteten mehrere Flugzeuge von Florida aus, um eine solche Mission über Kuba durchzuführen. Sie wurden von aufsteigenden kubanischen Kampfmaschinen abgeschossen. Vier Piloten aus dem kubanischen Exil kamen dabei ums Leben.

Dieser Vorfall wurde zu einem Ereignis, das die Beziehungen Kubas zu den USA und zu den Exilgruppen in Miami noch auf Jahre nachhaltig beeinflusste. Fünf Kubaner in Florida wurden beschuldigt, durch Weitergabe von Informationen an Castro den Abschuss der Flugzeuge der *Hermanos al rescate* ermöglicht zu haben. Sie wurden im Jahre 2001 von einem Schwurgericht in Miami zu Freiheitsstrafen zwischen 15 Jahren und lebenslänglich verurteilt. Einer der zentralen Anklagepunkte war das Ausspionieren anticastristischer Aktionen in den USA, speziell in Florida. Gerardo Hernández, einem der fünf, wurde zur Last gelegt, er habe über Kurzwelle an kubanische Stellen Details über den beabsichtigten Flug einer Cessna durchgegeben.

Kuba verteidigt sich mit dem Argument, in einer Art Notwehr gehandelt zu haben. Die USA hätten von langer Hand einen Angriffskrieg auf die Insel vorbereitet. Sie hätten dabei kubanische Kräfte im Exil eingesetzt. Es sei sehr darauf angekommen, möglichst früh im gegnerischen Bereich Informationen zu sammeln, um geeignete Abwehrmaßnahmen ergreifen zu können. Dies sei die Aufgabe der fünf Agenten gewesen. Sie hätten durch ihre »patriotischen Dienste« das Vaterland vor Schaden bewahrt.

Im *Nuevo Herald* aus Miami lese ich gelegentlich, dass Gruppen von Exilkubanern den Versuch unternähmen, Castro in den USA unter Mordanklage zu stellen. Sie zählen darauf, dass ein Gerichtsverfahren gegen den Diktator die Aufmerksamkeit der Weltöffentlichkeit auf sich lenken würde, ähnlich den Verfahren gegen Augusto Pinochet, Slobodan Milošević oder Saddam Hussein. Aber ihre Petitionen an das Weiße Haus waren bisher erfolglos. Vor einer Anklage gegen ein ausländisches Staatsoberhaupt in den USA wäre die Zustimmung des US-Präsidenten erforderlich.

Fidel Castro hat wiederholt behauptet, dass Exilgruppen in Miami ihm nach dem Leben trachteten. Im Februar 2002 hat er die *C.A.N.F.* explizit eines Mordkomplotts gegen ihn beschuldigt.

Im Frühjahr 2005 widmete Fidel mehrere Auftritte im kubanischen Fernsehen einem Mann, den er für mehrere Anschläge auf Kubaner und auf ihn selbst verantwortlich macht: Luis-Faustino Posada Carriles. Er wirft ihm vor, 1989 die Explosion eines Flugzeuges mit kubanischen Sportlern an Bord über Barbados geplant zu haben. Der Exilkubaner Posada Carriles war 2000 in Panama festgenommen und beschuldigt worden, während eines Gipfeltreffens einen Anschlag auf Fidel Castro versucht zu haben. Er wurde 2004 zu einer Gefängnisstrafe verurteilt, aber kurz darauf begnadigt und auf freien Fuß gesetzt. Es war eine der letzten Amtshandlungen der panamaischen Präsidentin Mireya Moscoso. Kuba brach daraufhin die diplomatischen Beziehungen zu Panama ab. Posada Carriles gelang es, über Mexiko in die USA zu flüchten und dort einen Asylantrag zu stellen.

Mit seinen Fernsehauftritten, einer Pressekampagne dazu und schließlich im Januar 2006 mit einer Massendemonstration in Havanna zielt Castro immer wieder auf die Regierung Bush. Er will sie in eine Zwickmühle bringen. Gibt sie dem Asylantrag von Posada Carriles statt, kann Castro ihr die Unterstützung eines international gesuchten Terroristen vorwerfen. Verweigert sie den Antrag, verärgert sie ihre Unterstützer im kubanischen Exil in Miami. Unterstützt wird Castro dabei vom Präsidenten des kubanischen Parlaments,

Ricardo Alarcón, seinem USA-Spezialisten, der akribisch Fakten zusammenträgt und den juristischen Unterbau liefert.

Die vorletzten Präsidentenwahlen in den USA, in denen George W. Bush an die Macht kam, wurden im Bundesstaat Florida entschieden. Bush hatte hier eine hauchdünne Mehrheit errungen. Dieser Sieg kostete allerdings einen politischen Preis. Er führte zu einer Art Bündnis zwischen dem Weißen Haus und den Aktivisten unter den Exilkubanern.

So konnte im Kongress kein Gesetz mehr verabschiedet werden, das den Interessen der Exilkubaner zuwiderlief. Dafür sorgen eine Reihe von Abgeordneten und Senatoren aus Florida. Einer der einflussreichsten Senatoren ist der Republikaner Lincoln Diaz Balart, der mit Fidels erster Frau, Mirta Diaz Balart, verwandt ist.

Konkret zu spüren war dies bei einem Gesetzesvorhaben über die Aufhebung von Reisebeschränkungen für US-Bürger nach Kuba. 2003 hatte sowohl die Mehrheit im Repräsentantenhaus als auch im Senat dafür gestimmt, US-Bürgern die freie Reise nach Kuba zu gestatten. Die Gesetzesvorlage endete jedoch in der Ablage, noch bevor sie dem Präsidenten zugeleitet wurde. Der Wahlkampf 2004 warf bereits seine Schatten voraus.

Dessen ungeachtet baut Castro auf die US-Touristen. Er glaubt, dass in den nächsten Jahren zwei Millionen und mehr Amerikaner nach Kuba kommen werden. Er fürchtet nicht ihren Einfluss, sondern glaubt umgekehrt, auf sie Einfluss nehmen zu können.

Guantánamo

Vielleicht ist Guantánamo heute nach Havanna der bekannteste Ort in Kuba. Und das nicht erst seitdem die USA des Terrorismus verdächtigte Gefangene dorthin verbracht haben. Die *Guantanamera*, die Frau aus Guantánamo, ist das wohl bekannteste kubanische Lied, jedenfalls im Ausland. Als wir die Stadt Guantánamo in südlicher Richtung verlassen, sind wir gespannt. Werden wir einen Blick auf die *Naval Base*, die US-Marinebasis, werfen können?

Kuba betrachtet sie als sein Territorium, das die USA unrechtmäßig an sich gerissen hätten. Für sie ist der Stützpunkt Guantánamo der letzte Rest US-Kolonialismus, der mit der Unabhängigkeit Kubas von Spanien im Jahre 1898 begann. Die USA entwanden damals den kubanischen Aufständischen, den *Mambises*, den Sieg, indem sie sich in der letzten Phase des Unabhängigkeitskrieges massiv einschalteten und die Kubaner ins zweite Glied zurückdrängten.

Am Malecón in Havanna steht ein Denkmal, das der *Maine*, einem amerikanischen Kriegsschiff, gewidmet ist, das 1898 auf der Reede vor Havanna explodierte und den Anlass für das Eingreifen der USA in den Unabhängigkeitskrieg bot. Haben die USA bewusst ihr eigenes Schiff in die Luft gesprengt, um den begehrten Vorwand zum Eingreifen in das Kampfgeschehen zu erhalten? Nur wenige zweifeln daran. Kuba sollte auf diese Weise in die Einfluss-Sphäre der USA geraten, vielleicht sogar zu ihrer Kolonie oder ihrem Bundesstaat werden.

Was dabei herauskam, war nicht nur eine Ergänzung zur kubanischen Verfassung von 1901, das so genannte Platt-Amendment, sondern auch ein Vertrag über die gegenseitigen Beziehungen vom 23. Mai 1903. Durch ein Übereinkommen der Präsidenten Theodore Roosevelt und Estrada Palma vom 16. Februar 1903 hatten sich die USA Nutzungsrechte gesichert, die sich auf die Bucht von Guantánamo im Osten wie auch auf die Bahía Honda im Westen des Landes bezogen. Dieses Übereinkommen wurde durch eine ergänzende Abmachung vom Juli 1903 erweitert.

Es scheint weithin Unklarheit darüber zu herrschen, ob den USA ein unbegrenztes Nutzungsrecht für Guantánamo zusteht oder ob sie verpflichtet sind, es Kuba zurückzugeben. Oft wird behauptet, den USA stehe nur ein 100-jähriges Nutzungsrecht zu, vergleichbar den Verträgen Großbritanniens bezüglich Hongkong oder Portugals bezüglich Macaos. Die Rechtslage ist in Guantánamo jedoch anders. Nur ein Änderungsvertrag kann den Status des Stützpunktes von Guantánamo modifizieren.

Im Artikel VII des Platt-Amendment heißt es wörtlich:

»Um die Vereinigten Staaten in die Lage zu versetzen, die Unabhängigkeit Kubas zu behaupten und sein Volk zu schützen, wie auch zur eigenen Verteidigung, wird die Regierung Kubas den Vereinigten Staaten auf bestimmten Punkten, die mit dem Präsidenten der Vereinigten Staaten zu vereinbaren sind, das notwendige Gebiet zum Bunkern von Kohle oder zur Errichtung von Marinestützpunkten verkaufen oder verpachten.«

In einem zweiten Vertrag über die Beziehungen zwischen Kuba und den USA, vom 29. Mai 1934, wurde der erste Vertrag vom Mai 1903 aufgehoben und in Artikel III Folgendes festgehalten:

»Soweit sich die beiden Vertragsparteien nicht über eine Abänderung oder Annullierung der Bestimmungen des Vertrags einigen, der am 16. Februar 1903 durch den Präsidenten der Republik Kuba und den Präsidenten der Vereinigten Staaten von Amerika am 23. desselben Monats und Jahres bezüglich der Verpachtung für Kohlenbunker und Marinestützpunkte geschlossen wurde, bleiben die Vorschriften jenes Vertrags bezüglich des Seestützpunktes Guantánamo in Kraft«.

Dies bedeutet, dass das den USA eingeräumte Nutzungsrecht von Guantánamo nur in gegenseitigem Einvernehmen beendet werden kann.

Kuba weist übrigens seit 1959 die Zahlung der von den USA zu leistenden Pacht zurück. Es will auch auf diese Weise gegen die Nutzung des Stützpunkts durch die USA protestieren.

Interessant ist, dass die USA die Souveränität Kubas über Guantánamo nicht in Frage gestellt haben. Sie haben sogar in Artikel III der Vereinbarung der Präsidenten vom Mai 1903 das Fortbestehen der kubanischen Souveränität über Guantánamo ausdrücklich anerkannt. Dennoch ist Guantánamo zu einem Symbol für die von den USA stets angestrebte und teilweise ausgeübte Vorherrschaft in der Karibik und über Kuba geworden.

Als wir in die Nähe des US-Stützpunktes kommen, erfahren wir, dass wir ohne eine Erlaubnis des kubanischen Außenministeriums nicht zu dem Aussichtpunkt fahren dürfen, der uns einen Blick auf das berühmte Territorium gestattet hätte. Ein Posten weist uns höflich aber bestimmt ab. So fahren wir weiter, sehen dann circa einen

Kilometer weiter den Stützpunkt von oben, allerdings schon in so weiter Ferne, dass wir Einzelheiten nicht mehr erkennen können.

Immerhin sehen wir die recht schmale, langgezogene Bucht mit einer Reihe von Gebäuden und mehreren Kriegsschiffen. Wir erfahren, dass kubanische Fischer mit Erlaubnis der USA-Dienststellen die Bucht durchfahren dürfen. Auch hören wir, dass einige Kubaner in Guantánamo Bay arbeiten und ein Vielfaches ihrer Landsleute verdienen. Der *Historiador*, der Stadtkonservator von Guantánamo, hatte uns auch von zwei »Deutschen« berichtet, die auf der Naval Base gearbeitet und Kubanerinnen geheiratet hatten. Dies war jetzt schon über vierzig Jahre her. Wahrscheinlich handelte es sich um US-Soldaten, die in Deutschland geboren wurden und in die USA ausgewandert waren.

Kuba machte trotz dieses Pfahls in seinem Fleische wenig Aufhebens um den US-Stützpunkt. Mich wunderte, dass Raúl Castro nach der Ankündigung der US-Regierung, Mitglieder von Al Qaida nach Guantánamo zu verlegen, nur kurz kommentierte, Kuba sei konsultiert worden und erhebe dagegen keine Einwendungen. Erst viel später, als sich das oberste Gericht der USA mit der Frage beschäftigte, welche Rechte die Gefangenen in Guantánamo hätten, wurde auch das offizielle Kuba wach und erhob Vorwürfe gegen die Regierung Bush. Es war ein willkommener Anlass, die USA, die Kuba immer wieder wegen Menschenrechtsverletzungen anprangerten, ihrerseits auf die Anklagebank zu setzen.

Im Dezember 2004 stellten die Kubaner vor der US-Vertretung an der Ufermauer am Malecón ein großes Plakat auf, das angebliche Folterszenen im US-Gefängnis in Guantánamo und ein großes Hakenkreuz zeigt. Es ist die Antwort auf ein Schild, das der Missionschef Cason neben dem Santa Claus im Vorgarten seines Büros am Malecón aufgestellt hat. Auf dem Schild ist in großen Lettern die Zahl 75 zu lesen, eine Anspielung auf die 75 politischen Gefangenen, die seit 2003 in Kuba einsitzen.

Journalisten witzelten über den »Krieg der Plakate«, der in Havanna ausgebrochen war.

Aber Kuba machte Guantánamo weder zum Gegenstand eines Prozesses vor dem von den USA nicht anerkannten Internationalen Gerichtshof in Den Haag noch zum Angelpunkt einer politischen Kampagne gegen die USA. Im Gegenteil. In Havanna hörten wir immer wieder von dem »guten Einvernehmen«, das zwischen beiden

Seiten an der Grenze herrsche. Kuba hatte nach der Verbringung der Al-Qaida-Leute sogar medizinische Hilfe angeboten.

Havanna will unter keinen Umständen wegen Guantánamo einen Konflikt mit den USA. Es wartet ab, bis sich sein Verhältnis zu den USA grundlegend bessert. Es hofft auf eine gütliche Einigung. Vielleicht haben die Kubaner das unglückliche Agieren der argentinischen Militärregierung vor Augen, welche die Falklandinseln besetzen ließ und sich nach der militärischen Niederlage wieder zurückziehen musste.

Krieg um eine Marke

Mitten in Havanna, ganz in der Nähe des Parque Central, in Richtung des Revolutionsmuseums und des Malecón, erhebt sich ein beeindruckendes Hochhaus, das *Edificio Bacardí*, das nach einer der berühmtesten kubanischen Familien benannt ist. Das Hochhaus, 1930 im Stil des Art déco erbaut, ist Sitz zahlreicher Firmen. Von seinen oberen Stockwerken hat man eine gute Aussicht auf Zentralhavanna.

Der Name Bacardí ist weltweit zu einem Symbol geworden, zum Symbol für einen besonders guten Rum, der ursprünglich allein aus Kuba kam. In Kuba selbst kann man Bacardí-Rum allerdings nicht mehr kaufen, dafür aber *Mulata, Caney* oder *Havana Club*. Insgesamt gibt es in Kuba zwölf verschiedene Rummarken. Der 15 Jahre im Fass gereifte *Havana Club Gran Reserva* ist der bekannteste und wohl der teuerste unter ihnen.

Die Familie Bacardí kam ursprünglich aus dem Badeort Sitges in Katalonien. Eines ihrer Mitglieder, Facundo Bacardí, wanderte nach Kuba aus und ließ sich in Santiago nieder. Von einem Franzosen, der bei ihm eine Schuld zu begleichen hatte, soll er ein geheimes Rezept zur Herstellung eines gleichzeitig starken, aber im Geschmack sanften Rums erhalten haben. Bis dahin gab es weitgehend nur einen starken, aber im Geschmack sehr scharfen Rum aus Jamaica. Facundo gründete im Jahre 1862 zusammen mit seinem älteren Bruder José eine erste Rumfabrik, die unter *José Bacardí y Compañía* firmierte.

So entstand der erste kubanische Rum, der später unter der Bezeichnung *Bacardí 1873* oder *Extra Seco* bekannt wurde und auf der Weltausstellung 1889 in Paris mit einer Goldmedaille ausgezeichnet wurde. Die spanischen Könige machten den kubanischen Rum zu ihrer Hausmarke.

Im kubanischen Unabhängigkeitskampf schlugen sich die beiden Söhne und Erben des 1886 verstorbenen Firmengründers Facundo, Emilio und Facundito, auf die Seite der Aufständischen. Mit der 1898 errungenen Unabhängigkeit Kubas blühte die Firma *Bacardí* auf. 1920 wurde ihr Aktivvermögen auf sechs Millionen Pesos geschätzt. Firmenchef Emilio Bacardí, der 1922 in Santiago starb, gehörte zu Lebzeiten zu den prominentesten und reichsten Bürgern seiner Stadt.

Im Gefolge der Revolution von 1959 wurde das Unternehmen enteignet. Seine Inhaber gingen 1960 in die USA und bauten dort die Firma *Bacardí* auf. In Kuba wurde unterdessen weiter Rum produziert, vor allem der *Havana Club*, der bald Weltruf genoss. 1974 konnte die Außenhandelsfirma Cubaexport ihn erstmals in den USA registrieren lassen. Später erwarb die französische Pernod Ricard die Vertriebsrechte für *Havana Club*.

Ein Streit begann, der bis heute nicht beendet ist. *Bacardí*, geleitet von Exilkubanern in den USA, bekämpfte die Registrierung des *Havana Club* in den USA. Die Firma konnte sich aber nicht durchsetzen. Im Jahre 2003 erklärte die zweite Instanz beim Patent- und Warenzeichenamt der USA die kubanische Registrierung von *Havana Club* für rechtmäßig.

Auf der Insel wurde dies als ein großer Sieg gefeiert. David konnte sich erneut gegen Goliath durchsetzen. Dabei wurde geflissentlich verschwiegen, dass trotz des juristischen Erfolges weiterhin kein *Havana Club* in die USA verkauft werden durfte, weil dies gegen die Sanktionsgesetze der USA verstoßen hätte, welche unter anderem den Import kubanischer Waren verboten.

Die Geschichte von *Bacardí* und *Havana Club* ist nur ein Beispiel für die Auseinandersetzungen zwischen Kuba und den USA im Wirtschaftssektor. Beinahe wären wir 2002 in eine andere Auseinandersetzung dieser Art hineingezogen worden, bei der es um Telefongebühren ging.

Kuba war von den Erben der 1998 auf Befehl Fidels abgeschossenen Piloten der Operation *Hermanos al rescate* auf Schadenersatz verklagt worden. Die Kläger obsiegten vor den angerufenen Gerichten der USA. Kuba wurde zu Schadensersatz in Millionenhö-

Das renovierte Barcadí-Gebäude in Havanna.

he verurteilt, kam aber, wie nicht anders zu erwarten war, der Zahlungsaufforderung nicht nach. Den Klägern gelang die Zwangsvollstreckung in kubanischen Millionenguthaben in den USA, die sich aus Telefonaten zwischen Kuba und den USA ergeben hatten.

Um den Verlust auszugleichen, erhöhte die kubanische Regierung die Telefongebühren für Gespräche mit den USA erheblich. Allerdings musste sie bald feststellen, dass Fernsprechteilnehmer dies dadurch umgingen, dass sie über Drittstaaten Gespräche in die USA führten, also zum Beispiel über Deutschland.

Kuba wollte, dass die Drittstaaten diese Gesprächsmöglichkeiten unterbanden bzw. entsprechende Ersatzzahlungen an Kuba leisteten. Dies trug mir der zuständige Minister allen Ernstes vor. Er zeigte sich enttäuscht darüber, dass die Telekom in Deutschland auf die kubanischen Forderungen nicht einging. Ähnliches hörte ich von Vizepräsident Lage, der im Frühjahr 2002 eine Reise nach Deutschland plante und auf Bereinigung der Angelegenheit im Sinne Kubas drängte.

Da sich unsere Beziehungen zu Kuba in dieser Zeit gerade gut entwickelten, plädierte ich dafür, mit den Kubanern über die Angelegenheit zu sprechen und ihnen nicht auszuweichen. Es kam zu Verhandlungen in New York, die allerdings ohne Ergebnis blieben. Nach dem Besuch von Vizepräsident Lage hörte ich nichts mehr von der Sache. Offenbar hatten die Kubaner eingesehen, dass kein europäisches Land sich derartige Vorschriften machen lässt, zumal die Kommunikationsgesellschaften mehrheitlich privatisiert waren.

Der Fall Roberto

Mit Padre Juan, einem mir gut bekannten Pfarrer, gehe ich ein wenig im Garten spazieren. Das tue ich immer dann, wenn Vertrauliches zu besprechen ist. Denn ich bin mir nicht sicher, ob nicht doch in einer Ecke meines Hauses oder im Telefon eine Wanze versteckt ist oder mich jemand vom Personal abhört.

Padre Juan berichtet mir von Roberto, einem sehr aktiven Mitglied seines Pfarrgemeinderats, ein ehemaliger Arzt, der wegen seines Kirchenengagements entlassen worden war und dessen Frau mit beiden Söhnen seit über drei Jahren in Miami lebt. Der jüngere 17-jährige Sohn sei psychisch krank, die Abwesenheit des Vaters habe sein Leiden verschlimmert. Ein Arzt in Miami rät dringend, die Familie zusammenzuführen. Padre Juan zeigt mir ein entsprechendes Attest.

Er weist mich auf die verschiedenen Eingaben hin, die Roberto, der inzwischen nur noch von Almosen lebt, an verschiedene kubanische Stellen bis hin zum Staatsrat geschickt hat. Keine Antwort, kein Hoffnungsschimmer. »Sie genießen Ansehen, Herr Botschafter, viele Minister gehen bei Ihnen ein und aus. Ich bitte Sie, Roberto zu helfen. Er selbst wird von Woche zu Woche ernster und trauriger. Die Verzweiflung zeichnet sich immer mehr auf seinem Gesicht ab.«

Ich entgegne, dass ich wenige Möglichkeiten der Hilfe sehe. Kuba erlaube medizinischem Personal normalerweise keine Ausreise. Dies wisse ich aus einem anderen Fall. Die Botschaft hätte nach der Heirat zwischen einer Deutschen und einem Arzt die Ausreise zum Zwecke der Familienzusammenführung in die Wege zu leiten versucht. Ohne Erfolg.

Dies erzähle ich dem Padre und füge noch hinzu, dass ich schon gar keine Möglichkeit der Hilfe sehe, wenn weder ein Deutscher noch Personal der deutschen Botschaft betroffen sind.

Padre Juan lächelt: »Sie können es schaffen. Ich werde für Roberto beten, und dann werden Sie es schaffen.« Das Vertrauen, das der Pfarrer in mich setzt, ehrt mich. Nach der nächsten Sonntagsmesse spreche ich mit Roberto und sehe mir die Eingaben an, die er bisher gemacht hat. Ich empfinde sein Anliegen als gerechtfertigt und beschließe, ihm zu helfen.

»Ich werde mit dem zuständigen Gesundheitsminister sprechen. Vielleicht hilft das weiter«, erkläre ich Roberto.

Schon vor langer Zeit hatte ich einen Termin bei dem vielbeschäftigten Gesundheitsminister erbeten. Viele deutsche Institutionen spendeten medizinisches Gerät oder Medikamente für Kuba. Sie taten dies teilweise über die Botschaft. Manchmal klappte es gut, manchmal nicht. Die Spenden waren eines der Themen, die ich ansprechen wollte.

Endlich kam das Gespräch zustande. Seit der Unterhaltung mit Padre Juan in meinem Garten waren mindestens acht Monate vergangen. Ich konnte dem Minister Erfreuliches melden: Zwei Ambulanzen und eine größere Medikamentenspende hatte ich nach dem verheerenden Wirbelsturm *Michelle* besorgen können. Auch spielte Deutschland, dank einer Initiative des Auswärtigen Amts, eine beachtliche Rolle beim Wiederaufbau zerstörter Wohnungen und Häuser, besonders in den Provinzen Matanzas und Villa Clara.

Dies trug ich dem Minister und seinen Mitarbeitern vor. Er bedankte sich freundlich bei mir und schlug mir vor, gemeinsam eine der beiden Ambulanzen dem besonders durch den Wirbelsturm in Mitleidenschaft gezogenen Krankenhaus in Colón, in der Provinz Matanzas, zu übergeben. Ich stimmte dem zu und ergriff die Gelegenheit dieses offenen und freundlichen Gesprächs, auch den Fall Roberto anzusprechen.

»Herr Minister«, begann ich, »ich habe noch ein Anliegen. Dies trage ich Ihnen nicht als Botschafter vor, sondern als Vater von drei Kindern. Ich kenne einen kubanischen Arzt, der eine Frau und zwei Söhne hat, die in den USA leben. Der jüngere Sohn ist psychisch erkrankt. Er leidet vor allem unter der Abwesenheit seines Vaters. Ich möchte Sie bitten, sich seines Anliegens anzunehmen. Ich habe Ihnen ein kleines Dossier vorbereitet, dem Sie alle Einzelheiten entnehmen können.«

Der Minister sah mich an. »Seien Sie beruhigt, Herr Botschafter. Ich werde noch heute Weisung erteilen, mir die Akte herauszusuchen und den Fall studieren.« Wir gingen in angeregter Unterhaltung auseinander. Der Minister begleitete mich bis zum Wagen.

Doch dann geschah monatelang gar nichts. Weder übergaben wir wie verabredet gemeinsam die Ambulanz noch hörte ich irgendetwas in Sachen Roberto. Aber in der Sache der Familienzusammenführung der Deutschen mit dem kubanischen Arzt tat sich etwas. Der Kubaner bekam die Ausreisegenehmigung zu seiner Frau nach Deutschland.

Bald ergab sich eine neue Gelegenheit, in der Sache Roberto nach-
zufassen. Die deutsch-kubanischen Beziehungen waren mittlerweile
von einer Intensität, die es mir erlaubte, mein heikles Anliegen erneut vorzubringen. Bei einer privaten Einladung konnte ich einen
der wichtigsten Männer in der kubanischen Hierarchie unter vier
Augen sprechen. Neben einem Wirtschaftsthema trug ich den Fall
Roberto vor. Zu meinem Erstaunen bekam ich keine Absage, sondern die Anregung, die Sache schriftlich vorzutragen und die Unterlagen, die ich erwähnt hatte, beizufügen.

Dies tat ich noch am nächsten Tage mit einem handgeschriebenen
Brief, den mein Fahrer in das Büro des Adressaten brachte. Am Tag
danach erhielt ich einen Anruf eines engen Mitarbeiters dieser Persönlichkeit. Der Fall werde positiv beschieden, zumal der kubanische Arzt bereits sehr lange im Krankenhausdienst gearbeitet hatte.

Bei einem Frühstück teilte ich dies Padre Juan mit, der sich hoch
erfreut zeigte. »Ich sagte Ihnen doch, Sie schaffen es«, meinte er lächelnd. Ich fügte hinzu, dass er Roberto einen Gruß von mir ausrichten möge, er werde sich trotz allem noch in Geduld fassen müssen, denn nicht nur die Mühlen Gottes mahlten langsam.

Roberto kam schließlich auf die »Positivliste« in der US-Vertretung. Ich habe auch dort noch interveniert, nachdem fast weitere
drei Monate ergebnislos verstrichen waren. Inzwischen ist Roberto
froh vereint bei seiner Familie in Miami. Padre Juan zeigte mir ein
Foto mit seiner Frau und seinen beiden lächelnden Söhnen.

Kuba und die Europäische Union
auf der »Achterbahn«

Deutsche in Kuba

Als ich im März 2001 Santiago de Cuba besuchte, war ich vom Direktor des Rum-Museums angesprochen worden, der mir ein Manuskript zeigte, das aus seiner Feder stammte und die Geschichte eines Hamburger Kaufmanns enthielt, der sich in der zweiten Hälfte des 19. Jahrhunderts in Santiago niedergelassen hatte. Er hieß Hermann Michaelsen und war für seine großen Verdienste um Sport und Kultur in Santiago zum Ehrenbürger ernannt worden.

Michaelsen hatte 1889 in Santiago einen nautischen Sportclub gegründet, dem später auch der Chef des berühmten Hauses *Bacardí* beitrat. Er stiftete eine Musikgesellschaft mit dem Namen *Sala Haydn*, in der er selbst gelegentlich die Begleitung am Klavier übernahm. Auch gelang es ihm, die verwilderte und verlassene Alameda in einen ansehnlichen Stadtpark zu verwandeln. Dieser Park trägt heute noch seinen Namen. Sein soziales Engagement gipfelte schließlich in der Stiftung eines Altenheims in Santiago.

Später erfuhr ich, dass Deutsche im Handel, im Bergbau und in der Landwirtschaft, aber auch in Technik und Wissenschaft Kubas eine wichtige Rolle gespielt hatten. Natürlich ist an erster Stelle Alexander von Humboldt zu nennen, der Kuba 1800 und 1804 insgesamt mehr als vier Monate lang bereiste und über seine Studien in Kuba ein Buch verfasste,[*] das vor allem statistisches Material und Angaben über von ihm vorgenommene geografische Beschreibungen und Messungen enthält.

Lange vor Humboldt waren Deutsche im kubanischen Bergbau tätig. An erster Stelle ist Johann Tetzel zu erwähnen, der bereits 1540 von Venezuela aus die damals reichen Kupfervorkommen in der Nähe von Santiago begutachtete. Er hatte ursprünglich im Dienste der reichen Augsburger Kaufmannsfamilie Welser gestanden. Er

---

[*] Alexander von Humboldt: Essai Politique sur l'Ile de Cuba. Originalausgabe Paris 1826, S. 159; Politischer Essay über die Insel Kuba, herausgegeben und neu übersetzt von Irene Prüfer Leske, San Vicente (Alicante) 2002.

ließ Gesteinsproben aus Kuba in Deutschland analysieren und fand heraus, dass sie bis zu 60 Prozent Kupfer enthielten. Nach seiner Rückkehr nach Kuba im Jahre 1547 engagierte er sich im Bergbau im Gebiet von El Cobre, westlich von Santiago. Er tat dies bis zu seinem Tod 1571.

Ein weiterer wichtiger Deutscher ist Hermann Upmann aus Bremen, der gemeinsam mit seinem Bruder August 1844 die später weltberühmte Zigarrenfabrik im Zentrum von Havanna gründete. Sie wurde danach von den Söhnen bzw. Neffen weitergeführt. Die Upmanns gründeten überdies ein Bankhaus in Havanna.

Deutsche waren aber auch am Eisenbahnbau in Kuba beteiligt. Als erstes Land auf dem amerikanischen Kontinent erhielt Kuba im Jahre 1837 eine Eisenbahnlinie, die dem Transport von Zuckerrohr in der Gegend von Sancti Spiritus im Zentrum von Kuba diente. Ein Jahr später wurde auch eine Bahnlinie für den Personenverkehr von Havanna nach Bejucal gebaut. Maßgebend beteiligt war der deutsche Ingenieur Alfred Krüger, der seit 1835 in Kuba lebte.

Bei der Zuckerproduktion haben Deutsche vor allem im Gebiet von Trinidad investiert. 1860 wurden 44 Zuckermühlen gezählt, die von deutschem Kapital kontrolliert wurden. Besonders bekannt sind die Namen von Richard Fritze und Wilhelm Schmidt, Bankiers aus Bremen.

Unter den Naturwissenschaftlern ist nach Humboldt der aus Marburg stammende Zoologe Johann Christoph Gundlach zu nennen. Er kam 1839 nach Kuba, das er bis zu seinem Tod im Jahre 1896 nicht mehr verließ. Gundlach entdeckte zahlreiche Tier- und Pflanzenarten in Kuba, darunter auch den kleinsten Vogel der Welt, einen Kolibri, Zun Zun genannt. Gundlach gründete auch das erste zoologische Museum auf der Insel und wurde erstes ausländisches Ehrenmitglied der Königlich Spanischen Akademie der Medizin, Physik und Naturwissenschaften. Über sein Werk erschien im Jahre 2002 ein bedeutsames Buch in Deutschland.*

Ein bemerkenswerter Deutscher, der 1856 in Havanna starb, ist Georg Weerth, ein bekannter Dichter des Vormärz, der mit Heinrich Heine befreundet war. Aber auch zu Karl Marx und Friedrich Engels unterhielt er enge Beziehungen und war mit ihnen 1848 an der

---

* Wilfried Dathe, Rosa Maria González López: Johann Christoph Gundlach (1810–1896). Naturforscher auf Kuba. Marburg 2002.

Gründung der *Neuen Rheinischen Zeitung* beteiligt. Er gilt als der erste sozialistische Feuilletonist. Weerth kam erst wenige Monate vor seinem Tode nach Kuba, das er als seinen Alterssitz auserkoren hatte.

Seit 1861 existiert ein Deutscher Verein in Kuba, das *Casino Alemán*, das alle Wirren, auch die beiden Weltkriege, überstanden hat und heute einen Treffpunkt von Deutschen und Kubanern ist.

Die jahrhundertelange Präsenz von deutschen Kaufleuten, Technikern und Wissenschaftlern in Kuba hat wesentlich dazu beigetragen, den Ruf Deutschlands auf der Insel zu festigen.

Nur wenigen Deutschen war es allerdings vergönnt, so nachhaltige Spuren in Lateinamerika zu hinterlassen wie Alexander von Humboldt. Er wird gemeinhin als der »zweite Entdecker« Amerikas bezeichnet, weil er mit seinem umfangreichen Werk über seine Reisen nach Lateinamerika einen wertvollen Beitrag zur Kenntnis über Flora und Fauna sowie über die Menschen der Region geleistet hat.

Der deutsche Gelehrte genießt in Kuba hohes Ansehen. In Havanna hat man ein Gebäude, das eine von der österreichischen und

CASA ALEJANDRO DE HUMBOLDT
Vista exterior
Calle de los Oficios Nº. 254 esquina Muralla
Centro Histórico de la Ciudad de La Habana
Museo de la Ciudad

Das Humboldt-Haus in der Calle de los Oficios der Altstadt von Havanna auf einer Postkarte des Stadtkonservators; hier befindet sich auch eine deutsche Bibliothek, die aus Spenden deutscher Verleger aufgebaut wurde.

deutschen Botschaft eingerichtete Bibliothek enthält, *Casa Humboldt* genannt. Auch gibt es die der Universität angeschlossene *Cátedra Humboldt*, die es sich zur Aufgabe gemacht hat, die deutsche Sprache in Kuba zu verbreiten. Und schließlich gibt es den *Parque Humboldt*, ein Naturschutzgebiet im Osten der Insel.

Kuba ist reich gesegnet mit reizvollen Landschaften. Von der Landspitze Maria la Gorda im Westen bis zur Punta Maisi im Osten wechseln sich Hügelland, weite Ebenen und Gebirge ab.

Der *Parque Humboldt* ist in eine einmalig schöne Landschaft tropischer Vegetation eingebettet. Berghänge und Täler wechseln sich ab, und gelegentlich wird ein Streifen des Meeres mit den vorgelagerten Korallenbänken sichtbar. Dieses Naturschutzgebiet erstreckt sich über weite Gebiete der Provinzen Holguín und Guantánamo. Man erreicht es entweder über die Straße, die von Moa, dem Zentrum des Nickelbergbaus, nach Baracoa führt, oder von Guantánamo über eine reizvolle Gebirgsstraße, La Farola. Wir hatten mehrfach vom *Parque Humboldt* gehört und erhielten schließlich eine förmliche Einladung zu seiner Besichtigung durch das kubanische Ministerium für Wissenschaft, Technologie und Umweltschutz.

Da wir den Gouverneur und den Parteichef von Guantánamo besuchen und uns dort auch zwei Krankenhäuser ansehen wollten, entschlossen wir uns für den Weg über Guantánamo.

Diese Gegend ist für ihr trockenes Klima bekannt. Die Berge, welche den schmalen Küstenstreifen begrenzen, sind durchweg kahl, teilweise auch mit Buschwerk und Kakteen bewachsen.

Ganz anders gestaltet sich die Landschaft, wenn man von der Küste in nördlicher Richtung abbiegt und die Höhen der Farola erreicht hat. Hier wird auf einmal die Vegetation tropisch üppig, die Luftfeuchtigkeit steigt rapide an. Der Reisende hat das Gefühl, in einem ganz anderen Land zu sein. Palmen, Mangobäume, Kaffeesträucher und Kakaobäume säumen die Straßen. Als wir den Rio Miel erreichen, sind wir bereits kurz vor Baracoa, der ersten von Columbus nach der Entdeckung Kubas im Jahre 1492 gegründeten Gemeinde.

Baracoa ist atmosphärisch und durch die Schönheit der Umgebung eine der interessantesten Städte Kubas. Von hier sind es noch etwa 40 Kilometer zum Humboldtpark, den wir am nächsten Vormittag erreichen. Raúl, ein junger kubanischer Biologe, wird uns führen, zunächst in das Seegebiet des Parks, danach in die Bergwelt.

Wir steigen von der Basisstation einen Pfad hinab zur Lagune, die, wie oft in Kuba, durch Korallenbänke vom offenen Meer getrennt ist. Mit einem kleinen, ruhig dahingleitenden Motorboot fahren wir durch die Mangrovensümpfe. Sie sind die Heimat des *Manatí*, der kubanischen Seekuh, die bis zu acht Meter lang werden kann.

Anschließend geht es auf der Straße weiter in Richtung Moa, von dort biegen wir nach links ab und erreichen nach wenigen Kilometern einen Weiler. Hier lassen wir unsere Autos stehen und gehen zu Fuß weiter.

Nun beginnt der Parque Humboldt, mit fast 70 000 Hektar das größte Biosphärenreservat Kubas, Weltkulturerbe der *UNESCO*. Am Fuße des Monte Iberia, der etwas über 700 Meter hoch ist, entfaltet sich der letzte noch verbliebene Primärurwald Kubas, etwa zur gleichen Hälfte auf die beiden Ostprovinzen Holguín und Guantánamo verteilt.

Raúl zeigt uns während einer Rast den kleinsten Frosch der Welt. Er hat die Größe eines Fingernagels. Auch andere seltene Tiere haben in dieser Gegend ihre Heimat: Das Almiqui, ein kleines Säugetier, dessen Körper an eine Ratte und dessen Kopf eher an einen Igel erinnert. Die zahlreichen Buntschnecken, Polimitas, aus denen die Einwohner von Baracoa und der umliegenden Dörfer bunte Halsketten machen. Oder der Carpintero Real, der Königsspecht, der eigentlich als ausgestorben galt, bis man ihn vor einigen Jahren in einem nur schwer zugänglichen Tal im Parque Humboldt wiederentdeckte.

Die Flora des Parks zeichnet sich durch eine besondere Vielfalt von Bäumen und Sträuchern aus. Am auffälligsten ist neben den zahlreichen Palmen die Yagruma, die gelegentlich neben der Königspalme auch als Nationalbaum Kubas bezeichnet wird, mit ihren großen, auf der Unterseite silbrig schimmernden Blättern. Aber auch der rot blühende Flamboyant und mehrere Akazienarten kommen hier vor. Raúl zeigt uns die fleischigen Blätter des Copey, die auch dazu dienten, während des Guerillakampfes Nachrichten in sie zu ritzen und, für den Gegner unauffällig, weiterzugeben.

Als Columbus im Oktober 1492 in der Bucht von Bariyai in der Provinz Holguín landete, bot ihm die Insel einen einheitlichen Anblick: Fast die ganze Fläche, über 90 Prozent des Landes, war von Wäldern bedeckt. Auch Humboldt dürfte Kuba noch so erlebt haben. Erst als man zu Beginn des 19. Jahrhunderts massiv mit dem

Karibikstrand in der Nähe des Ferienparadieses Varadero, zu dem Kubaner keinen Zutritt haben.

Anbau von Zuckerrohr begann, änderte Kuba sein Aussehen. Um 1950 waren nur noch etwa 15 Prozent der Fläche Kubas von Bäumen und Wäldern bedeckt. Mit einem konsequenten Aufforstungsprogramm hat die Regierung mittlerweile weitere 10 Prozent der Fläche für den Wald zurückerobert.

Auf der Rückfahrt überqueren wir den wasserreichsten Fluss Kubas, den Toa, und mehrere kleinere Flüsse, die aus dem Bergland dem Meer zufließen. Einer davon ist der Miel, der einem bekannten kubanischen Film den Titel gab: *Miel para Ochún* (frei übersetzt: Honig für die Götter). Ein junger Emigrant macht sich auf die Suche nach seiner Mutter und findet sie schließlich am Miel, hier im äußersten Osten Kubas. *Ochún* ist die Muttergottheit in der Santería. Der Film von Gutierrez Alea offenbart die geheimen Sehnsüchte vieler Kubaner. Er symbolisiert einerseits die Flucht und Emigration, andererseits die Rückkehr, aber keine Rückkehr in die bittere Realität, sondern in eine Welt, die der Mystik und der *Santería* zugewandt ist.

Besuch von EU-Kommissar Nielson

Januar 2003. Fidel Castro empfängt im gepflegten *Club Habana*, im Westen der Hauptstadt, die Staats- und Regierungschefs aus der Karibik. Er feiert mit ihnen die vor zehn Jahren beschlossene Wiederherstellung der diplomatischen Beziehungen zu Kuba. In seiner Rede kündigt er an, dass Kuba dem Vertrag von Cotonou beitreten werde, in dem sich die europäischen Länder verpflichten, ihre ehemaligen Kolonialstaaten wirtschaftlich bevorzugt zu behandeln.

Damit war ein vorläufiger Schlussstrich unter ein fast dreijähriges Tauziehen zwischen Kuba und der EU gezogen worden. Kuba hatte im Frühjahr 2000 aus Verärgerung über die Haltung der EU in Menschenrechtsfragen seinen ersten Antrag auf Beitritt zum Cotonou-Abkommen – damals hieß es noch Lomé-Abkommen – zurückgezogen und seine Beziehungen zur Union, nicht allerdings zu ihren Mitgliedstaaten praktisch eingefroren. Kurz nach meinem Dienstantritt in Havanna im Januar 2001 hatte mir ein Vizeminister mitgeteilt, dass die Beziehungen zwischen Kuba und der EU praktisch nicht existent seien. Kuba lege keinen Wert darauf.

Aber die Dinge kamen mit dem Besuch des belgischen Außenminis-
ters und Ratspräsidenten, Luis Michel, im August 2001 wieder in
Fluss. Kuba und die EU vereinbarten die Wiederaufnahme des ab-
gebrochenen Dialogs, die mit dem Besuch einer hochrangigen EU-
Delegation Anfang Dezember 2001 auch formell besiegelt wurde.
Allerdings dauerte es dann doch noch ein Jahr, bis sich die Partner
Anfang Dezember 2002 in Kopenhagen zu einer ersten Dialogrunde
trafen.

In diesem Klima des Aufeinanderzugehens reifte erneut der Gedanke an einen Beitritt Kubas zum Abkommen von Cotonou. Die
kubanische Regierung wollte aber den formellen Antrag erst stellen,
wenn sie sicher sein konnte, dass sich ihm keiner der 15 EU-Partner
entgegenstellen würde. Davon konnte Castro im Januar 2003 ausgehen. Die Widerstände aus einzelnen Mitgliedstaaten der Union
schienen überwunden.

Hierbei spielte eine wichtige Rolle, dass Kuba seit fast drei Jahren die Verhängung der Todesstrafe praktisch ausgesetzt hatte, dass
einige der etwa 200 politischen Gefangenen freigelassen worden
waren und Kuba Überlegungen anstellte, dem Sozialpakt der Vereinten Nationen beizutreten. Es zahlte sich auch aus, dass ein kubanischer Minister engen Kontakt zu der EU-Kommission in Brüssel
pflegte. So kam es Anfang 2003 zum kubanischen Beitrittsantrag
zum Cotonou-Abkommen.

Nur wenige Wochen später kam der für Kuba zuständige EU-
Kommissar Paul Nielson nach Havanna, um dort eine diplomatische Vertretung unterhalb der Botschaftsebene zu eröffnen. Sie sollte der EU-Botschaft in Santo Domingo unterstehen und von einem
Geschäftsträger geleitet werden, also vollen diplomatischen Status
erhalten. Nielson nutzte diesen Anlass, um Gespräche mit der kubanischen Regierung zu führen. Diesen Besuch legte ich so aus, dass
es keine größeren Hindernisse mehr für den kubanischen Beitrittsantrag gab. Auch meine europäischen Kollegen gingen davon aus.
Aber es sollte letztlich ganz anders kommen.

Zunächst gab es noch eine diplomatische Irritation, die relativ
glimpflich beigelegt werden konnte.

In schwieriger, nächtlicher Mission

Anfang 2003 hatte Oliver Stone seinen Streifen *Comandante* fertiggestellt, der nun auf der Berlinale die Weltpremiere erleben sollte.
Stone hatte die Festspielleitung dazu überreden können, Castro zu
diesem Ereignis persönlich einzuladen. Castro wollte die Einladung
annehmen und nach Berlin reisen.

Dies teilte mir ein hoher Beamter im kubanischen Außenministerium etwa zehn Tage vor dem Beginn der Berlinale mit. Castro
wolle auf einer Reise nach Kuala Lumpur, wo er an einer Tagung
der Blockfreienbewegung teilzunehmen gedenke im Februar 2003 in
Berlin Station machen. Er bat mich, die Bundesregierung zu unterrichten und um Ausstellung der notwendigen Höflichkeitsvisa für
die kubanische Delegation nachzusuchen.

Selten ist mir in meinem langen Dienst im Auswärtigen Amt eine
Nachricht so in die Glieder gefahren wie diese. Mir war sofort klar,
was dies bedeutete. Würde Fidel die Einladung annehmen, stand
uns ein diplomatischer Eklat mit den USA ins Haus.

Ich musste an meine Zeit als Geschäftsträger in Asunción zurück-
denken. Damals gab es einen ähnlichen Vorgang, nämlich die – von
Bonn gewünschte – Verhinderung der Einladung des Diktators Alfredo Stroessner nach Deutschland. Der Vorgang war ein Albtraum
für jeden Botschafter. Die Angelegenheit konnte schließlich mit Hilfe
des bayrischen Ministerpräsidenten Franz Josef Strauß aus der Welt
geschafft werden. Er sprach eine private Einladung an Stroessner in
die Stadt seiner Vorfahren nach Hof aus, die der Staatschef annahm.
Bonn war damit aus dem Schneider.

Drohte uns jetzt eine ähnliche Situation? Die Entscheidung des
Auswärtigen Amts ließ nicht lange auf sich warten. Die Reise durfte
nicht stattfinden. Verbunden war dies mit einem Appell an mein diplomatisches Geschick.

Hintergrund dieser Reaktion waren die Turbulenzen, in die unsere Beziehungen zu den USA geraten waren, nachdem die Bundesregierung ein klares Nein zu einer möglichen militärischen Beteiligung Deutschlands im Irak ausgesprochen hatte. Diese Haltung
war wesentlich für den Wahlsieg mitbestimmend, den Rot-Grün im
Herbst 2002 errang. Castro hatte unsere Position wiederholt gelobt.
Deutschland stand damit zu Beginn des Jahres 2003 bei der kubanischen Führung hoch im Kurs.

Wie sollte ich die Weisung aus Berlin nur ausführen? Drumherumzureden oder Vorwände zu suchen, hatte wenig Zweck. Am besten wäre ein direktes Gespräch mit dem kubanischen Staatschef. Ich hatte nach den ersten beiden Jahren meiner Tätigkeit das Gefühl, dass er gern mit mir sprach, auch wenn er gelegentlich, wie im Fall unserer Warnung vor dem Dengue-Fieber, einen kritischen Kommentar nicht unterdrücken konnte. Aber insgesamt, so mein Gefühl, stimmte die Chemie zwischen uns.

Das galt auch für Außenminister Pérez Roque, den ich wenige Stunden nach dem Telefonat mit Berlin auf einem Empfang traf. Ich erklärte ihm ohne Umschweife die Bedenken der Bundesregierung gegen die Reise von Castro zum jetzigen Zeitpunkt. Ich wies dabei auf unser Verhältnis zu den USA, unserem wichtigsten Verbündeten, hin. Weitere Belastungen müssten wir vermeiden. Ich bat den Außenminister um Verständnis für unsere Haltung und bot an, Fidel dies persönlich zu erklären.

Der Außenminister sicherte mir sofort seine Unterstützung zu. Es sei wichtig, dass ich selbst mit Fidel spreche. Er werde versuchen, das Gespräch möglichst am nächsten Tag zustande zu bringen. Ich möge mich für den Nachmittag oder für den Abend bereithalten.

Der Nachmittag des nächsten Tages verging, und der Abend brach an, ohne dass ich einen Anruf aus dem Außenministerium erhielt. Mein Rückruf in der Europaabteilung des Ministeriums ergab lediglich, dass »man an der Sache arbeite«. Ich möge mich gedulden. Gegen 22 Uhr erhielt ich schließlich den Anruf, dass ich mich weiterhin bereithalten solle. Damit wurde mir klar, dass ich mich auf eine Nachtsitzung gefasst machen musste. Castro war sicherlich jetzt bei einer Versammlung oder empfing einen Gast, und diese Sitzungen, das wusste ich aus eigener Erfahrung, konnten sich bis in die frühen Morgenstunden hinziehen.

Der Anruf aus dem kubanischen Außenministerium erreichte mich kurz nach Mitternacht. Ich möge mich doch bitte umgehend in das Kongresszentrum begeben. Dort erwarte mich Fidel Castro.

Ohne meinen Fahrer Jorge, dem ich die lange Wartezeit nicht zumuten wollte, machte ich mich auf den Weg. Das Kongresszentrum war nur wenige Minuten von der Residenz entfernt. Die Wachen ließen mein Fahrzeug auch ohne Stander passieren. Sie konnten an der Nummer ablesen, dass es sich um den Wagen des deutschen Botschafters handelte.

Am Treppenaufgang zum Haupteingang erwartete mich bereits eine Ordonnanz, die mich ins Hauptgebäude und danach mehrere Gänge entlang begleitete. Am Ende kam der Europadirektor auf mich zu und führte mich in den für die Besprechung vorgesehenen Raum.

Ich hatte mir auf dem Weg nochmals alle Argumente überlegt, die ich dem Comandante vortragen würde. Meine hauptsächliche Befürchtung war, dass er sich bereits so fest entschieden hatte, dass ihn nichts mehr von seinem Entschluss, nach Berlin zu reisen, würde abbringen können. Damit musste ich rechnen. Denn der von »sturen« galizischen Einwanderern abstammende Fidel konnte sehr hartnäckig sein. Was er sich einmal in den Kopf gesetzt hatte, war nicht mehr zu ändern. Ich machte mich auf das Schlimmste gefasst.

Auch er hätte, wie Berlin es tat, an mein diplomatisches Geschick appellieren und mir auftragen können, eine für beide Seiten »tragbare Lösung« herbeizuführen, also für die Beseitigung der Hindernisse zu sorgen, die seiner Reise nach Berlin im Wege standen. Dann wäre ich in eine hochgefährliche Zwickmühle geraten.

Als ich in den Besprechungsraum gebeten wurde, nahm auch der Europadirektor mir gegenüber Platz und machte eine ernste und nachdenkliche Miene.

Ich malte mir aus, welche Konsequenzen ein wechselseitiges Beharren in Havanna und Berlin haben könnte. Das nahezu unterschriftsreife Kulturabkommen würde wahrscheinlich auf Eis gelegt, die Gründung des Goethe-Instituts auf den Sankt-Nimmerleins-Tag verschoben. Auch wirtschaftlich könnte unsere Ablehnung weitreichende Folgen haben. Die durch zahlreiche Besuchsprogramme vorbereitete Intensivierung unseres Handelsaustausches könnte ins Stocken geraten. Kurzum: Rückschritte bei den mühsam aufgebauten Beziehungen konnten die Folge sein.

Dabei wusste ich, dass Fidel viel von deutscher Technologie und deutscher Forschung hielt. Sein älterer Bruder Ramón hatte mir kürzlich bei einem Empfang in der indonesischen Botschaft verraten, dass sein Vater Angel Castro, der als junger Mann aus dem westspanischen Galizien gekommen war, immer wieder im Ton der Bewunderung von Deutschland und seinen großen technischen Leistungen gesprochen habe. Diese Haltung habe sich auf seine beiden Brüder Fidel und Raúl und auf ihn selbst übertragen.

Fidel trat nach wenigen Minuten ein. Carlos (»Carlitos«) Valenciaga, sein knapp 30-jähriger Büroleiter, und der Chef seiner Leib-

Letzte freundschaftliche Begegnung nach heikler Mission (Januar 2003).

garde begleiteten ihn. Er trug, wie fast immer, die Khakiuniform mit den olivgrünen geschnürten Turnschuhen, die ihm offenbar besseren Halt beim Laufen gaben. Trotz der nächtlichen Stunde wirkte er frisch. Er begrüßte mich freundlich und bot mir den Platz neben sich an.

Mir fiel auf, dass sowohl sein gepflegtes Haar als auch sein etwas schütterer Bart einen blaugrauen Schimmer hatten. Seine Augen waren lebhaft und drückten Wohlwollen aus. Er begann das Gespräch mit einer Entschuldigung für die späte Stunde. Dann erkundigte er sich nach meiner Frau und meinen beiden Söhnen. Ich erzählte ihm, dass wir zu Ostern mit dem Besuch unserer in Deutschland studierenden Kinder rechneten. Wir würden mit ihnen eine Reise durch Kuba unternehmen.

»Me alegro que nuestro país les guste« (Es freut mich, dass Ihnen unser Land gefällt), entgegnete Fidel und kam zur Sache. »Herr Botschafter, ich habe eine Einladung nach Berlin erhalten. Die Reise nach Deutschland könnte ich mit einem Besuch in Malaysia verbinden. Aber ich möchte Ihrer Regierung keine Unannehmlichkeiten bereiten. Daher habe ich mich entschieden, keinen Zwischenaufenthalt in Berlin einzulegen. Sie können dies Ihrer Regierung mitteilen.«

Castro lächelte. Mir fiel bei seinen Worten ein Stein vom Herzen. Offenbar hatte der Außenminister ihm bereits meine Argumente vorgetragen: »Ich weiß, in welche Schwierigkeiten die deutsche Bundesregierung durch ihren Entschluss gekommen ist, sich nicht militärisch im Irak zu beteiligen«, fuhr er fort. »Diese Haltung haben wir sehr begrüßt. Ich verstehe, dass Ihre Regierung jetzt keine weiteren Belastungen im Verhältnis zu den USA wünscht.«

Ich stimmte dem Staatschef zu und sagte ihm, dass wir ein besonderes Verhältnis zu den USA hätten, da sie seit dem Ende des Zweiten Weltkriegs viel für uns geleistet haben. Auch hätte sich Präsident Bush senior sehr für die Wiedervereinigung eingesetzt. Eine weitere Belastung der jetzt angespannten Beziehungen sei nicht in unserem Interesse.

Castro sagte hierzu nichts weiter und ging auf den Irak und auf Saddam Hussein ein. Er kenne die Problematik genau. Er habe Saddam seinerzeit davon abgeraten, in Kuwait einzumarschieren. Denn die Besetzung des Golfstaats sei ein Fehler gewesen. Die Schwierigkeiten, in denen sich Saddam jetzt befände, rührten daher. Bemerkenswerterweise ging Fidel Castro mit keinem Wort auf die abzusehende Invasion der USA im Irak ein. Er meinte nur abschließend, dass der Irak jetzt eine zusätzliche Belastung für eine Region darstelle, die ohnehin schon von starken Spannungen gekennzeichnet sei. Dies könne sich verhängnisvoll auch für die internationale Lage insgesamt auswirken.

Als wir uns erhoben, war es schon fast halb zwei. Castro begleitete mich allein zur Treppe. Wir standen noch einige Minuten zusammen. Lage habe ihn ausführlich über die guten wirtschaftlichen Beziehungen zu Deutschland unterrichtet. Er unterstütze dies. Kuba könne von der deutschen Technologie profitieren. Er verabschiedete mich, indem er eine gute Reise mit der Familie über die Insel wünschte. Es sollte das letzte Gespräch mit Castro unter vier Augen gewesen sein.

Welle der Repression

Im Februar 2003 konnte man auch in Havanna täglich von den Vorbereitungen für einen Waffengang der USA im Irak lesen. Kuba wandte sich vehement dagegen wie bereits gegen das Eingreifen der NATO im Kosovo und den Afghanistan-Einsatz der USA. Unter dem Motto *No al terrorismo, no a la guerra* (Nein zum Terrorismus, nein zum Krieg) fasste Castro seine Haltung zusammen. Die Regierung in Washington glaubte darin eine feindselige Haltung zu erkennen. Öfter sprachen Vertreter der US-Regierung von der »Achse des Bösen«, der auch Kuba zuzurechnen sei.

Unterdessen hatte James Cason, der neue Leiter der US-Interessenvertretung, damit begonnen, kubanische Oppositionelle häufig zu sich nach Hause einzuladen oder zu ihren Treffen in der kubanischen Provinz zu reisen. Er betrachtete dies als eine seiner Hauptaufgaben. Als ich »Jim« kennenlernte, wollte ich ihn indirekt und freundschaftlich warnen und berichtete ihm von meinen Erfahrungen in diesem Zusammenhang.

Aber James Cason wollte andere Akzente setzen. Ihm kam es darauf an, die kubanische Zivilgesellschaft zu stärken und sich deutlich von seiner konzilianten Vorgängerin abzuheben. Er hatte schon bei seiner Ankunft festgefügte Vorstellungen von Kuba. Entsprechend verhielt er sich auch.

Als die USA am 20. März 2003 den Irak angriffen, glaubte zunächst kaum jemand, dass der Krieg in wenigen Tagen mit der Eroberung dieses großen Landes beendet sein würde. Offenbar auch Fidel Castro nicht. Da sich die Welt mit dem Irakkrieg beschäftigte, meinte er, ohne große Rückwirkungen in der Öffentlichkeit anderer Staaten, einen Schlag gegen die Opposition im eigenen Lande führen zu können. Er ließ 75 prominente Vertreter der Opposition verhaften, darunter die auch im Ausland bekannten Journalisten Raúl Rivero und Marta Beatriz Roque.

Am 3. April 2003 fand der erste Prozess gegen die Oppositionspolitiker statt. Meine Vertreterin war früh aufgestanden, um daran teilzunehmen. Sie hatte am Vortag aus dem Außenministerium die Mitteilung erhalten, ausländische Beobachter und Botschaftsvertreter seien zugelassen. Als sie vor dem Gerichtssaal erschien, verweigerte ihr ein Beamter des kubanischen Protokolls jedoch den Zutritt. Auch Angehörige anderer Botschaften waren erschienen, die ebenfalls ohne Begründung abgewiesen wurden.

So waren die Botschaften auf die Informationen angewiesen, die sie teils von Angehörigen der Verhafteten, teils aus den Medien erhielten. Erst später konnten wir auch aus dem Munde von Verurteilten erfahren, was sich an jenem 3. April 2003 hinter den verschlossenen Türen des Gerichtssaals abgespielt hat. Raúl Rivero, einer der bekanntesten Dichter und Journalisten, der zu 20 Jahren Haft verurteilt worden war, gab nach seiner Freilassung und Ausreise nach Spanien Anfang 2004 eine Pressekonferenz in Madrid. Dort berichtete er, dass ihm der Staatsanwalt vorgeworfen habe, ein Gehalt aus den Vereinigten Staaten bezogen zu haben. Dabei bezog er sich auf die Veröffentlichung seiner Kommentare in der in Miami erscheinenden Tageszeitung *El Nuevo Herald*. Auch habe Rivero mit tendenziösen Artikeln, die zum Beispiel in französischen und spanischen Zeitungen erschienen waren, das Ansehen Kubas herabsetzen wollen. Es wurde ihm darüber hinaus die Zusammenarbeit mit der Menschenrechtsorganisation *Reporter ohne Grenzen* vorgeworfen. In den Augen des Gerichts handelte es sich dabei um eine »französische Terrororganisation«, die von der US-Regierung »manipuliert« werde.

Als Rechtsgrundlage für die Verurteilung wurde in seinem wie auch in anderen Fällen der Artikel 91 des kubanischen Strafgesetzbuches herangezogen, wonach jeder, der »gegen die Unabhängigkeit oder die territoriale Integrität Kubas« agiert, mit einer Gefängnisstrafe von bis zu 20 Jahren bestraft werden kann. Weitere einschlägige Straftatbestände enthält das Gesetz Nr. 88, das die Zusammenarbeit mit ausländischen Medien als »Kollaboration« und »feindliche Propaganda« unter Strafe stellt. Schließlich weitete der Staatsanwalt in einigen Fällen die Anklage auch auf »Vergehen gegen die Sicherheit des Staates«, »Spionage« und »Terrorismus« aus.

Rivero war den kubanischen Behörden bereits seit langem ein Dorn im Auge. 1995 hatte er die unabhängige Nachrichtenagentur *Cuba Press* gegründet. Die Informationen, die sie aus verschiedenen privaten Quellen unter erschwerten Bedingungen gewinnen konnte, übermittelte sie meist per Telefon nach Spanien, Mexiko oder in die USA. Dort wurden sie ins Internet gestellt.

Zusammen mit 14 anderen Journalisten hatte Rivero 2002 die erste unabhängige Zeitschrift *De Cuba* (Aus Kuba) gegründet, die es sich zur Aufgabe gemacht hatte, professionell und objektiv über die »Gesellschaft, in der man lebt«, zu informieren. Später, in einem Interview in Spanien, meinte Raúl Rivero, das Ziel seiner Gruppe, der *Sociedad Manuel Sterling*, sei es gewesen, die Gesellschaft zu modernisieren und sie dem absoluten Monopol zu entreißen, das der Staat über alle Bereiche des Lebens ausübe.

Mit Rivero wurde auch Oswaldo Valdés, ebenfalls Journalist und Mitherausgeber der Zeitschrift *De Cuba*, angeklagt. Sehr zur Überraschung seiner Frau Claudia Márquez legte er ein Schuldbekenntnis ab und bat das Gericht, ihm zu einem »neuen Leben« zu verhelfen. Sie erklärte später, ihr Mann sei gefoltert worden und habe unter dem Einfluss von Psychopharmaka gestanden. Er hatte zuvor das Leben in Kuba kritisch kommentiert und sich über die Langeweile beschwert, welche die staatlichen Medien verbreiteten. »In Kuba«, so schrieb er, »weiß man jeden Tag im Voraus, was in der Zeitung steht. Wir leben mitten in einer wunderbaren Transparenz. Wir wissen alles, und das ist schlimm. Es gibt keinen Raum für die Neugierde, für die Forscherlust und das Abenteuer. Es gibt keinen Engel, keinen Teufel und keine Enttäuschungen, weil die Partei auch diese Rätsel verstaatlicht hat.«

Wir Botschafter erfuhren von den Angehörigen der Verurteilten, dass die Angeklagten keine Möglichkeit gehabt hätten, ihre Verteidigung in den Schnellverfahren angemessen vorzubereiten. Die Pflichtverteidiger hätten nur für ein paar Stunden Akteneinsicht nehmen können.

Fidel Castro hatte sich bei dieser Aktion jedoch verrechnet. Der Irak-Krieg war zu Ende, bevor die Urteile gegen die kubanischen »Dissidenten« gesprochen worden waren. Die Verurteilung der 75 zu Haftstrafen zwischen sechs und 28 Jahren, die für die älteren lebenslangen Kerker bedeuteten, wurde mit einer Welle des Protests von Mexiko bis Portugal, von Spanien bis Skandinavien beantwortet. Prominente Schriftsteller wie Carlos Fuentes in Mexiko und der portugiesische Nobelpreisträger José Saramago, die Castro bisher mit Wohlwollen begegnet waren, lehnten die Urteile mit scharfen Kommentaren ab und wandten sich gegen Castro.

Aber es kam noch schlimmer: Als zwei kubanische Verkehrsflugzeuge, die von der Isla de la Juventud gestartet waren, nach Key West vor der Küste Floridas entführt wurden, kam in Havanna dramatische Spannung auf. Würde jetzt eine neue Fluchtwelle zugelassen werden? Sowohl 1980 als auch 1994 hatten Tausende von Kubanern die Insel fluchtartig in Richtung Miami verlassen, als die Regierung dies kurzzeitig erlaubte.

Doch Castro griff diesmal zu drakonischen Maßnahmen. Kurz nach der Entführung der Flugzeuge hatten drei junge Kubaner eine Hafenfähre in Havanna unter ihre Kontrolle gebracht und einen Fluchtversuch unternommen. Sie hatten zwar die Passagiere der Fähre mit entführt, aber keinem ein Haar gekrümmt. Nachdem ihnen auf hoher See der Treibstoff ausgegangen war, brachte man sie zurück. Sie wurden in dem kleinen Hafenstädtchen Mariel westlich von Havanna verhaftet und in einem Schnellverfahren zum Tode verurteilt. Wenig später, ohne dass ihre Verwandten sie noch einmal zu Gesicht bekamen, wurden sie exekutiert.

Die harte Haltung führte zwar zum sofortigen Ende der Entführungen von Luft- und Seefahrzeugen, löste aber gleichermaßen einen Sturm der Entrüstung aus. Obwohl niemand zu Schaden gekommen war, hatte Castro das Moratorium gebrochen, die Todesstrafe wieder verhängt und sofort vollstrecken lassen. Was hatte Castro dazu gebracht, eine derartige Welle der Repression in Gang zu setzen?

Meine kubanischen Gesprächspartner meinten im April und Mai 2003, Kuba müsse sich auf eine Invasion durch die USA im Anschluss an den Irakkrieg gefasst machen. Hierfür suchten sie allerdings noch nach einem handfesten Vorwand. Diesen könnte womöglich eine Massenflucht aus Kuba bieten, da dies die Gefährdung der nationalen Sicherheit der USA hervorrufen könne.

Während überall im Lande Lastwagen und Busse fehlen, hat die Polizei neue Hyundai-Transporter für ihre Spezialeinsätze erhalten.

Davon habe ich nicht viel gehalten. Denn es gab keine Anzeichen für ein derartiges Vorgehen der USA. Schon eher könnte Castro die »75« als eine Art Faustpfand für die fünf in den USA einsitzenden kubanischen »Helden« benutzen, die im Jahre 2001 von einem Gericht in Miami wegen Spionage zu hohen Haftstrafen verurteilt worden waren.

Die kubanische Regierung steht dagegen auf dem Standpunkt, dass die fünf in Wahrnehmung übergeordneter Interessen, vor allem zur Abwehr terroristischer Handlungen gegen Kuba gehandelt hätten, denn Kuba sei wiederholt Ziel terroristischer Angriffe gewesen, die vom Territorium der USA ausgegangen seien.

Der kubanische Ex-General Fabián Escalante behauptet, in Miami werde systematisch der Umsturz in Kuba vorbereitet. Es arbeiteten dort ein Stab von 400 Führungskräften und 4000 Agenten sowie 55 Scheinfirmen. Dem Stab stünden jährlich circa 100 Millionen Dollar aus US-Haushaltsmitteln zur Verfügung.

In Kuba begann etwa um die Jahreswende 2002/03 eine Kampagne zur Freilassung der »fünf Helden«. Auf großen Transparenten, Anschlagtafeln, auf öffentlichen Plätzen, Straßen, ja sogar in den Hotels wurden die fünf dargestellt und wegen ihres patriotischen Einsatzes gelobt. Keine Woche verging, ohne dass nicht auch im Ausland etablierte Komitees zur Freilassung der »Helden« in den kubanischen Medien besondere Erwähnung gefunden hätten.

Castro feierte einen Triumph, als das Berufungsgericht in Atlanta, im August 2005, die Urteile der ersten Instanz aufhob und die Verhandlung an ein anderes Gericht zurückverwies. Die Begründung lautete, die Angeklagten seien in einer aufgeheizten Atmosphäre (in Miami) vor Gericht gestellt worden, die ein faires Verfahren nicht mehr zugelassen habe. Es gehöre aber zu den wichtigsten Freiheitsrechten in den USA, fair und in einer sachlichen Atmosphäre (*noncoercive atmosphere*) vor Gericht zu stehen.

Die ganze Kampagne sollte zugleich von den Problemen in Kuba selbst ablenken. Hier entwickelte sich nämlich eine allgemeine Unzufriedenheit über die sich ausbreitende Wirtschaftsmisere. Als Blitzableiter mussten wieder einmal die kleinen privaten Händler und Produzenten herhalten.

Wir merkten es schon im Februar und auch noch im März 2003, dass die Polizei in Havanna und in der Provinz mit harter Hand gegen Kubaner vorging, die in ihrer Küche, ihrem Hinterhof oder in ihrer Garage Speiseeis, Pizzas, Brot oder andere Lebensmittel herstellten, um sich hiermit einen bescheidenen Lebensunterhalt zu verdienen. Vielen waren im Zuge einer Anti-Drogenrazzia ihre »Produktionsmittel« wie Kühlschränke, Öfen oder Fahrzeuge weggenommen worden.

Auf einer Reise durch die Provinzen Camagüey und Las Tunas bemerkten wir, dass die Straßenhändler, die hier traditionell aus Kondensmilch hergestellte Süßtäfelchen verkauften, verschwunden waren. Als wir Passanten danach fragten, beklagten sie sich über das harte Durchgreifen der Ordnungskräfte gegen diese Händler. Man zeigte uns aber den Weg zur »Quelle«, wo wir dann zu Hause bei den Produzenten die Täfelchen in guter Qualität und ordentlich verpackt kaufen konnten.

Insgesamt hatte sich im Frühjahr 2003 in weiten Teilen Kubas eine gespannte Stimmung ergeben, und wir fürchteten, dass diese sich nun infolge der drei Todesurteile entladen würde. Aber es kam

Polizeirazzia im Rahmen der Anti-Prostitutions-Kampagne am Strand
von Playa del Este.

nicht dazu. Offenbar hatten die Polizei, die Blockwarte der lokalen
Revolutionskomitees und die Kommunistische Partei die Dinge fest
im Griff. Allerdings wurde berichtet, dass Verwandte und Freunde
der Hingerichteten versucht hatten, in Alt-Havanna eine Demonstration zu starten. Dabei soll sogar mehrfach der Ruf »Muerte a Fidel«
(Tod Fidel) erklungen sein. Diese Demonstrationen seien jedoch
schnell von der Polizei aufgelöst worden.

Die EU reagiert

Wir Botschafter der EU hatten uns nach den zahlreichen Urteilen gegen die »Dissidenten« und den drei Todesurteilen am 15. April in der griechischen Residenz getroffen, um hierüber zu beraten. Wir waren gehalten, schnell Empfehlungen an unsere Regierungen abzugeben, welche die Entwicklung in Kuba mit Sorge verfolgten und hierauf zu reagieren beabsichtigten. Von unserem Votum würde die Reaktion zu einem erheblichen Teil abhängen.

Wir kamen überein, drei Maßnahmen vorzuschlagen:
a) die Aussetzung der Besuche von Ministern und Staatssekretären aus der EU,
b) die Verminderung unserer Präsenz bei kulturellen Veranstaltungen in Kuba,
c) halbjährliche Überprüfung des Fortschritts der Demokratisierung in Kuba gemäß dem »Gemeinsamen Standpunkt«.

Mit diesen Maßnahmen glaubten wir einerseits ein Signal zu setzen, dass die EU Kuba gegenüber nicht zur Tagesordnung übergehen wollte – *no business as usual* – andererseits sollte sich Kuba auch nicht veranlasst sehen, zum Beispiel mit einer harten Reaktion uns gegenüber, eine Eskalation von Maßnahmen zu beginnen, die zu einer Gefährdung des bisher Erreichten hätte führen können.

Und wir taten noch Mehr: Wir begannen gemeinsam eine Diskussion mit kubanischen Funktionsträgern über die Menschenrechtspolitik der Regierung, die teilweise sehr eindringlich und heftig geführt wurde. Vielleicht fand die beste dieser Diskussionen mit dem Minister für die Grundstoffindustrie, Marcos Portal, in dessen Büro statt.

Portal plante eine ausgedehnte Europareise und lud die Botschafter der Staaten, die er besuchen wollte, zu sich ein. Meine Kollegen und ich waren der Auffassung, wir sollten den Minister auf sehr wahrscheinliche Fragen zur Menschenrechtspolitik der kubanischen Regierung vorbereiten. Vor allem griffen wir die Problematik der Schnellverfahren auf. Wir rügten, dass die Angeklagten nicht die Möglichkeit gehabt hatten, sich adäquat zu verteidigen. Einige von ihnen hatten nur wenige Stunden Zeit, ihre Akten einzusehen, und mussten die Verteidigung mit einem Anwalt vorzubereiten, der die Akten kaum kannte.

Gegen Ende April 2003 begannen in Europa die Protestaktionen gegen die Repressionen in Kuba. Am heftigsten reagierten französische Journalisten. Es kam zu Protesten vor der kubanischen Botschaft in Paris, bei denen sich sogar einige der Demonstranten an das Gitter der Botschaft ketteten. Dies führte zu Schlägereien mit kubanischem Botschaftspersonal und infolge der hierdurch noch intensiveren Medienberichterstattung zu wachsendem Interesse der europäischen Öffentlichkeit an den Vorfällen.

Die Troika, bestehend aus Präsidentschaft, nachfolgender Präsidentschaft und EU-Kommission, protestierte mehrfach gegen die verhängten Urteile. Sie tat dies erstmals durch eine Demarche ihrer Vertreter vor Ort am 18. April 2003. Die Diplomaten wurden zwar im kubanischen Außenministerium empfangen, ihre Proteste jedoch zurückgewiesen. Die Atmosphäre verschlechterte sich spürbar.

Am 30. April beschäftigte sich ein Gremium der EU mit den Vorgängen in Kuba. In der Lateinamerika-Arbeitsgruppe beschlossen die Beamten, die von den Botschaftern in Havanna empfohlenen drei Maßnahmen gutzuheißen, und vereinbarten darüber hinaus noch als vierte Maßnahme die Einladung der »Dissidenten« zu den Nationalfeiertagen der EU-Mitgliedstaaten in Havanna.

Der Versuch der EU-Troika, Ende Mai 2003 eine entsprechende Note im kubanischen Außenministerium zu übergeben, scheiterte. Das MINREX weigerte sich, die Kollegen zu empfangen. Daraufhin kam die Weisung aus Brüssel, die Note schriftlich ans kubanische Außenministerium zu richten und gleichzeitig zu publizieren.

Wir waren allerdings im Zweifel, ob dies nicht zu weit ging. Die vierte Maßnahme, die Einladung der Oppositionsführer, hielten einige unserer Kollegen in Havanna für bedenklich, weil sie geeignet sein konnte, eine heftige Gegenreaktion der kubanischen Regierung auszulösen, die nicht im Sinne unserer behutsamen Wandlungspolitik war. Vor allem aber brachte sie uns sehr in die Nähe der USA, die genau diese Politik gegenüber der kubanischen Regierung eingeschlagen hatten: Massive Unterstützung der Opposition.

Einige EU-Missionschefs, wie etwa der britische Kollege, folgten frühzeitig dem US-Konzept und luden anlässlich des Geburtstags der Königin Ende April 2003 »Dissidenten« ein, die dann auch erschienen. Die Franzosen folgten diesem Beispiel ab Mitte Mai.

Nun setzte eine Entwicklung ein, die unsere Beziehungen zu Kuba nachhaltig beeinflussen sollte.

Castro dreht an der Schraube

Während wir unsere Bedenken gegen die vierte Maßnahme der Brüsseler Beamten unseren Regierungen gegenüber äußern, meldet sich Fidel Castro zu Wort. Es ist der 5. Juni 2003. Auf einer *Tribuna abierta* (offene Tribüne) genannten Massenveranstaltung in Diez de Octubre, einem Vorort von Havanna, bezeichnet er die EU als »Pandillita« (kleine Bande) und »Mafia«, die den Willen der USA erfülle. Er werde bald darauf zurückkommen. Diese Andeutung verheißt nichts Gutes.

Offensichtlich hat ihn die von mehreren Kollegen bereits vollzogene Einladung der Oppositionellen zu ihren Empfängen in Havanna verärgert.

Die folgende Woche hat es in sich. Am Montag erhalte ich eine Einladung eines anderen EU-Kollegen zu seinem Nationalfeiertag am kommenden Donnerstag. Diese Einladung wird am Dienstag wieder storniert. Am Mittwoch erhalte ich stattdessen eine Einladung des Kollegen für einen *Vin d'honneur*, also einen Empfang zur Mittagszeit. Mehrere EU-Kollegen rufen mich an. Sie äußern sich verwundert über den Kollegen, der offenbar zwei Empfänge geben will: einen für das offizielle Kuba, das heißt die Mitglieder der Regierung und hohe Beamte, den anderen für das diplomatische Corps und die »Dissidenten«.

Angeblich habe der Kollege zum Empfang mit den kubanischen Funktionsträgern auch einige »auserwählte« EU-Kollegen eingeladen. Als ich den Kollegen anrufe, teilt er mir mit, er handle auf Weisung seiner Regierung.

Wie ich abends feststellen kann, hat dies ein außerordentliches Gewitter zur Folge. Castro tritt im Rahmen der Sendung *Runder Tisch* im kubanischen Fernsehen auf. Dort nennt er die Ministerpräsidenten von Spanien und Italien, José Maria Aznar und Silvio Berlusconi, »Faschisten« und wirft ihnen vor, sie seien für die vier gegen Kuba gerichteten Maßnahmen der EU verantwortlich. Dann droht er: Die Botschafter, die kubanische »Dissidenten« zu ihrem Nationalfeiertag einlüden, würden keine Einladung mehr zu einer offiziellen Veranstaltung Kubas erhalten. Auch würden keine Funktionsträger mehr Einladungen der Botschaften wahrnehmen. Dann setzt er den Schlusspunkt: Diese Botschafter seien überflüssig (»sobran«).

Am nächsten Morgen kommt es vor den Botschaften von Spanien und Italien zu Massendemonstrationen. An ihnen nehmen etwa eine Million Kubaner teil. Sprechchöre skandieren »Berlusconi, Fascista! Cuba hay que respetarla!« (Berlusconi, Faschist! Kuba muss man respektieren!). Auf großen Plakaten werden Bilder von Aznar gezeigt. Auf ihnen ist das »z« durch ein Hakenkreuz ersetzt. Fidel ist vor die spanische, Raúl Castro vor die italienische Botschaft gezogen.

An diesem Morgen des 12. Juni muss ich große Umwege fahren. Die Quinta Avenida, die Hauptausfallstraße in den Westen Havannas, ist weitgehend gesperrt, aber auch die Parallelstraßen sind durch lange LKW-Reihen blockiert. Über Schleichwege gelingt es meinem Fahrer, mich doch noch ins Büro zu bringen. Dort verfolgen wir über das Fernsehen die Demonstrationen. Dabei wird ersichtlich, dass nicht alle Demonstranten mit Begeisterung dabei sind.

Als die Straßen wieder einigermaßen frei sind, besuche ich meinen italienischen und meinen spanischen Kollegen in ihren Kanzleien. Bei dem Italiener Elio Menzione treffe ich unseren griechischen »Präsidenten«, Griechenland übt gerade den Ratsvorsitz der EU aus. Elio ist besorgt, wie Rom wohl auf die Beleidigungen durch die kubanische Führung reagieren wird. Ruft man ihn zur Berichterstattung zurück? Wird Rom gar die diplomatischen Beziehungen zu Kuba abbrechen, so wie Uruguay ein Jahr zuvor, als Castro Staatspräsident J. L. Battle beleidigt hatte?

Danach fahre ich zu Jesús Gracia, dem spanischen Botschafter. Er hat die gesamte Demonstration vor seiner Kanzlei in Alt-Havanna in Videoaufnahmen festgehalten und die Bilder nach Madrid geschickt. Wie wird seine Regierung reagieren? Jesús meint, man werde eher Zurückhaltung an den Tag legen, Aznar sei nicht so impulsiv wie Berlusconi.

Nachmittags finden wir EU-Botschafter uns zu einer Sondersitzung zusammen. Wir sind alarmiert, fürchten nach den Ereignissen des heutigen Vormittags eine weitere Eskalation. Müssen wir mit einem Abbruch der diplomatischen Beziehungen rechnen, wenn wir weisungsgemäß »Dissidenten« zu unseren Nationalfeiertagen einladen? Dem Allgemeinen Rat, der morgen in Luxemburg zusammentreten wird, empfehlen wir eine Deeskalierung in Form einer Fünf-Punkte-Erklärung: Einerseits Verurteilung der harten Strafen, andererseits aber auch weiterhin Dialogbereitschaft. Wir nennen dies *constructive engagement*.

Außenminister Pérez Roque empfing 2002 noch CSU-Politiker Carl-Dieter Spranger, den stellvertretenden Vorsitzenden des Auswärtigen Bundestagsausschusses; 2003 werden von ihm die Kontakte eingefroren, gilt die EU offiziell als »Mafia-Bande«.

Als ich am Nachmittag in die Residenz zurückkomme, herrscht Aufregung. Das kubanische Außenministerium habe bereits acht Mal angerufen. Bei meinem Rückruf erfahre ich, dass mich der Außenminister schon morgen Vormittag zu sprechen wünsche.

Von anderen Kollegen erfahre ich, dass auch sie diese Einladung bekommen haben. Mit meiner schwedischen Kollegin, die einen Termin vor mir hat, spreche ich ab, dass sie mich unverzüglich informiert. Dies tue ich auch mit meinem belgischen und meinem portugiesischen Kollegen. Dann ist wieder das MINREX am Apparat. Der Minister müsse den Termin leider auf den Nachmittag verschieben. Auch dies ist mir recht. So gewinne ich mehr Zeit, um weitere Informationen von meinen Kollegen zu erhalten.

Im Laufe des nächsten Vormittags wird mir klar, dass es Außenminister Pérez Roque darauf ankommt, möglichst viele der EU-Botschafter auf die Seite Kubas zu ziehen. Als wir uns dann nachmittags im Außenministerium treffen, ist er sehr freundlich und zuvorkommend. Er bittet mich, Außenminister Joschka Fischer eine persönliche Botschaft zu übermitteln. Ihr Tenor lautet: Kuba befindet sich im Krieg. Es nimmt das Recht auf Selbstverteidigung in Anspruch. Kubaner, die die Sicherheit des Landes untergraben und mit der feindlich eingestellten Regierung der USA zusammenarbeiten, müssten die Härte des Gesetzes erfahren.

Erneut ergreife ich die Gelegenheit, einem Mitglied der Regierung die Verletzung anerkannter Prinzipien des Strafprozessrechts durch kubanische Gerichte vorzuhalten. Schnellverfahren in Prozessen, in denen hohe Strafen zu erwarten seien, dürfe es nicht geben. Auch müssten die Angeklagten und ihre Verteidiger genug Zeit haben, sich auf ihre Verteidigung vorzubereiten. Die erneute Anwendung der Todesstrafe in Kuba habe nicht nur in Europa, sondern auch auf anderen Kontinenten Enttäuschung und Empörung hervorgerufen.

Minister Pérez lässt dies nicht gelten. Er wiederholt das zuvor Gesagte und fügt warnend hinzu, dass er Kuba und die EU wie zwei Züge sehe, die aufeinander zu rasten. Wenn die EU nicht in letzter Sekunde zu einer »vernünftigen« Haltung zurückkehre, sehe er eine Katastrophe heraufziehen. Dies könne nicht im beiderseitigen Interesse sein.

Ich mache ihm klar, dass ich die vier Maßnahmen der EU nicht als Sanktion, sondern als Protest sehe. Die EU hätte, nach allem, was sich im April zugetragen habe, nicht einfach zur Tagesordnung übergehen können. Wir gehen in großer Spannung auseinander. Ich merke, dass keiner von uns Bewegungsspielraum hat.

Wende in der Außenpolitik Kubas

Ein heißer Juli

Die Residenz des französischen Botschafters in Havanna liegt an der Schnittstelle der Ortsteile Vedado und Miramar. Daneben befindet sich die Residenz von Mexiko, nicht weit davon entfernt die Residenz des japanischen Botschafters. Der alte Baumbestand und die Villen der Umgebung weisen diesen Ortsteil als Viertel aus, in dem einst reiche Kubaner lebten.

Mit ungewissem Gefühl haben wir, die Botschafter der Europäischen Union, dem heutigen Tag, dem 14. Juli 2003, entgegengesehen. Es ist der erste Nationalfeiertag eines EU-Staates, an dem die vom EU-Ministerrat förmlich am 16. Juni 2003 beschlossenen Maßnahmen gegenüber Kuba greifen sollen. Der französische Kollege hat, wie vom Rat gefordert, Angehörige der demokratischen Opposition Kubas zu seinem Empfang eingeladen. Werden die »offiziellen« Kubaner ihre Drohung wahrmachen und dem Empfang komplett fernbleiben?

Als ich zusammen mit dem Mitglied des Deutschen Bundestags, Markus Meckel, der sich gerade in Kuba aufhält, die französische Residenz betrete, sehe ich Vladimiro Roca, Elizardo Sánchez und Oswaldo Payá, die drei prominentesten Oppositionellen. Sie halten sich in der Nähe des Leiters der US-Vertretung auf. Neben Botschaftern erkenne ich auch mehrere kubanische Künstler, aber keine Funktionsträger. Fidel hat seine Drohung also tatsächlich wahr gemacht.

Den französischen Kollegen, der gute Beziehungen bis in die Staatsspitze unterhielt und Fidel und andere kubanische Führer mehrfach in seiner Residenz empfangen hatte, trifft dies hart. Er lässt sich nichts anmerken und zeigt als gestandener Diplomat Gleichmut. Aber für ihn und für uns alle hat eine schwierige Zeit in Havanna begonnen.

Es sollte aber noch schlimmer kommen.

Etwa zwei Wochen später, am 26. Juli 2003, finden die Feierlichkeiten anlässlich des 50. Jahrestags des Überfalls auf die Moncada-

Kaserne in Santiago de Cuba statt, womit 1953 die Revolution begann.

Daher war für den 26. Juli 2003 in Santiago eine besondere Rede Fidels zu erwarten. Diese Erwartungen erfüllten sich jedoch nicht. Fidel nutzte die Gelegenheit, um vor allem über das Verhältnis Kubas zur Europäischen Union zu referieren. Es war eine Fortsetzung und Steigerung der Fernsehsendung vom 11. Juni. Mit heftigen Angriffen gegen die EU verwahrte er sich gegen jede Art der politischen Einmischung und lehnte auch »humanitäre Hilfe« ab. Kuba verzichte hierauf gern. Ausgenommen sollten allerdings Hilfen von Nichtregierungsorganisationen bleiben.

Im Klartext bedeutete dies das Ende der amtlichen Entwicklungszusammenarbeit zwischen der EU und Kuba. Im Gegensatz zu den Zahlen, die Castro in seiner Rede nannte (4,5 Millionen Dollar) hatte die EU Kuba tatsächlich seit ihrem Bestehen etwa 165 Millionen Dollar an Entwicklungshilfe gewährt, eine nicht unbeträchtliche Summe.

Der Verzicht Castros kam nicht von ungefähr. Er war auch die Reaktion auf eine Entscheidung des italienischen Parlaments, nach den schweren Menschenrechtsverletzungen die Entwicklungszusammenarbeit mit Kuba aus öffentlichen Mitteln vorläufig einzustellen. So wurde zum Beispiel eine für den Wiederaufbau der in Alt-Havanna gelegenen Plaza del Cristo vorgesehene Summe von fünf Millionen Dollar storniert. Dies traf den *Historiador* Eusebio Leal besonders hart, weil er schon lange mit den Planungen für die Erneuerung dieses wichtigen Stadtviertels befasst war.

Wir schienen insofern nicht betroffen zu sein, als es noch keine amtliche Entwicklungszusammenarbeit mit Kuba gab. Wir hatten seit Jahren an einem entsprechenden Notenwechsel gearbeitet, ihn aber wegen der nicht gelösten Frage der Strafverfolgung unserer Experten in Kuba nicht durchführen können. Wie sich aber später herausstellte, waren wir doch betroffen. Die Kubaner prüften beispielsweise bei Schenkungen sehr genau, aus welchen Mitteln sie erfolgten. Waren Bundesmittel involviert, konnte es geschehen, dass sie die Schenkung ablehnten.

Die Beziehungen zu Kuba drohten sich auch für uns drastisch zu verschlechtern. Alle unsere Bemühungen, vor allem auf dem wichtigen Kultursektor, drohten sich in nichts aufzulösen. Daher entschloss ich mich, dem Staatsoberhaupt einen persönlichen Brief zu

Ruinen in der Altstadt von Havanna machen den Bedarf an Entwicklungshilfe deutlich, doch 2003 wird jede Kooperation mit staatlichen EU-Einrichtungen abgebrochen.

schreiben, in der Hoffnung, auf diese Weise zu einer gewissen Entspannung beizutragen.

In meinem Schreiben gab ich meiner Besorgnis über die Entwicklung der Beziehungen Kubas zur Europäischen Union Ausdruck. Ich bat Castro um ein Gespräch, auch in der stillen Hoffnung, dabei die Lage der Gefangenen aus der Opposition ansprechen zu können. Politiker aus allen im Bundestag vertretenen Parteien hatten mich darum gebeten. Doch Castro beantwortete meinen Brief nicht.

Castro und Mexiko

In der Staatenwelt gibt es wohl nur wenige Nachbarn, die auf Dauer friedlich zusammenleben. Konflikte entstehen meist in Grenzfragen. Auf der arabischen Halbinsel zum Beispiel gibt es keinen Staat, der kein Grenzproblem mit seinen Nachbarn hätte.

Die Nachbarschaft von Kuba und Mexiko, die im großen Golf von Mexiko zusammentreffen, ist hingegen überwiegend von Wärme und Freundschaft getragen gewesen.

Die Partei der Institutionalisierten Revolution stellte bis zum Wahlsieg von Fox im Jahre 2000 über Jahrzehnte durchgängig die Regierung. In der Zeit ihrer Staatsführung war Castro sogar gelegentlich als Held gefeiert worden. Erst etwa ab 1994, mit der Regierung Ernesto Zedillo, begann sich Mexiko für den Schutz der Menschenrechte in Kuba und für die kubanische Opposition zu interessieren. Erstmals empfing Mitte der neunziger Jahre der mexikanische Präsident mit Carlos Montaner einen kubanischen »Dissidenten«. Zuvor hatte sich schon die mexikanische Außenministerin in ihrer Botschaft in Havanna mit kubanischen Oppositionspolitikern getroffen.

Im Frühjahr 2002 kam es dann zu ernsten Spannungen zwischen beiden Ländern, nachdem Mexiko in Genf für die Menschenrechtsresolution gestimmt hatte, mit der Kuba verurteilt wurde.

Mit der Ankunft einer Frau als mexikanische Botschafterin in Havanna glaubten wir Botschafter diese Spannungen nun überwunden. Roberta Lajous setzte sich mit Charme und Energie für eine Verbesserung der Beziehungen ein. Der mexikanische Außenminister, der das Missfallen Fidel Castros erregt hatte, war zudem durch einen neuen Mann ersetzt worden. Gelegentlich hörte man auch von Reisen wichtiger Politiker in das jeweilige Nachbarland.

Aber diese günstige Entwicklung hielt nicht lange an, denn Mexiko stimmte nach der Verurteilung der Oppositionellen auch 2003 für die kubakritische Resolution in Genf und tat dies ebenso 2004, als Kuba nur gegen eine Stimme unterlag. Hätte sich Mexiko der Stimme enthalten, wäre der Inselstaat nicht verurteilt worden.

Dies geschah Mitte April 2004. Wir waren gespannt, wie Castro diesmal reagieren würde. Im Mai stand die EU-Lateinamerika-Gipfelkonferenz im mexikanischen Guadalajara an. Dies wäre eine Gelegenheit für Kuba, seine Meinungsverschiedenheiten mit Mexiko und mit der EU zu relativieren und zur praktischen Zusammenarbeit zurückzukehren, die das Land eigentlich dringend brauchte.

Doch dies war nicht die Art des Comandante. Er benutzte noch im April eine sich bietende Gelegenheit, um Mexiko zu brüskieren.

Ein mexikanischer Geschäftsmann argentinischer Herkunft namens Ahumada hatte sich im Februar 2004 nach Kuba abgesetzt. In seiner Heimat drohte ihm wegen verschiedener Vermögensdelikte, darunter Geldwäsche und Korruption, eine hohe Gefängnisstrafe. In Mexiko zirkulierten Videoaufzeichnungen, die angeblich die Anschuldigungen gegen Ahumada belegen sollten. Man hörte, dass Ahumada dem Oberbürgermeister von Mexiko-Stadt, López Obrador, nahe stehe, der eine aussichtsreiche Kandidatur für das Amt des Staatspräsidenten betrieb. Die Affäre um Ahumada konnte dem Kandidaten politisch gefährlich werden und seine Chancen als Präsidentschaftsbewerber erheblich beeinträchtigen.

Ohne einen Auslieferungsantrag der mexikanischen Behörden abzuwarten, schickte Kuba Ahumada Ende April 2004 nach Mexiko zurück. Außenminister Pérez Roque begründete dies am 28. April 2004 in einer von der KP-Zeitung *Granma* veröffentlichten Erklärung damit, dass Ahumada von Interpol gesucht werde. Außerdem berief er sich darauf, dass der Vorgang um Ahumada »unbestreitbar in einem politischen Zusammenhang zu sehen sei und in der einen oder anderen Weise Beamte und Behörden der (mexikanischen) Regierung beträfe«.

Castro ging noch einen Schritt weiter. In seiner Ansprache zum ersten Mai 2004 warf er der mexikanischen Regierung vor, sie lasse sich ihr Abstimmungsverhalten in Genf von Washington diktieren. Mexikos bisher untadelige internationale Politik sei damit zu einem Scherbenhaufen geworden (»convertido en cenizas«).

In Mexiko riefen die Äußerungen aus Havanna einen Sturm der Entrüstung hervor, da sie als Einmischung in die inneren Angelegenheiten interpretiert wurden. Im Ergebnis forderte das mexikanische Außenministerium den kubanischen Botschafter Bolaños noch am 2. Mai 2004 auf, das Land innerhalb von 48 Stunden zu verlassen. Gleichzeitig rief es seine eigene Botschafterin Lajous zur sofortigen Berichterstattung nach Mexiko zurück.

Dies alles waren keine guten Vorboten für die zwischen der EU und den Staaten Lateinamerikas vereinbarte Gipfelkonferenz, die Ende Mai 2004 in Guadalajara stattfinden sollte. Castro versuchte die Konferenz zu blockieren, zumindest zu stören. Er selbst sagte ab, beauftragte aber auch nicht, wie vorher üblich, Vizepräsident Lage mit seiner Vertretung, sondern schickte »nur« Außenminister Pérez Roque. In einer »Botschaft an das mexikanische Volk« führte er Folgendes aus:

»Die Komplizenschaft der Europäischen Union mit den Verbrechen und Aggressionen der Vereinigten Staaten gegen Kuba durch ihr infames und heuchlerisches Verhalten in Genf (…) lässt sie (die Konferenz) nicht würdig erscheinen, von unserem Volk ernst genommen zu werden.« Die Konferenz sei ohne irgendeinen Inhalt, habe lediglich Protokollcharakter, wobei sich die Europäische Union absolut zu nichts verpflichte, nicht einmal zu dem elementarsten Prinzip der Nichtintervention.«

Castro weist im Weiteren auf die angeblich konzertierte Aktion und den Verrat verschiedener lateinamerikanischer Regierungen gegen Kuba hin, die sich »schändlich den Befehlen der Vereinigten Staaten unterstellt hätten«. Er geht dann auf die Beziehungen Kubas zu Mexiko ein, bei denen es immer noch offene Fragen gebe. Dabei verweist er auf die »ehrlose Anklage«, wonach Kuba sich in die inneren Angelegenheiten Mexikos eingemischt habe.

Kuba hatte sich nun, neben der US-Regierung, den Regierungen der EU und fast allen Regierungen Mittelamerikas, auch noch den traditionellen Partner Mexiko zum Feind gemacht. Hätte es nicht die Achse Havanna–Caracas gegeben, wäre es in der gesamten Region isoliert gewesen.

Die »Achse der Hoffnung«

Trotz, Zorn und Rachegelüste sind keine guten Ratgeber, weder im täglichen Leben noch in der Politik. Schon gar nicht in der Außenpolitik. Aber Fidel Castro hatte sich so über die Europäer geärgert, dass er sie aus seiner außenpolitischen Perspektive ausblenden wollte. Er machte dies in seiner Rede vom 11. Juni 2004 deutlich: Kuba werde sich auf seine »Familie« besinnen, auf die Staaten, denen es sich zugehörig fühle. Er meinte damit weniger die alte afro-kubanische Affinität, auch nicht den Beziehungsstrang in Richtung Ostasien, sondern die Zugehörigkeit Kubas zum lateinamerikanischen Subkontinent.

Seit dem Sieg der Revolution am 1. Januar 1959 bemüht sich Fidel Castro um die Staaten der Dritten Welt. Er ist überzeugt davon, dass in zahlreichen Staaten Asiens, Afrikas und Lateinamerikas die alten, von den ehemaligen Kolonialmächten eingesetzten oder zumindest beeinflussten Regimes neuen revolutionären Kadern Platz machen müssten. Daher sein aktives, bis zum militärischen Eingreifen gehendes Engagement in Äthiopien, Angola und in Zentralamerika, insbesondere Nicaragua.

Ganz auf dieser Linie liegt auch sein Engagement in der Bewegung der Blockfreien. 1961 war Kuba das einzige lateinamerikanische Land, das an der Gründungsveranstaltung in New York teilnahm und diese Bewegung von Anfang an aktiv unterstützte.

Spätestens nach dem Scheitern der von Castro unterstützten Sandinisten in Nicaragua 1990 hat er seine Taktik geändert. Er setzt mehr auf Kooperation mit den (*vorhandenen*) Staaten der Dritten Welt, auf Formen der Zusammenarbeit, die wir als Entwicklungshilfe bezeichnen würden. Hierzu zählt vor allem die medizinische Hilfe. Tausende von kubanischen Ärzten und Krankenschwestern arbeiten mittlerweile in Venezuela, Guatemala, Simbabwe oder Südafrika.

Am westlichen Ortsrand von Havanna ließ Castro 1999 in den Gebäuden einer ehemaligen Marineschule die *Escuela Latinoamericana de Medicina (ELAM)* (Lateinamerikanische Hochschule für Medizin) errichten, in der etwa 7000 Studenten aus über 20 Ländern gratis Medizin studieren und als Ärzte in ihre Heimatländer zurückkehren. Unter den Studenten befinden sich auch stets mehrere Dutzend Nordamerikaner, denen in ihrer Heimat, meist aus finanziellen Gründen, ein Medizinstudium verwehrt ist.

Bei meinem Besuch in der gepflegten ELAM wurde mir gesagt, dass Kuba jährlich pro Student einen Betrag von 12 000 Dollar aufwendet. Das sind 84 Millionen Dollar für 7000 Studenten, ein enormer Betrag für dieses arme Land.

Sicherlich will Castro damit nicht nur humanitäre Hilfe leisten. Er will damit die Errungenschaften der kubanischen Revolution gerade auch den Ländern der Dritten Welt vor Augen führen und hofft auf politische Ausstrahlung seines Systems.

In den neuen Führern Brasiliens und Argentiniens, Lula und Kirchner, vermutet Castro geistige Verwandte, da sie innenpolitische Veränderungen anstreben und außenpolitisch den »Hegemonieabsichten« der USA entgegentreten. Auf dem »richtigen« Weg sieht Castro Venezuelas Präsidenten Hugo Chávez mit seiner Politik für die Armen.

Aus der Sicht Fidels öffnen die Ölmilliarden seines Freundes Chávez den Weg einer »Revolution von oben«, die von der Regierung ausgeht und schrittweise die gesamte Bevölkerung erfassen wird. Dieser neue Ansatz steht im Gegensatz zur Theorie und Praxis von Che Guevara und anderen marxistisch orientierten Revolutionären in Lateinamerika, welche die Revolution von unten, durch Agitation unter verarmten Bauern und marginalen Schichten

Die neue linke Achse Südamerikas: Boliviens Präsident Evo Morales, Kubas Staatschef Fidel Castro und Venezuelas Präsident Hugo Chávez während ihres Gipfeltreffens in Havanna im April 2006.

und gewaltsame Aktionen gegen die Herrschenden, vorantreiben wollten, aber damit letztlich gescheitert sind.

Mit seinem Auftritt vor der juristischen Fakultät in Buenos Aires Ende Mai 2003 hatte Fidel ein klares Signal für seine neue Außenpolitik gesetzt. Argentinien, Brasilien, Venezuela und Kuba sollten eine Achse bilden, die »Achse der Hoffnung« wie es die Zeitung *Granma* formulierte, eine Achse gegen den Neoliberalismus und die von ihm gesteuerte Globalisierung.

In diese Achse sollte auch Uruguay eingeschlossen werden, nachdem die Linke mit dem Sieg des 64-jährigen Arztes Tabaré Vazquez im November 2004 an die Macht gekommen war. Zur Amtseinführung des neuen Präsidenten am 1. März 2005 reiste zwar nicht Fidel, dem seine Ärzte abgeraten hatten, sondern nur seine »Stimme«, der Außenminister Pérez Roque, aber der hatte gleich den neuen Botschafter Raúl Gortázar »mit im Gepäck«, da beide Staaten mit der Amtseinführung des neuen Präsidenten auch die Wiederaufnahme der 2003 abgebrochenen diplomatischen Beziehungen vereinbart hatten.

Außenminister Pérez Roque reiste über Buenos Aires nach Montevideo, wohl auch, um die Verbundenheit mit dem Pampa-Land erneut zu unterstreichen.

Verkehrte Welt: Noch drei Jahre zuvor hatte Fidel Argentinien und seinen Präsidenten de la Rúa von der Radikalen Partei heftig kritisiert und beleidigt. Er hatte ihnen den Schuldenberg, die Misswirtschaft und die Abhängigkeit von den USA und dem *Internationalen Währungsfonds (IWF)* vorgerechnet. De la Rúa hatte er einen »Lamebotas«, einen Stiefellecker, der USA genannt. Argentinien hatte daraufhin seinen Botschafter aus Havanna zurückgerufen, während der kubanische Botschafter in Buenos Aires weiter seinen Amtsgeschäften nachging.

Aber diese Episode war nun, Ende Mai 2003, nach der großen Umarmung mit dem Peronisten Néstor Kirchner vorbei. Castro hatte es sich nicht nehmen lassen, an der Amtseinsetzung des neuen Präsidenten teilzunehmen. Argentinien war mit einem Schlage wieder »in«, ja es sollte nach dem Willen von Fidel Castro zum privilegierten Partner Kubas werden.

Dabei hatte Castro auch im Auge, eine möglichst enge Bindung zu dem aus seiner Sicht erfolgreichen *Mercosur* einzugehen, der Wirtschaftsgemeinschaft aus Argentinien, Brasilien, Paraguay und Uruguay, mit dem sich bereits sechs Staaten, nämlich Bolivien,

Chile, Ecuador, Kolumbien, Peru und Venezuela assoziiert hatten. Uruguay unter seinem konservativen Präsidenten Batlle hatte sich dem widersetzt. Mit der Machtübernahme durch eine linke Koalition am 1. März 2005 in Montevideo war dieses Hindernis nun auch entfallen.

Die Vollmitgliedschaft Venezuelas im *Mercosur*, im Herbst 2005 beschlossen und seit Januar 2006 stufenweise gültig, ist ein großer Schritt in die Richtung der von Fidel Castro betriebenen Achsenbildung in Lateinamerika. Die Mitgliedstaaten erhoffen sich auf diese Weise, an dem Ölsegen ihres Partners Venezuela teilhaben zu können. Damit verbunden ist auch der in Südamerika verbreitete Traum vom großen Wirtschaftsboom nach dem Vorbild der EU und der Tigerstaaten Asiens.

Ein weiterer Bundesgenosse in der Region ist der bolivianische Oppositionspolitiker Evo Morales. Seine Bewegung, die ihre Wurzeln bei armen Bauern und anderen sozial benachteiligten Schichten hat, wird massiv von Chávez und Fidel Castro unterstützt. Nach seinem Wahlerfolg im Dezember 2005 in Bolivien ist dies ein weiterer strategischer Sieg für die beiden »Ingenieure der Achse«.

Für Kuba könnte sich das auch wirtschaftlich auszahlen. Am Rande des Besuchs, den der argentinische Außenminister Bielsa Kuba im Oktober 2003 abstattete, war davon die Rede, dass Kuba mit dem *Mercosur* ein Handelsabkommen mit der Einräumung der Meistbegünstigung erhalten könnte.

Einen noch größeren Stellenwert als die von Castro erwünschte Partnerschaft mit Argentinien hat die engere Zusammenarbeit mit Brasilien. Der Wahlkampf 2002 in Brasilien und die Wahl von Ignacio »Lula« da Silva zum Präsidenten waren in Kuba anfangs mit Interesse, später mit Begeisterung verfolgt worden. Das Ziel Lulas, das Elend auf dem Land und in den Armenvierteln der Städte zu beenden und den Landlosen Boden zuzuteilen, erschien auch in Kuba revolutionär, und mit Revolutionen, zumal sie sozialer Art und »links« waren, ließ man sich gern ein.

Der Besuch Lulas in Havanna Ende September 2003 war eine Sensation. Castro hatte Lula 1986 als Gewerkschaftsführer kennengelernt und hegte seither Sympathien für ihn. Etwa zur gleichen Zeit hatte Brasilien unter Präsident José Sarney die seit den sechziger Jahren durch die brasilianische Militärdiktatur unterbrochenen diplomatischen Beziehungen zu Kuba wiederhergestellt.

Castro bewunderte an Lula vor allem auch sein distanziertes Verhältnis zum außenpolitischen Ziel der USA, eine ganz Amerika umfassende Freihandelszone, die *ALCA*, zu errichten. Für Castro bedeutete *ALCA* die Zementierung der US-Hegemonie, ja die »Annexion« von Lateinamerika. Insofern trafen sich mit Lula und Castro zwei Führer, die in eine ähnliche Richtung dachten.

Aber Lula war in dieser Hinsicht viel vorsichtiger als Castro. Von ihm hörte man in Havanna keine negativen Äußerungen zu dem Vorhaben Washingtons. Lula war darauf bedacht, den mit seiner Reise nach Kuba bereits entfachten Argwohn der USA nicht weiter zu schüren.

Mit geschickter Öffentlichkeitsarbeit verstand es Lula, den Eindruck zu erwecken, der Besuch in Havanna sei ein Treffen alter Freunde und habe vor allem eine sentimentale Wurzel. Dass dabei noch eine Reihe wirtschaftlicher Übereinkommen geschlossen wurden, tat dem keinen Abbruch. Im Gegenteil: Die USA hatten etwa zur gleichen Zeit die Wirtschaftsbeziehungen zur Insel wiederentdeckt und lieferten Waren für über eine halbe Milliarde Dollar nach

Die Ablehnung einer lateinamerikanischen Freihandelszone ist an vielen kubanischen Hauswänden deutlich ablesbar: »Nein zur ALCA!«

Havanna. Wirtschaftbeziehungen konnten daher in den Augen Washingtons nichts Anstößiges sein.

Lula gelang aber noch ein anderes Meisterstück. Alle Welt erwartete von ihm ein öffentliches Eintreten für die Menschenrechte gegenüber Castro und, dem Beispiel des mexikanischen Präsidenten Fox folgend, ein Treffen mit »Dissidenten«. Dies aber hätte erhebliche Verstimmung auf Seiten Castros ausgelöst. Lula entschied sich daher dafür, in seinen drei Gesprächen mit Fidel Castro die Menschenrechte anzusprechen und dies auch später verbreiten zu lassen, sich aber nicht mit kubanischen Oppositionspolitikern zu treffen. Stattdessen kam er mit Kardinal Ortega und anderen führenden Geistlichen der katholischen Kirche Kubas zusammen. Auch das ließ er kräftig publik machen.

Bei seinen Kontakten mit der katholischen Kirche Kubas konnte er sich auf seinen neu ernannten Botschafter in Havanna stützen, der zunächst Priester gewesen war und mit kubanischen Geistlichen an der *Gregoriana* in Rom studiert hatte. Aus dieser Zeit verfügte er über sehr gute Beziehungen zum kubanischen Klerus.

Während der für Castro so wichtigen Besuche aus Südamerika wurden weder von argentinischer noch brasilianischer Seite die »eingefrorenen« Botschafter der EU eingeladen. Die Gäste respektierten auch hier die kubanischen (oder besser: Castros) Empfindlichkeiten.

Typisch Fidel: Der Fall Molina

Der neue argentinische Botschafter, Raúl Taleb, der im Herbst 2003 sein Amt in Havanna angetreten hatte, war kein Karrierediplomat. Seine Vorfahren waren aus Syrien und dem Libanon eingewandert, er selbst stammte aus der Provinz Entre Ríos, die durch den breiten Uruguay-Fluss vom Nachbarland gleichen Namens getrennt war.

Als ich in Buenos Aires auf Posten war, hatte mich meine erste Dienstreise nach Entre Ríos geführt. Eine Beethoven-Büste sollte enthüllt werden, und so machte ich mich auf den langen Weg in das Städtchen Gualeguaychú an der Grenze zu Uruguay. Die deutschen Siedler, darunter auch zahlreiche Russlanddeutsche, fühlten sich geehrt, dass jemand von der Botschaft aus dem über zehn Autostunden entfernten Buenos Aires zu ihnen gekommen war.

Dies erzählte ich meinem argentinischen Kollegen, als er mir im November 2003 seinen Antrittsbesuch machte. Fortan entwickelte sich eine enge Beziehung zu Raúl Taleb, der mir bald von seinen Plänen in Bezug auf Kuba berichtete. Ihn interessierten vor allem die Handelsbeziehungen, aber auch die wissenschaftliche Zusammenarbeit. Kaufleute, Ingenieure und sogar Universitätsrektoren aus dem Land am La Plata kamen bald in immer größerer Zahl nach Kuba. Argentinische Agrarprodukte, Mais, Weizen und vor allem das hier so geschätzte Fleisch sollten bald wieder in Kuba zu haben sein.

Während sich die Botschafter der EU mittlerweile im »Dauerfrost« befanden, war der argentinische Botschafter ein gesuchter Gesprächspartner der Kubaner. Man sah ihm seinen Stolz gelegentlich ein wenig an, wenn er wieder einmal von einem Treffen mit dem Außenminister oder sogar, im Rahmen einer wichtigen Delegationsreise aus seinem Land, von einer Begegnung mit Fidel Castro berichtete.

Anfang 2004 besuchte sogar der Gouverneur der Provinz Entre Ríos, Jorge Busti, die Karibikinsel. Wir luden ihn gemeinsam mit unserem Kollegen zu einem Mittagessen ein. Busti, wie Raúl Taleb Mitglied des Partido Justicialista, also der Peronisten, war ein enger Vertrauter von Präsident Nestor Kirchner. Taleb wiederum war eng mit Busti befreundet. Offenbar verdankte Taleb seinen neuen Posten dem Gouverneur von Entre Ríos.

Während des Essens stellte sich heraus, dass Präsident Kirchner einen Besuch in Kuba plante. Diese durchaus heikle Angelegenheit – in der argentinischen Öffentlichkeit hatten die Repressionswelle 2003 in Kuba und die Aburteilung von Oppositionspolitikern zum Teil heftige Reaktionen ausgelöst – sollte von Busti und Taleb mit den Kubanern vorbesprochen werden.

Aber bald hieß es, Kirchner habe seine Reise verschoben. Wollte er, auch im Hinblick auf die bevorstehenden schwierigen Verhandlungen zur Umschuldung argentinischer Verbindlichkeiten mit dem IWF, die einflussreichen USA ruhig stellen? In Washington hätte man den Besuch mit Sicherheit negativ gewertet und dies die Argentinier auch spüren lassen.

Die Verschiebung der Reise tat aber den sich gut entwickelnden argentinisch-kubanischen Beziehungen keinen Abbruch. Im Gegenteil. Sie gestalteten sich immer intensiver. Unser Freund Taleb musste auf manche Einladung zu Kollegen verzichten, denn die Betreuung von Delegationen aus seinem Land hatte natürlich Vorrang.

Anfang Dezember 2004 hörten wir, dass der argentinische Botschafter zur Beerdigung seiner Mutter nach Entre Ríos geflogen sei. Ich hatte das Beileidsschreiben an ihn noch nicht abgeschickt, als eine kubanische Ärztin, Hilda Molina, für Schlagzeilen sorgte. Sie hatte sich nach vergeblichen Eingaben an die kubanische Staatsführung schließlich an Präsident Kirchner gewandt. Sie wollte ihren Sohn, der als Arzt in Argentinien tätig war, besuchen und sich, wie vermutet wurde, nach Argentinien absetzen.

Der Fall hatte erhebliche Brisanz. Die 61-jährige Molina gehörte einst zu den führenden kubanischen Ärzten und Wissenschaftlern. Die Neurochirurgin hatte 1987 als erste Frau eine Transplantation von Gehirngewebe vorgenommen und war von 1989 bis 1994 Direktorin des *CIREN*, des Internationalen Zentrums für neurologische Restauration. Molina war mit Auszeichnungen überhäuft worden. 1993 war sie Abgeordnete des kubanischen Parlaments geworden. Fidel Castro hatte sie immer wieder als eine herausragende Persönlichkeit gelobt. Hilda Molina war gewissermaßen die Symbolfigur für das fortschrittliche kubanische Gesundheitswesen.

Dies sollte sich aber ändern. Als Molina in den Augen der Partei eigenmächtig zu handeln begann und den Umgang mit aus menschlichen Embryonen gewonnenen Zellen kritisierte, bekam sie zusehends Schwierigkeiten. Die Heirat ihres Sohnes mit einer Argentinierin und seine anschließende Flucht nach Argentinien 1994 brachten das Fass zum Überlaufen. Dr. Molina wurde jetzt öffentlich kritisiert und verlor ihr Amt. In einer spektakulären Aktion gab sie 1996 alle ihre Orden und sonstigen Auszeichnungen zurück. Die Ärztin fiel in die tiefste Ungnade. Sie durfte Kuba nicht verlassen.

Seitdem hatte Hilda Molina immer wieder den Versuch unternommen, nach Buenos Aires zu reisen. Alle ihre Bemühungen schlugen jedoch fehl. Im Jahre 2004, angesichts der sich gut entwickelnden Beziehungen ihres Landes zu Argentinien, glaubte sie an eine neue Chance. Sie forcierte ihr Anliegen.

Die argentinische Führung, die sich von Zeit zu Zeit wieder der Reise Kirchners nach Kuba zuwandte, erblickte eine gute Chance, die argentinische Öffentlichkeit, die dieser Reise ablehnend gegenüberstand, zu besänftigen. Würde Molina Kuba verlassen und ihre Angehörigen in Argentinien besuchen dürfen, wäre dies ein gutes Vorzeichen für den Besuch gewesen. Auch glaubte die Umgebung Kirchners, in völliger Verkennung der Persönlichkeitsstruktur des kubanischen Staatsoberhaupts, die jetzt stark verbesserten Beziehungen würden auf kubanischer Seite zu einem Akt staatsmännischen Entgegenkommens führen. So entschloss sich Präsident Kirchner im Herbst 2004, Fidel Castro zu schreiben und ihn zu bitten, Molina ausreisen zu lassen. Aber Castro reagierte nicht. Die Führung in Buenos Aires wurde immer nervöser.

Kurz vor Weihnachten 2004 war die Ärztin zusammen mit ihrer Mutter in die Residenz des argentinischen Botschafters gefahren. Sie war entschlossen, bis zum Äußersten zu gehen und, einmal auf dem Botschaftsgelände, um politisches Asyl zu bitten.

Aktionen dieser Art hatte es in Kuba immer wieder gegeben. Am spektakulärsten war bekanntlich die Flucht Hunderter von Kubanern in die peruanische Botschaft 1980 gewesen. Aber auch zu uns flüchteten sich 1994 fast 100 Kubaner, von denen etwa 20 fast ein Jahr auf dem Botschaftsgelände zubrachten und denen am Ende freies Geleit ins Ausland gewährt wurde. Der letzte Fall war 2002 das gewaltsame Eindringen von Kubanern in die mexikanische Botschaft.

Fidel Castro hatte immer wieder gewarnt und noch 2002 erklärt, dass diejenigen, die sich in eine ausländische Botschaft flüchteten, kein Pardon bekämen und auf keinen Fall ausreisen dürften.

Molina konnte nach einigen Stunden vom argentinischen Geschäftsträger – der Botschafter befand sich in Argentinien – überzeugt werden, das Botschaftsgelände zu verlassen. Aber Schaden war entstanden. Havanna gab eindeutig zu verstehen, dass man Molina nicht ausreisen lassen würde, bot aber gleichzeitig »freies Geleit« für den Sohn an, falls er seine Mutter in Kuba besuchen wolle.

In Argentinien begann sich die Presse mit dem Fall zu beschäftigen. Die angesehene Zeitung *La Nación* widmete der Angelegenheit Molina mehrere Seiten. Es kam zum Skandal.

Präsident Kirchner, der auf eine positive Reaktion Castros gehofft hatte, fühlte sich brüskiert und tief enttäuscht. Er, der Könige und andere Staatsoberhäupter warten ließ, kurzfristig den Empfang hoher Staatsgäste absagte, der lang geplante Veranstaltungen mit ihm im In- und Ausland platzen ließ, sah sich nun zum ersten Mal als »Opfer« eines unbeugsamen Gegenspielers. Durch die Abfuhr Castros fühlte er sich geradezu gedemütigt. So glaubte er, durch eine spektakuläre Aktion sein beschädigtes Image wieder aufbessern zu müssen. Zunächst war die Absetzung von Außenminister Bielsa im Gespräch, aber der sollte 2005 die Präsidentschaft in der *UNO*-Generalversammlung übernehmen und war daher unentbehrlich. So fiel die Ungnade auf Botschafter Taleb und einen hohen Beamten im Außenministerium.

Wir gaben für Raúl Taleb ein Abschiedsessen. Er war nach dem Spanier, dem Peruaner und der Mexikanerin im Jahre 2004 der vierte Botschafter, der nach kurzer Amtszeit und infolge diplomatischer Verwicklungen Kuba verlassen musste. Er erzählte uns, er würde außenpolitischer Berater des Gouverneurs von Entre Ríos werden und nach Paraná, der Hauptstadt der Provinz, zurückkehren. Er wusste nicht, dass bald wegen des geplanten Baus von zwei Papierfabriken auf der uruguayischen Seite des Grenzflusses ein anderer diplomatischer Konflikt entstehen würde, in dem er eine wichtige Rolle spielen sollte.

Freund Diego Maradona

Im Herbst 2005 las ich zu meiner Überraschung in einer der großen deutschen Tageszeitungen, dass Diego Maradona, der argentinische Fußballstar und »Fußballer des 20. Jahrhunderts«, in Havanna ein Interview mit Fidel Castro geführt hatte. Es sei sogar verkürzt von einigen internationalen Fernsehsendern ausgestrahlt worden. Castro habe sich mit einem Fußball und Maradona in einer olivgrünen Uniformjacke abbilden lassen.

Wenige Wochen danach, im November 2005, las ich, dass Diego Maradona gemeinsam mit Chávez und dem Führer der bolivianischen Opposition Evo Morales im argentinischen Mar del Plata an einer Massendemonstration gegen die von den USA propagierte Freihandelszone teilgenommen hatte.

Diego Maradona im Dienste von Castro und Chávez?

Ich hatte den Fußballstar 2003 im diplomatischen Golfclub von Havanna kennengelernt. Er erschien dort fast regelmäßig und bewegte sich meist mit einem Golfkart, da er damals Schwierigkeiten mit dem Laufen hatte. Einmal übergab er mir einen Ball, den ich verschlagen hatte, und wir kamen ins Gespräch.

Wenige Wochen später kam er zu uns in die Residenz zum Mittagessen. Er war bester Stimmung, ließ sich gern fotografieren und verteilte Autogramme. Meinen Söhnen schenkte er einen handsignierten Fußball und uns einen Rotwein *Diego Maradona*, den wir als Kuriosität bis heute aufbewahren.

Was führte den Sportler nach Kuba?

Kurz geantwortet, eine Einladung von Fidel Castro. Maradona sollte sich im gesundheitsbewussten Kuba von all seinen Süchten und Krankheiten auskurieren. In der feinen Entziehungsanstalt *La Pradera*, im Westen Havannas, bewohnte er eine Suite. Dabei genoss er viel Freiheit und durfte auch den einzigen Golfplatz Havannas nutzen.

Für Castro war er ein Propaganda-Hit. Allen Fußballfans konnte er damit beweisen, welch guten Ruf das kubanische Gesundheitswesen hat und wie er sich um den armen, gefallenen Helden des lateinamerikanischen Fußballs bemühte. Damit konnte er nicht nur bei den *Muchachos* (Jungen) am Rio de la Plata Punkte machen.

Aber die Sache drohte sehr peinlich zu enden. Maradona erlitt 2004 einen Zusammenbruch. In Buenos Aires rang er tagelang mit dem Tode, konnte jedoch dank argentinischer Ärzte im Hospital Suizo gerettet werden. Die Kur in Kuba entpuppte sich als Farce, sie hatte Diego Maradona nicht nur keinen Nutzen gebracht, sondern ihm die Rückkehr ins Lotterleben von einst ermöglicht und seine Gesundheit schwer gefährdet.

Wir dachten nun, dass sich die Episode Kuba damit erledigt hätte. Weit gefehlt! Maradona kehrte, wiederum auf Einladung Castros, nach Kuba zurück. Diesmal wurde er allerdings unter Quarantäne gestellt, und zwar im Zentrum für seelische Gesundheit *(CENSAM)* in Atabay, im Westen Havannas. Ganz in der Nähe von Fidels geheimer Residenz befand er sich dort unter strenger militärischer Aufsicht.

Dort besuchten meine Frau und ich ihn Ende 2004 gemeinsam mit dem argentinischen Botschafter. Ein Major empfing uns an der Eingangspforte. Unsere Namen und Dokumente wurden registriert. Der Offizier brachte uns dann zu einem Bungalow, in dem wir zunächst einem kubanischen Sicherheitsbeamten in Zivil, dann einem argentinischen Berater des Stars, seiner Schwester und seiner Verlobten vorgestellt wurden.

Danach erschien Maradona, wie immer guter Laune, aber schwer auf den Beinen. Seine damals große Körperfülle machte ihm sehr zu schaffen. Im Schaukelstuhl auf der Terrasse berichtete er uns von der Diät, die man ihm verordnet hatte, und von der strengen Aufsicht, unter der er stand. Scherzhaft wandte er sich dabei auch an seine Verwandten im Hintergrund.

Argentiniens Fußballstar Diego Maradona weilte wiederholt zu medizinischer Behandlung in Kuba; Besuch beim deutschen Botschafter im März 2004.

Wir sprachen lange von der Weltmeisterschaft 2006 in Deutschland und vom Wunsch Maradonas, daran als Gast teilzunehmen. Ein namhafter Sportartikelhersteller habe ihm einen Werbevertrag angeboten. Dies sei vielleicht »sein Tor« zur WM. Meine Frau und ich boten Diego – so sollten wir ihn ansprechen – an, ihm nach der WM ein wenig unser Land zu zeigen. Er nahm dieses Angebot dankend und mit Freude an.

Das Phänomen Diego ist mir immer wieder durch den Kopf gegangen. Steiler Aufstieg und tiefer Fall, und die ganze Welt nimmt Anteil an seinem Schicksal. Seine Tragik beschäftigt die Medien, sein Name ist wie ein Donnerhall.

Je länger ich über den Argentinier nachdenke, umso klarer wird mir, dass er naiv und voller Vertrauen in Andere die Gestaltung seines Lebens aus der Hand gegeben hatte. Kriminelle Berater und so genannte Freunde bestimmten seinen Tagesablauf, seine Finanzen und schließlich alles, was sein Leben betraf, sogar seine persönlichsten Dinge. Sie machten Diego zu ihrer Marionette, und die Marionette ließ gern und unbekümmert mit sich spielen.

Seine letzten Auftritte beweisen, dass er sich weiter manipulieren lässt, von Politikern ebenso wie von Sportfunktionären und Presseleuten. Er scheint den Rummel um seine Person zu genießen. Das ist sein Lebenselixier.

Die USA einmal vorn

Im Spanischen gibt es eine Reihe wohlklingender wie auch sehr inhaltsreicher Worte, wie etwa *Eldorado, Hacienda, Bonanza* oder *Guerilla*. Sie alle haben im Weltlexikon der Begriffe seit langem ihren Platz. Aber ein Wort, das auch im Spanischen nicht so häufig vorkommt, könnte eines Tages zu dieser Gruppe aus dem Spanischen stammender internationaler Begriffe aufschließen: *Componenda*.

Componenda hat im modernen Spanisch häufig die Bedeutung von »geheimer Absprache« oder »Machenschaft«. Es hat eine Nuance von »Verschwörung« und von »Komplizenschaft«. Dies kommt auf den Zusammenhang an. Im *El Nuevo Herald*, der besten Zeitung des kubanischen Exils in Miami, las ich den Begriff gelegentlich in Verbindung mit angeblichem Zusammenwirken von Gruppen von Exilkubanern mit Castros Leuten, um den Tag X, den »biologischen Wechsel«, in Havanna vorzubereiten.

Der harte Kern der Exilkubaner, die Adepten des legendären Mas Canosa, der bis zu seinem Tod die Exilanten anführte, fürchten die *Componenda* zwischen Miami und Havanna, die sich ohne ihr Zutun bilden könnte. Sie beobachten mit Argwohn und Misstrauen, dass sich immer mehr US-Bürger zu einer Reise nach Kuba entschließen, sei es als Wissenschaftler, Künstler, Politiker oder neugierige Touristen. Am meisten aber haben sie Angst vor den Händlern. Handel hat im Allgemeinen die Politik im Schlepptau, und so fürchten sie, dass die immer intensiver werdenden Handelsbeziehungen zwischen Kuba und den USA auch ein Tauwetter in der Politik einleiten könnten.

Ich halte Ende Dezember 2003 fest:

1. Erneut hält sich gegenwärtig eine große US-Handelsdelegation in Kuba auf. 257 Manager aus über 140 Unternehmen aus 27 Bundesstaaten der USA nehmen an einem Forum zu Fragen des Handelsaustausches zwischen Kuba und den USA in Havanna teil. Die Handelsbeauftragten der Bundesstaaten Iowa, North Dakota, Virginia und Alabama begleiten die Delegation. Gastgeber ist die kubanische Importfirma Alimport, die bereits in der Vergangenheit als Drehscheibe für den kubanischen Handel mit den USA fungiert hatte. Präsident Castro nahm zeitweise an dem Forum, das im Kongresszentrum in Havanna abgehalten wird, teil.

Wie der Chef von Alimport, Pedro Alvarez, mitteilte, ist während des Forums mit weiteren kubanischen Aufträgen für die Lieferung von Nahrungsmitteln aus den USA zu rechnen. Diese Lieferungen dürften einen Wert von circa 135 Millionen Dollar ausmachen. Bereits während der Anfang November 2003 in Havanna durchgeführten internationalen Havanna-Messe waren Aufträge im Wert von 78 Millionen US-Dollar platziert worden. Insgesamt sollen die seit etwa zwei Jahren in den USA georderten Güter etwa 590 Millionen Dollar betragen. Damit würden in diesem Jahr etwa 30 Prozent der kubanischen Importe in den USA getätigt.

Bei den gegenwärtigen Verhandlungen von Alimport mit den US-Firmen geht es vor allem um die Lieferung von Hühnerfleisch, Kichererbsen und Reis. In der Vergangenheit waren bereits diese Produkte, aber auch Obst und Rindfleisch, ja sogar 2500 lebende Rinder und Holz in den USA geordert worden. Alle Käufe sind gemäß den US-Bestimmungen bar zu zahlen und sollen bisher von kubanischer Seite pünktlich bedient worden sein.

Nach Berichten des Nuevo Herald aus Miami soll Kuba in neue Lieferverträge mit US-Firmen einen Passus aufnehmen, wonach sie sich zu Verstärkung ihrer Bemühungen um Aufhebung der US-Wirtschaftssanktionen gegenüber Kuba verpflichten.

2. Für Kuba haben die Geschäfte mit den USA eine doppelte Bedeutung. Zum einen helfen sie Kuba über die gegenwärtige Krise in der Wirtschaft hinweg. Kuba ist dabei, seine Landwirtschaft umzustrukturieren, nachdem es im vergangenen Jahr etwa die Hälfte seiner Zuckermühlen geschlossen hat. Das wegen des zurückgehenden

Anbaus von Zuckerrohr freiwerdende Land soll für den Anbau von Getreide, Obst und Gemüse genutzt werden. Bisher fehlen jedoch weitgehend noch die finanziellen Mittel für diese Umstrukturierung.

Zum anderen hofft Kuba, durch die verstärkten Handelsbeziehungen zu den USA das Embargo zu unterlaufen und letztlich nutzlos werden zu lassen. Daher hat Fidel Castro immer wieder die Bedeutung des Handelsaustausches mit den USA unterstrichen und gelegentlich US-Delegationen zu Gesprächen empfangen. Bei der Eröffnung der ersten US-Messe in Havanna im September 2002 zeigte er sich gut gelaunt und in Siegerpose. Erstmals war es ihm nach 40 Jahren gelungen, eine solche Veranstaltung in Kuba durchzuführen.

3. Die verbesserten Handelsbeziehungen Kuba – USA sind einerseits zu begrüßen. Andererseits verstärken sie aber den Trend, den Castro mit seiner Rede am 26. Juli 2003 (Verzicht auf Entwicklungszusammenarbeit mit der EU und ihren Mitgliedstaaten) eingeleitet hatte und der sich unter das Motto »Weg von Europa« bringen ließe. Daher zeigen sich hier ansässige europäische Firmen zunehmend besorgt. Während es für sie immer schwieriger wird, neue Aufträge zu erhalten und vor allem auch offene Rechnungen zu kassieren, blüht das Geschäft der US-Firmen in Kuba.

Die erzielten Mehrheiten für die Aufhebung der Reisebeschränkungen im US-Kongress – wegen des drohenden Vetos Präsident Bushs wurde hieraus keine Gesetzesvorlage – verstärken bei Fidel Castro den Eindruck, die US-Sanktionen gegen Kuba hätten sich überlebt und zumindest ihre Aufhebung de facto sei nur noch eine Frage der Zeit.

Castro arbeitet daran, dass das bereits beträchtliche Volumen kubanischer Käufe in nahezu allen Bundesstaaten der USA schließlich dazu führen möge, dass die Kräfte, vor allem in der US-Wirtschaft, die sich für die Aufhebung der Wirtschaftssanktionen gegen Kuba einsetzen, zunehmen und spätestens nach den nächsten Präsidentschaftswahlen 2004 die Oberhand gewinnen. Das erklärt den »Druck«, den er jetzt auf US-Firmen auszuüben versucht.

Die »Eingefrorenen«

Für Ende Januar 2004 plant die Cristoffel-Blindenmission ein Seminar mit Augenärzten in Guardalavaca, in einem der Strandhotels nördlich der Provinzhauptstadt Holguín. Der Organisator, ein Deutscher, der in Ecuador sein Büro hat, hatte mich bereits im Oktober 2003 gefragt, ob ich an der Veranstaltung teilnehmen und einen einleitenden Vortrag halten wolle.

Gern nahm ich die Einladung an, denn sie gab mir Gelegenheit, mit einer NGO, die gute Projekte in Kuba hat, in Kontakt zu treten, und zugleich auch kubanische Fachärzte kennenzulernen. Kuba ist auf dem Gebiet der Augenheilkunde weit fortgeschritten. Auf Anfrage bat ich den Veranstalter des Seminars darum, mir im Konferenzhotel ein Zimmer zu reservieren. Er sagte dies zu.

Als ich wenige Tage vor der Reise nach Holguín zur Sicherheit in dem Hotel noch einmal anrufe, weiß man dort nichts von einer Buchung für mich. Auch kann oder will man der Botschaft keine Auskunft über das Seminar erteilen. Ich sende eine Mail an den Veranstalter, der postwendend antwortet. Das Ganze müsse ein Irrtum sein, es sei alles bestellt, auch mein Zimmer.

Am nächsten Morgen bekomme ich eine neue Mail. Rückfragen hätten ergeben, meine Anwesenheit sei nicht erwünscht. Das kubanische Gesundheitsministerium werde sich aus der Veranstaltung zurückziehen, wenn ich daran teilnehme. Die Sache sei sehr peinlich. Ich möge dies bitte verstehen.

Bereits Ende Oktober 2003 hatte ich ein ähnliches Erlebnis, als baden-württembergische Apotheker, die ihren jährlichen Kongress nach Havanna gelegt hatten, absagten. Ich sollte eigentlich eine Eröffnungsansprache in der Basilica de San Francisco halten. Aber auch hier hatte sich das Gesundheitsministerium eingeschaltet und mitteilen lassen, der Gesundheitsminister, der als Ehrengast vorgesehen war, werde nicht erscheinen, falls die Einladung an den deutschen Botschafter aufrechterhalten werde.

Ich bin »eingefroren«, *congelado*, wie die Kubaner meinen neuen Aggregatszustand nennen, ein Paria sozusagen. Auf den 14. Juli war nach dem Kalender der Nationalfeiertage in der EU der 3. Oktober gefolgt. Auch ich hatte, dem Beschluss unserer Außenminister folgend, die »Dissidenten« zu meinem Empfang eingeladen, und sie waren gekommen. Auf amtliche Weisung hatte ich die Warnung des kubanischen Außenministers in den Wind geschlagen. EU-Solidarität lautete die Devise. Ich muss gestehen, dass ich bis zum Schluss auf eine glückliche Wendung hoffte. Aber sie kam nicht. Im Gegenteil: Die Beziehungen zu Kuba verhärteten sich. Ich kam mir vor wie jemand, der sehenden Auges einem Abgrund entgegenrast und nichts dagegen unternehmen kann. Natürlich standen die zwei Dutzend kubanischen Oppositionspolitiker, die zu unserem Empfang kamen, ganz im Zentrum der Aufmerksamkeit meiner Kollegen, der übrigen Gäste und der Presse. Die ausländische Presse war in unüblicher Vielzahl anwesend. In dem oft uninteressanten Alltag gab es wieder ein Highlight.

Immerhin konnte ich mich damit trösten, dass es meinen Kollegen aus Frankreich, Italien, Großbritannien, Schweden und den Niederlanden ebenso ergangen war. Auch sie werden gesellschaftlich von Kuba geschnitten, erhalten keine Einladungen mehr, und Kubaner, die ein Amt bekleiden, dürfen ihren Einladungen nicht mehr folgen.

Fidel hat seine Drohung vom 11. Juni 2003 wahr gemacht: Wer »Dissidenten« zu seinem Nationalfeiertag einlädt, wird selbst nicht mehr eingeladen, kein Amtsträger wird mehr zu seinen Veranstaltungen kommen, und er wird überflüssig.

Aber wir sehen dennoch die Kubaner, die wir sehen wollen. Wir sehen sie bei den Empfängen der Inder, der Iraner, der Ägypter und der Rumänen. Aber offen gestanden, es fällt mir trotz dieses infantilen Sandkastenspiels schwer, auf die Kubaner zuzugehen. Ein bisschen Stolz spielt hier mit. Doch manchmal ergibt sich eben doch eine Begegnung. Dann werden die Hände kräftig geschüttelt und die Schultern in freundlich kubanischer Sitte beklopft, als ob nichts gewesen wäre.

Eigentlich ärgere ich mich nicht darüber, dass man mich boykottiert. Ich habe jetzt viel mehr Zeit. Die häufigen und langweiligen Empfänge im Außenministerium, die mich jedes Mal eine gute Stunde kosteten, fallen weg. Ebenso die endlosen Eröffnungszeremonien internationaler Veranstaltungen im Kongresszentrum. Hier sind die Diplomaten eher Staffage als wirkliche Teilnehmer.

Den Zeitgewinn widme ich anderem: Ich kümmere mich intensiver um die Projekte der Caritas, die immer auf Partnersuche ist. In Holguín wollen wir alte Menschen unterstützen, die ihre verfallenden Häuser reparieren wollen. In der Provinz Las Tunas helfe ich beim Aufbau eines privaten Sportclubs. In Pinar del Rio gebe ich eine Spende an Vitral, eine katholische Organisation, die als eine Art Volkshochschule arbeitet, verschiedene Kurse in der Erwachsenenbildung anbietet und eine Zeitschrift herausgibt. In Havanna helfe ich im Rahmen eines Kleinstprojekts bei der Renovierung einer Kirche mit. Das Kirchendach muss erneuert werden, sonst geraten kunstgeschichtlich wertvolle Fresken in Gefahr.

Auch gehe ich wieder mehr auf Reisen. Die erste dieser Reisen führt mich in die Provinz Villa Clara. In der Hauptstadt Santa Clara will ich der Universität eine Bücherspende übergeben. Als mir das Außenministerium mitteilt, ich könne nicht in der Universität empfangen werden, übergebe ich die Spende in der Stadtmitte auf offener Straße. Zu meiner Freude macht die Universität das mit. Scherzhaft nenne ich dies ein »konspiratives Treffen«. Später merke ich, dass wir uns vor dem Hauptquartier der KP getroffen hatten – Gott sei Dank ohne Folgen.

Offenbar ist die kubanische Regierung mit der Situation weniger glücklich als wir. Denn sie sendet immer wieder Signale aus, die in Richtung Verständigung zeigen. Ende November sind unsere Kollegen aus Österreich, Belgien, Griechenland und Portugal beim Außenminister. Sie gelten bei den Kubanern als die »Guten«, weil sie keine »Dissidenten« zu ihren Nationalfeiertagen eingeladen haben. Besser gesagt: Sie haben überhaupt keinen Empfang gegeben.

Die Kollegen berichten, der Außenminister habe das Angebot unterbreitet, den politischen Dialog wieder aufzunehmen, die Todesstrafe erneut auszusetzen, die Sozialcharta der Vereinten Nationen zu unterzeichnen und Besuche durch einen Beauftragten der EU bei politischen Gefangenen zuzulassen. Bedingung sei die Nichteinladung der »Dissidenten« zu unseren Nationalfeiertagen. Wir können das kaum glauben. Später erfahren wir, dass noch eine zweite Bedingung an das kubanische »Wohlverhalten« geknüpft ist: Die EU soll sich in der Menschenrechtskommission in Genf bei der Kuba-Resolution der Stimme enthalten.

Das ist für uns völlig undenkbar, *out of the question*. Aber dies zeigt die Schwachpunkte der kubanischen Außenpolitik, denn die Kubaner fühlen sich der EU gegenüber unsicher und unwohl. Die geschaffene Situation ist ihnen unbequem. Offensichtlich wollen sie mit uns wieder ins Gespräch kommen.

In diesem Zusammenhang gehört auch unsere Absage der offiziellen deutschen Beteiligung an der internationalen Buchmesse von

Havanna 2004. Diese große Verkaufsausstellung, die seit einigen Jahren auf der malerisch oberhalb Havannas gelegenen Festungsanlage von La Cabaña stattfindet, ist jeweils einem Land bzw. einer Gruppe von Staaten gewidmet. 2001 war Spanien Ehrengast, 2002 Frankreich, 2003 waren es die Andenstaaten, und 2004 sollte es Deutschland sein. Darum hatten wir uns lange und intensiv bemüht und schließlich im Frühjahr 2003 vom kubanischen Buchinstitut eine offizielle Einladung erhalten, die wir gern annahmen.

Nach den Ereignissen vom Frühjahr 2003, der harten Repression, auch gegen oppositionelle kubanische Schriftsteller und Journalisten, begann bei uns eine Diskussion über unsere Beteiligung an der Buchmesse. Einige meiner Kollegen meinten, dass wir von Kuba »instrumentalisiert« werden würden, wenn wir so prominent an der Messe teilnähmen. Die Botschaft hielt dagegen, dass wir über die Messe, über deutsche Bücher und das übliche kulturelle Beiprogramm in die kubanische Bevölkerung hinein wirken könnten. Die Buchmesse 2004 mit Deutschland als Schwerpunktland böte eine kaum wiederkehrende Gelegenheit, nicht nur unsere Kultur, sondern auch unsere demokratische und pluralistische Gesellschaft in Kuba darzustellen.

Auch innerhalb des Kreises der EU-Botschafter in Havanna, in dem wir diese Frage diskutierten, bestand Einvernehmen, dass die EU-Mitgliedstaaten soweit möglich an der Buchmesse teilnehmen sollten. Selbst Spanien, dessen Kulturinstitut im September 2003 geschlossen worden war, sprach sich dafür aus. Wir berichteten dies nach Berlin, aber leider ohne Erfolg.

Das Auswärtige Amt entschied im August 2003, unsere im Frühjahr gemachte Zusage als Ehrengast der Buchmesse von Havanna 2004 zurückzuziehen. Ich bekam die Weisung, dies dem Außenminister schriftlich mitzuteilen. Auch meine nochmalige Gegenvorstellung half nichts. Wir sagten ab.

Die Kubaner reagierten ganz anders, als wir es erwartet hatten. Sie teilten uns mit, sie wollten an Deutschland als Ehrengast festhalten. Wenn sich die Bundesregierung finanziell nicht an der Buchmesse beteiligen wolle, sei dies ihre Sache. Kuba werde für eine »angemessene« Beteiligung deutscher Kultur Sorge tragen. Später wurde dies auch in der hiesigen Presse bekanntgegeben.

Wir begannen, Schlimmes zu ahnen. Aber jetzt war es zu spät. Der Zug fuhr unaufhaltsam in die falsche Richtung. Bald war uns klar,

dass Kuba die Buchmesse erst recht instrumentalisieren würde –
gegen die Bundesregierung und die großen deutschen Verlage, die
sich von ihr zurückgezogen hatten. Unter dem Briefkopf »Cuba Si«
tauchten auf einmal Verlage und Gruppen auf, die sich früher kaum
an der Messe beteiligt hatten. Mein Verdacht, dass Kuba die »alten«
Kommunisten aus Ostberlin und die ihnen nahestehenden Blätter
mobilisiert hatte, bestätigte sich dann.

Wie man sich in der komplizierten Situation der »Frostperiode«
geschickt verhalten konnte, ohne sich etwas zu vergeben, führte uns
Frankreich vor, das eine Filmwoche veranstaltete. Gern folgten wir
der Einladung unserer französischen Kollegen.

An der 23. Straße in Vedado, ganz in der Nähe vom Cementerio
de Colón, des großen Friedhofs in Havanna, liegen gleich mehrere
Kinos. Das bekannteste ist das *Cine Chaplin*. Wir parken irgendwo
in dieser Kinoecke, dort, wo ein Wächter steht, dem wir unseren
Wagen anvertrauen und dem wir nachher etwas dafür geben werden.

Die jährliche Buchverkaufsmesse in der alten Cabaña-Festung an der Hafeneinfahrt
von Havanna ist eine der wenigen Möglichkeiten, neuere Bücher zu erwerben; entsprechend lang sind die Schlangen.

Das Kino ist gut besucht, genauer gesagt, es ist überfüllt. Nur mit Mühe finden wir Platz, mitten unter den heutigen Kinohelden aus Frankreich, die in einer langen Reihe nacheinander auf die Bühne treten, um sich unter dem Applaus des Publikums vorzustellen. Die Woche des französischen Films wird heute mit *Les Choristes* eröffnet. Hinter mir sehe ich meine französische Kollegin und an ihrer Seite Alfredo Guevara, die graue Eminenz des kubanischen Films, der seine Hand über so manche kritische Produktion hält und von seinem Freund Fidel offenbar die notwendige Freiheit hierzu bekommt.

Der heutige Film ist ein Bekenntnis zur Humanität inmitten der gewalttätigen, verrohten und ungerechten Welt eines Internats. Dieses Internat könnte für irgendein Gemeinwesen, letztlich sogar für unsere Gesellschaft stehen. Daher finde ich den Streifen gut gewählt, gerade in einem Staat, in dem die Humanität oft zu kurz kommt, in dem vieles in den Mühlen von Repression, staatlicher Lenkung und Bürokratie erstickt wird.

Die französische Filmwoche sehe ich als ein Zeichen dafür, dass die Zusammenarbeit von Mitgliedstaaten der EU mit Kuba trotz aller Versuche, sie abzudrosseln oder gegen null zu fahren, weitergeht. Werden wir mit diesem Argument Berlin beeindrucken können? Wohl kaum, denn Minister Fischer hatte im August 2003 auf einer Vorlage, die sich auf unsere Kulturpolitik gegenüber Kuba bezog, die Verfügung getroffen, »alles auf Eis« zu legen.

Durch ein technisches Versehen war der Botschaft diese Weisung erst viele Monate später bekannt geworden. So hatten auch wir Filme gezeigt, zum Beispiel eine Retrospektive von Artur Brauner, hatten unter anderem eine Ausstellung in der Casa Humboldt in Alt-Havanna mit organisiert und ein Symposium über moderne Textkritik gesponsert. Aber damit hatten wir objektiv gegen die Anordnung des Ministers verstoßen und die Kulturarbeit, wenn auch in weit geringerem Umfang, als wir dies ursprünglich geplant hatten, im Rahmen der finanziellen Möglichkeiten fortgesetzt.

Sicherlich hatte uns Fidel in den vergangenen Monaten herausgefordert und uns die Zusammenarbeit mit Kuba auf nahezu allen Gebieten schwer gemacht. Er hatte uns auf eine harte Geduldsprobe gestellt. Eine ebenso harte und eindeutige Reaktion unsererseits lag daher auf der Hand. Wir mussten uns aber auch sagen, dass ein weitgehender Verzicht auf kulturelle Zusammenarbeit mit Kuba weniger das Regime als vielmehr die Menschen treffen würde. War es nicht Sinn unserer Kulturpolitik gegenüber Kuba, der Bevölkerung Alternativen aufzuzeigen, sie mit anderem Denken, mit pluralistischen und demokratischen Gesellschaften in Verbindung zu bringen, auch um dadurch eigenes kritisches Denken zu fördern?

Hier liegt ein grundsätzliches Dilemma im Umgang mit totalitären Staaten. Zeigen sich die Demokratien kooperationsbereit, geraten sie in die Gefahr, den undemokratischen, autoritären und totalitären Partner zu unterstützen und ihm Argumente, auch gegenüber der eigenen Bevölkerung, zu liefern. Anderseits sind die Menschen, besonders dann, wenn sie die Engstirnigkeit im eigenen Lande ablehnen, besonders neugierig auf das kulturelle Angebot des demokratischen Partners.

Nach dem Massaker auf dem Platz des himmlischen Friedens im Juni 1989 hatten wir unsere kulturellen Beziehungen zu China nicht eingefroren. Wir wollten jetzt erst recht die Kunst, die Philosophie, das Denken unserer demokratischen Gesellschaft nach China hineintragen. Wir wollten damit den Menschen, die unter der schweren Repression litten, ein Zeichen der Hoffnung geben.

In Kuba kam allerdings erschwerend hinzu, dass wir nach der Krise in den Beziehungen zu den USA wegen der Irak-Frage alles unterlassen wollten, um den Graben, der uns von Washington trennte, noch weiter zu vertiefen. Wir wollten die USA, die das Vorgehen der Europäer in Havanna sehr genau beobachteten, nicht noch zusätzlich verärgern.

Schließlich hatte die Koalitionspartei Bündnis 90/Die Grünen den Schutz der Menschenrechte zu einem außenpolitischen Schwerpunkt gemacht. Die Bundesregierung durfte daher nicht in den Verdacht geraten, bei Castro eine Ausnahme zu machen und sich von ihm instrumentalisieren zu lassen.

Das Problem war, dass diese Haltung beim kubanischen Publikum weitgehend auf Unverständnis stieß. Aus der Sicht vieler Kubaner war es nicht nachzuvollziehen, dass Deutschland, das vor drei Jahren systematisch damit begonnen hatte, eine sehr aktive Kulturpolitik in Kuba zu betreiben, sich nun selbst aus dem Rennen warf und das Feld der Konkurrenz überließ.

Dies war auch die Sicht einer Anzahl deutscher Politiker, die sich mit Kuba beschäftigten. Sie widersetzten sich dem Bestreben, die kulturellen Beziehungen zu Kuba einzufrieren. Eine Gruppe von

Bundestagsabgeordneten, die uns im April 2004 besuchte, versprach mir, mit den Verantwortlichen in Berlin Kontakt aufzunehmen, um sie zu einem Umdenken zu bewegen.

Ähnlich dachten auch die Vertreter der deutschen Wirtschaft in Kuba, die nicht nur ihre Geschäfte mit der Insel in Gefahr sahen, sondern sich bereits seit Jahren für die Verstärkung der bilateralen kulturellen Beziehungen und die Gründung eines Goethe-Instituts in Havanna eingesetzt hatten. Sie waren eine wichtige Stütze der Botschaft, auch in der Kulturarbeit.

Weder den Abgeordneten noch den Kaufleuten gelang es, Berlin umzustimmen. Manchmal sagte ich zu mir selbst: »Warum ärgerst du dich? Fidel will dich nicht sehen, und Berlin will nichts von dir hören. Das ist doch großartig. Gehe Golf spielen und lege dich an den Strand!«

García Márquez zu Gast

Zu den wichtigsten kulturellen Ereignissen in Havanna zählt die jährlich im Dezember stattfindende Woche des lateinamerikanischen Kinos. Dort werden die besten Filme aus Nord- und Südamerika, aber auch aus Europa gezeigt. Viele Kubaner, vor allem die Kinofans, nehmen sich dann mehrere Tage Urlaub, gehen von einem Kino ins andere und geraten in eine Art »Kinotaumel«.

Im Jahre 2003 hatten wir eine ganze Reihe von interessanten deutschen Filmen zu bieten, darunter *Good Bye, Lenin!, Nackt* und *Rosenstraße*. Die deutschen Filme wurden im Kino *23 y 12* in Vedado gezeigt. Als wir zur Eröffnung unserer Filmwoche fuhren, hatte sich vor diesem Kino eine große Menschentraube gebildet. Hunderte von Kubanern warteten auf Einlass. Sie wollten *Good Bye, Lenin!* sehen.

Dieser Film, der vom Übergang der DDR in die neue Bundesrepublik Deutschland handelt, weckte bei den Kubanern interessante Assoziationen. Viele verbanden damit das Verlangen nach einem friedlichen Übergang des eigenen Landes zu einem demokratischen Staatswesen. Für sie hatte sich die Revolution von 1959 überlebt.

Die humorvolle Art, mit der dieser Film mit dem schwierigen Thema umgeht, kam der kubanischen Mentalität entgegen, die mit

Leichtigkeit, Witz und Phantasie an scheinbar Unlösbares heran-geht. Aber auch die beiden Hauptdarsteller, die mit einer Reihe in-ternationaler Filmpreise ausgezeichnet worden waren, zogen die Ku-baner an.

Meine Frau und ich betraten einen bereits eine Viertelstunde vor Beginn der Vorstellung gut gefüllten Kinosaal. Wir begrüßten eine Reihe von Bekannten, meist Künstler oder Journalisten, die sich auf den deutschen Streifen freuten. Uns war gerade ein Platz angeboten worden, als mein Blick auf einen älteren Herrn fiel, der in die Lek-türe einer Zeitschrift vertieft war. Ich erkannte ihn sofort: Gabriel García Márquez, der berühmte kolumbianische Schriftsteller und Literaturnobelpreisträger von 1982.

Es war mir bekannt, dass »Gabo«, wie sie ihn nannten, recht häufig nach Kuba kam und eine enge Freundschaft mit Fidel Castro pflegte. Es hieß, er gehöre zu den wenigen Leuten, mit denen Fidel, meist bei der Zubereitung eines leckeren Gerichts, alles, auch Hoch-politisches bespreche. Auch war er Mitbegründer der Lateinamerika-

Kolumbiens Literaturnobelpreisträger Gabriel García Márquez mit seiner Frau Merce-des (rechts neben ihm) im Dezember 2004 zu Gast beim deutschen Botschafter.

nischen Filmhochschule in San Antonio de los Baños vor den Toren von Havanna. Gabo galt als einflussreich.

Ich ging auf ihn zu und stellte mich vor. Er erhob sich, gab mir freundlich die Hand, und wir begannen eine längere Unterhaltung.

Während der internationalen Buchmesse 2003, die den Andenstaaten gewidmet war, hatte ich mir fast alle Werke von García Márquez gekauft. Besonders begeisterte mich seine Autobiographie *Vivir para contarla* (Leben, um davon zu erzählen). Was mich daran faszinierte, war die freie Art, in der er sein Leben beschrieb. Er erlaubte es seinen Lesern, sich wirklich in ihn hineinzuversetzen.

Die Autobiographie war aber für mich auch der Schlüssel zu seinem Hauptwerk *Cien años de soledad* (Hundert Jahre Einsamkeit). Hierdurch angesteckt, hatte ich im Laufe des letzten Jahres noch weitere Werke von ihm gelesen, schließlich hatte ich ja Zeit.

Wir sprachen zunächst über seine *Vivir para contarla*, wobei er sich nach der deutschen Übersetzung erkundigte, die ich aber nicht kannte. Unsere Unterhaltung war so lebhaft, fand in einer so herzlichen Atmosphäre statt, dass ich ihn fragte, ob er eine Einladung in meine Residenz zu einem Mittagessen in kleinem Kreis annehmen würde. Zu meiner Freude bejahte er und übergab mir seine Telefonnummer in Havanna.

Auf der Fahrt nach Hause kam mir der Gedanke, zu dem Mittagessen einige Kubaner einzuladen, natürlich auch meine Mitarbeiter aus dem Kulturreferat der Botschaft und meine Vertreterin. Am nächsten Tag wählte ich die Nummer, die mir Gabo gegeben hatte. Es meldete sich eine weibliche Stimme. Er sei im Bad, ich solle einen Augenblick warten.

Nach einer Weile meldete sich meine Gesprächspartnerin erneut. Er sei gar nicht im Hause, ich möge doch bitte meine Telefonnummer hinterlassen. Das tat ich und bat auch auszurichten, dass ich ihn und seine Begleitung für den nächsten Dienstag zu mir zum Mittagessen einladen wolle. Sie versicherte mir, dies weitergeben zu wollen.

Aber ich erhielt keinen Rückruf. Als wir am nächsten Mittag, einem Sonntag, aus dem Gottesdienst zurückkamen, sagte mir einer unserer beiden Wächter, ein Herr García Márquez habe angerufen, er könne leider nicht am Dienstag zu mir kommen, aber am Mittwoch.

Als ich zurückrief, um den Mittwoch zu bestätigen, fragte ich nach der Anschrift, weil ich meinen Fahrer schicken wollte, um Gabo und seine Begleitung abzuholen. Man sagte mir, er sei in der Casa de Protocolo Nr. 6 untergebracht, in einem der Gästehäuser der Regierung, die normalerweise nur für hohe Staatsgäste vorgesehen sind. Mir wurde dabei nochmals deutlich, wie hoch García Márquez bei der kubanischen Führung im Kurs stand.

Der Mittwochstermin war eigentlich schon vergeben, aber meine Frau meinte, wir könnten durchaus die Gäste, die für den Mittwoch vorgesehen waren, zusammen mit den Gästen einladen, die wir für das Essen mit Gabo ins Auge gefasst hatten. So machten wir es. Über 20 Einladungen wurden versendet.

Zu den Gästen würden auch ein bekannter kubanischer Schriftsteller und einer der wichtigsten kubanischen Kulturjournalisten zählen. Beide waren mit Deutschland verbunden. Ich rechnete mir aus, dass sich mit ihrer Hilfe die Begegnung mit García Márquez in meinem Haus schnell herumsprechen würde. Dies könnte nur nützlich sein und vielleicht auch dazu beitragen, allmählich wieder zur Normalität in den Beziehungen zurückzukehren.

Angesichts der Prominenz meines Ehrengastes war ich keinesfalls erstaunt, dass alle Eingeladenen eine Zusage gaben. Ich wusste, dass sich auch andere Botschafter um Gabo bemüht hatten und es nicht leicht war, mit ihm zusammenzutreffen.

Wir hatten an jenem Mittwoch Glück. Es war sonnig, aber nicht heiß, so dass wir auf der Gartenterrasse unseren Aperitif zu uns nehmen konnten. Gabo und seine Begleiterin – es stellte sich heraus, dass es sich um seine Frau handelte – waren unter den ersten Gästen, und ich hatte einige Minuten Zeit, um mit ihnen zu sprechen. Als ich ihn ein Stück in den Garten hinausführte und ihm sagte, dass ich die zahlreichen tropischen Pflanzen bestimmt und mit Namensschildern versehen hatte, lächelte er. Er meinte, dies sei typisch deutsch, auf so eine Idee würde er nie kommen.

Da ich am Tisch von vornherein eine gute Atmosphäre schaffen wollte, legte ich meine Ansprache an den Anfang. Ich sagte, für meine Frau und für mich sei es eine Freude und Ehre, so bedeutende Gäste begrüßen zu dürfen. Wir hätten die heutige Begegnung der Filmwoche zu verdanken, deren Ruf weit über die Grenzen Lateinamerikas ausstrahle. Zu Gabo gewandt, sagte ich, ich hätte erstmals um 1970 von ihm gehört, als mir eine Bekannte in Buenos Aires ein Buch schenkte mit der Bemerkung, es sei sehr gut, aber ich würde wohl wenig davon verstehen. Es sei, zumal für einen Ausländer, nicht leicht zu lesen. Es sei *Cien años de soledad* gewesen, das damals die literarischen Gemüter in der argentinischen Hauptstadt beschäftigte.

Ich müsse zugeben, so fuhr ich fort, dass ich nur wenig von dem Buch verstanden habe. Immerhin habe ich mich danach erstmals mit der Geschichte Kolumbiens befasst. Aber erst jetzt, nachdem ich seine Autobiographie gelesen habe, hätte ich vieles entschlüsseln können.

Ich merkte an den Augen des Angesprochenen, dass er mir Wort für Wort folgte. Am Ende meiner Ansprache stand er auf und gab mir die Hand. Er sagte nichts und nahm still Platz. Diese Geste drückte für mich die Größe dieses Mannes aus, der im Gegensatz zu vielen anderen, die zu Ruhm gekommen waren, auf dem Boden geblieben war und in sich ruhte.

Kurz danach habe ich Gabo noch zwei Mal – jeweils in meiner Residenz – getroffen. Die Begegnungen kamen auf seinen Wunsch zustande. Beim ersten Treffen erkundigte er sich nach den Beziehungen zwischen der EU und Kuba. Ich berichtete ihm, was sich im Laufe dieses Jahres zugetragen hatte. Dabei setzte ich den Schwerpunkt bei den Verhaftungen von kubanischen Intellektuellen und international bekannten Schriftstellern und Journalisten. Gabo ging hierauf nicht ein, fragte mich aber, welchen Ausweg ich aus der diplomatischen Krise sähe.

In dem Augenblick war mir klar, dass er mit seinem Freund Fidel hierüber sprechen würde. Vielleicht war er sogar von ihm als eine Art Vermittler auserkoren worden. Ich sagte Gabo, wir erwarteten von Kuba eine Geste des guten Willens. Diese könnte beispielsweise in der Freilassung von politischen Gefangenen bestehen. Dann würde die EU mit Sicherheit reagieren und sich geeignete Schritte zu einer Wiederannäherung mit Kuba überlegen.

Gabo sagte hierzu nichts. Aber ich hatte den Eindruck, dass er Fidel die Botschaft weitergeben würde.

Ein Jahr später, auch während der Woche des lateinamerikanischen Films in Havanna, habe ich García Márquez wieder getroffen. Wir hatten zwischendurch unseren Gedankenaustausch über E-Mail fortgesetzt. Während eines Mittagessens berichtete ich ihm von den anhaltenden Problemen zwischen der kubanischen Regierung und der EU. Allerdings könnte sich durch die kubafreundliche Haltung der neuen spanischen Regierung eine Änderung ergeben.

Gabo meinte, er habe Fidel Castro zwar noch nicht getroffen, werde aber, sobald sich die Gelegenheit ergebe, mit ihm über die Beziehungen zur EU sprechen. Er glaube auch, dass eine Wende möglich sei. Beide Seiten hätten positive Signale ausgesandt.

Dann erzählte er mir, dass er Deutschland, genauer gesagt die sowjetisch besetzte Zone und Berlin relativ kurz nach dem Krieg besucht habe. Dazu habe er tagebuchartige Notizen gemacht, die er mir gern zugänglich machen wolle.

Orden für Miguel Barnet

Die Musik hat in Kuba ihren besonderen Klang. Es ist der Rhythmus der Karibik, mit den Trommeln Afrikas im Hintergrund, der das Besondere dieser Musik ausmacht. Legen Sie einen Son oder Salsa auf: Sie werden bald sehen, dass sich die Menschen im Rhythmus wiegen, sich zu bewegen beginnen und dazu tanzen. Die Kubaner sind ein musikbesessenes Volk.

Dies mag auch den in Italien lebenden bedeutenden deutschen Komponisten, Hans Werner Henze, dazu bewogen haben, im Jahre 1969 eine längere Kubareise anzutreten. Er traf hier auf den damals jungen Dichter Miguel Barnet, der ihm mehrfach Stoff für musikalische Ideen und neue Werke liefern sollte.

Eines der bedeutenden Werke von Barnet ist der *Cimarrón*. Es handelt von einem entlaufenen Sklaven, der im 19. Jahrhundert durch die Escambray irrt, um schließlich wieder in seine Siedlung zurückzukehren. Barnet bedient sich dabei der Form des autobiographischen Erzählens: Ein ehemaliger Sklave schildert sein Leben.

Während seines Aufenthalts in Havanna stieß Henze auf den *Cimarrón*, der von Hans Magnus Enzensberger in eine deutsche Sprachfassung gebracht worden war. Henze benutzte diese Vorlage für ein so genanntes Rezital, ein Musikgedicht, wobei er auf Elemente der kubanischen Musik zurückgriff. Trommeln, eine Gitarre und eine Flöte sowie der vortragende Sänger bilden den Klangkörper.

Als dieses Werk im Sommer 2001 in Havanna aufgeführt werden sollte, besuchte ich Miguel Barnet, den ich zuvor schon einmal getroffen und mit dem ich ein kurzes Gespräch geführt hatte. Ich trug ihm den Gedanken vor, mit mir gemeinsam die kubanische Uraufführung zu begleiten und einen einführenden Vortrag zu halten. Er erklärte sich hierzu sofort bereit.

Später erfuhr ich, dass Henze noch zwei weitere Werke von Barnet vertont hat, nämlich die Erzählung *Das Lied von Rachel*, aus der die Oper *La Cubana* entstand, und das Gedicht *Fé de erratas*, das er seiner 6. Symphonie zugrunde legte.

Miguel Barnet ist ein bescheidener Mann. Er erzählte mir bei unseren Begegnungen nicht, dass er Stipendiat des DAAD gewesen war, dass er über die Jahre in zahlreichen deutschen Städten Vorträge gehalten hatte und in Kuba einer der bedeutendsten Mittler deutscher Kultur gewesen war. Nicht von ihm, sondern von anderen erfuhr ich von seinen ethnologischen Arbeiten, die besonders dem afrikanischen Element in der kubanischen Kultur gewidmet waren.

Als wir im Februar 2002 während der internationalen Buchmesse von Havanna ein Essen mit deutschen Verlegern veranstalteten, war er es, der Deutschland als Schwerpunktland für die Buchmesse 2004 vorschlug. Er trat dafür ein, Übersetzungen bedeutender Werke von Heinrich Böll, Günter Grass und Thomas Mann für dieses Ereignis zu veranlassen.

In meinen Jahren als Leiter einer Auslandsvertretung hatte ich nur wenige Persönlichkeiten für eine Auszeichnung vorgeschlagen. Das lag auch daran, dass ich mir jeweils selbst ein Bild von den Verdiensten des Kandidaten zu machen hatte, und dies war in Kuba nicht leicht. Auch konnte ein Orden eines westlichen Landes seinen Träger kompromittieren. Bei Miguel Barnet hatte ich sogleich nach der Bekanntschaft mit ihm und nach dem Studium seiner Biographie und seiner Bücher den Eindruck, dass er für einen deutschen Orden in Betracht käme.

Er hatte sich jahrzehntelang um die Verbreitung deutscher Kultur in Kuba bemüht, er kannte unser Land wie nur wenige Kubaner. Aber ausschlaggebend war für mich noch ein ganz anderer Gesichtspunkt: Barnet engagierte sich sehr für die Eröffnung einer Zweigstelle des Goethe-Instituts in Havanna. Sein ständiges Erinnern an die Notwendigkeit der Errichtung des Instituts trug dazu bei, den Gedanken in Kreisen der kubanischen Schriftsteller und Intellektuellen wachzuhalten und zu fördern.

Ich entschloss mich daher, Barnet für einen deutschen Orden vorzuschlagen. Mein Vorschlag fand sowohl im Auswärtigen Amt als auch im Bundespräsidialamt Zustimmung. Das Problem war nur, wie ich als »eingefrorener« Botschafter die Überreichung des Ordens bewerkstelligen würde. Könnte ich Barnet die deutsche Auszeichnung überreichen, ohne ihn zu kompromittieren oder ihn gar zu gefährden?

Mir wurde klar, dass ich an einem schwierigen Punkt angelangt war. Er betraf das außerordentlich komplexe und heikle Verhältnis von Schriftstellern zur kubanischen Revolution.

Während sich der Film und die darstellenden Künste während der Jahre der Revolution einen Freiraum bewahren konnten, ist dies für die Literatur nur bedingt der Fall. Daher auch die große Zahl bedeutender kubanischer Schriftsteller, die ins Exil gegangen sind, wie Cabrera Infante, Zoé Valdés, Carlos Alberto Montaner und viele andere. Es war erstaunlich, wie sich kubanische Schriftsteller während der Repressionswelle im Frühjahr 2003 verhielten.

Einen von ihnen hatte ich Anfang 2003 nach Deutschland einladen können. Anlass war die Buchmesse in Leipzig, die ihm besonders am Herzen lag. Als er nach Kuba zurückkam, berichtete er geradezu schwärmerisch von seiner Reise. Ich nahm dies zum Anlass, ihn mit seiner Frau und anderen kubanischen Schriftstellern und Künstlern zu einem Mittagessen in meine Residenz einzuladen. Zwei Tage vor dem Essen ließ sich der Kubaner entschuldigen. Er fühle sich gesundheitlich nicht wohl.

Zwischendurch waren einige kubanische Schriftsteller und Journalisten verhaftet worden. Mir ist später klar geworden, dass sich mein Bekannter in dieser Situation in keiner Weise kompromittieren wollte. Ich hörte dann wochenlang nichts mehr von ihm. Nach der Verurteilung der »75« im April 2003, als die Proteste aus aller Welt und gerade auch international anerkannter Schriftsteller laut wurden, las ich eines Tages in der *Granma* von einer Ergebenheitsadresse kubanischer Schriftsteller gegenüber dem Regime, in der sie das Verhalten ihrer verurteilten Kollegen scharf kritisierten. Zu den Schriftstellern, die unterzeichnet hatten, gehörte auch mein Bekannter.

Interessant war, dass er noch vor Wochen, als wir uns in der Botschaft zu einer Tasse Kaffee getroffen hatten, seine Lebensgeschichte vor mir ausbreitete und darin besonders hervorhob, wie sehr er sich im Fall Heberto Padilla, Jahre zuvor, von der Regierungshaltung distanziert und mit Padilla solidarisch erklärt hätte. Dies war im Jahre 1971 gewesen. Padilla hatte in seinem Buch *Fuera del Juego* (Außerhalb des Spiels) eine kritische Haltung gegenüber der kubanischen Revolution eingenommen und behauptet, die »kubanischen Dichter hätten keine Träume mehr«. Überdies hatte er den Kubaner gelobt, der kein Held aus einer »bankrotten Weisheit« sein wolle. Er zeigte Mitleid mit einem »verurteilten Konterrevolutionär« und ironisierte den »revolutionären Konsens«.

Später hatte Padilla, der verhaftet worden war, in einem öffentlichen Brief Selbstkritik geübt. Dies wiederum hatten Schriftsteller wie Mario Vargas Llosa, Italo Calvino, Jorge Semprún und Susan Sontag zum Anlass genommen, Castro gegenüber ihren Abscheu und ihren Zorn auszusprechen. Zum Freundeskreis um Padilla gehörte auch der Schriftsteller Jorge Edwards, chilenischer Botschafter in Kuba, der ebenfalls vehement für Padilla Partei ergriffen hatte und daraufhin von Fidel zur Persona non grata erklärt worden war. Innerhalb weniger Stunden hatte er Kuba verlassen müssen.

Der Fall Padilla und die damit zusammenhängenden Vorfälle können als eine Art Wasserscheide im Kuba der noch jungen Revolution angesehen werden. Er zeigte, dass die revolutionäre Toleranz gegenüber Künstlern nicht unbegrenzt war. Auch hatte sich Castro mit diesem Fall viel ausländische Kritik zugezogen, die ihm und der Revolution schadete.

Bei der Ordensverleihung musste ich also diese Vorgänge mit berücksichtigen und vor allem Geduld bewahren. Denn ich merkte sehr bald, dass Barnet, dem ich meine Absicht mitgeteilt hatte, die Übergabe der Auszeichnung herauszuzögern suchte. Offenbar wollte er sich erst bei Kulturminister Abel Prieto absichern und einen günstigen Zeitpunkt abpassen.

Ich hatte Miguel Barnet für das Bundesverdienstkreuz 1. Klasse vorgeschlagen, eine Auszeichnung, die seinen Leistungen durchaus entsprach. Auch nach der Ergebenheitsadresse, die von Barnet mit unterzeichnet worden war, hielt ich die Auszeichnung noch für gerechtfertigt, denn ich wusste – Barnet hatte es mir zu verstehen gegeben –, unter welch starken Zwängen er stand.

Der Zeitpunkt für die Verleihung war gekommen, als García Márquez bei mir als Gast erschienen war. Mit Bedacht hatte ich auch Barnet zu dem Essen mit Gabo eingeladen. Wenige Tage später verabredeten wir den Termin für die Ordensverleihung. Wir wählten den 28. Januar 2004, den Geburtstag des Dichters.

Zuvor gingen wir Name für Name die einzuladenden Kandidaten durch. Vor allem wollte ich von Barnet selbst Vorschläge für

Miguel Barnet bei seiner Ansprache nach der Verleihung des Bundesverdienstkreuzes in der Residenz am 28. Januar 2004.

Regierungsvertreter haben. Die große Frage war aber, ob überhaupt jemand von ihnen kommen würde.

Es kam niemand von der Regierung. Der höchstrangige »Offizielle« war der Vizepräsident des kubanischen Schriftsteller- und Künstlerverbandes *UNEAC*. Aber es kamen zahlreiche Vertreter aus dem kulturellen Leben Kubas. Wir freuten uns darüber. Würde dies der Anfang vom Ende der Frostperiode sein?

Tauwetter

Neue Regierung in Madrid

Havanna, irgendwann im Januar 2004. Mit unserem Besuch aus Spanien fahre ich in die Gegend um das Capitol. Meine Gäste sind beeindruckt. Die beiden großen Plätze um das ehemalige kubanische Parlament sind ein städtebaulicher Höhepunkt. Sie bilden zugleich einen Übergang vom kolonialen zum postkolonialen Kuba am Beginn des 20. Jahrhunderts.

Im alten Hotel *Inglaterra* am Parque Central trinken wir einen Kaffee. Wir sitzen in der *Sevillana*, einem im maurischen Stil eingerichteten Saal, in dessen Mittelpunkt der Bronzeguss einer andalusischen Tänzerin steht.

Der Besuch ist von der Erhabenheit dieses Raums beeindruckt, vielleicht auch ein wenig stolz auf die Kolonialarchitektur, die das alte Havanna in großen Teilen kennzeichnet. »Ich fühle mich hier ganz wie zu Hause«, gesteht mir unser Gast.

Wir unterhalten uns über das vor einigen Monaten geschlossene spanische Kulturinstitut, dem man vorwarf, sich mit seinem Programm gegen Kuba zu richten. »Das ist eine Schande«, bemerkt mein Gesprächspartner. »Unsere Leute haben Castro nichts getan. Er hatte keinen Grund, uns so zu behandeln.« Ich kann ein Lächeln nicht unterdrücken. »Ich denke, dass die Schließung weniger mit Spanien als mit dem schwierigen Verhältnis zwischen Castro und Aznar zu tun hat«, wende ich ein.

Eine längere Unterhaltung über die Regierung Aznar beginnt. Wir können keine Einigkeit bei der Bewertung der Arbeit des früheren spanischen Regierungschefs erzielen. Während der Spanier vor allem die wirtschaftlichen Erfolge der letzten Jahre hervorhebt, kritisiere ich die Abwendung der Regierung Aznar von Europa und die einseitige Hinwendung zu den USA, die Spanien auch in der Irak-Frage unterstütze.

»Ich schließe nicht aus, dass die Maßnahmen der EU vom vergangenen Juni zumindest teilweise auf Aznar zurückzuführen sind.« Mit dieser Bemerkung fordere ich meinen Gesprächspartner heraus, der seinem Ärger Luft macht. »Du solltest Aznar nicht nur mit der Brille einer außenpolitischen Episode betrachten. Er hat viel für Spanien getan, du wirst sehen, er wird die Wahlen im März gewinnen.«

Aznar hat die Wahlen im März 2004 nicht gewonnen. Er hat sie auch deshalb nicht gewonnen, weil die Wähler ihm verübelt haben, dass er vorschnell eine Schuldzuweisung für das Attentat am Madrider Bahnhof an die *ETA*, die baskische Separatistenorganisation, machte. Aznar hatte sogar eine offizielle Weisung an die spanischen Botschaften geben lassen, dass die *ETA* hinter dem Attentat stecke. Es stellte sich jedoch schnell heraus, dass Al Qaida dafür verantwortlich war.

Das offizielle Kuba hat sich über die Niederlage von Aznar, den Castro mehrfach als »Faschisten« bezeichnet hatte, gefreut. Es hatte die schlechten Beziehungen zur EU, besonders zu Spanien, dem Regierungschef in Madrid zugeschrieben. Nun würde Rodriguez Zapatero an die Macht kommen. Havanna erhoffte sich von ihm einen Politikwechsel.

Er würde kommen. Erste Anzeichen waren bereits ab Ende April 2004 zu erkennen.

Club Havanna, 28. April. Der Botschafter der Niederlande gibt zusammen mit dem Geschäftsträger der EU-Kommission einen Empfang zu Ehren der zehn Beitrittsländer. Es herrscht gute Stimmung. Wir feiern auf der weiten Terrasse des Clubgebäudes. Das blaue Meer und die Palmen geben einen malerischen Rahmen, eine kubanische Band spielt im Hintergrund.

Ich werde Zeuge eines Gesprächs zwischen dem spanischen und dem peruanischen Botschafter. Der Peruaner will den Namen seines Kollegen in der spanischen Tageszeitung *El País* gelesen haben. Dort seien gestern die Namen der zu versetzenden Botschafter genannt worden. Die Meldung gehe auf eine Äußerung der stellvertretenden spanischen Ministerpräsidentin zurück.

Nur zu gut kann ich mir vorstellen, was in meinem spanischen Kollegen an jenem Spätnachmittag vorgegangen sein mag. Das Schlimme war, dass sein Außenministerium ihn nicht unterrichtet hatte. Es trifft einen Diplomaten wie der Schlag, wenn er seine Versetzung aus der Zeitung erfährt. Im Auswärtigen Dienst der siebziger und achtziger Jahre erfuhr man übrigens seine Versetzung häufig durch die Spediteure, die mit einem Umzugsangebot aufwarteten.

Mit der Versetzung von Botschafter Jesús Gracia hatte die spanische Regierung einen ersten Schritt in Richtung der Verbesserung ihrer Beziehungen zu Kuba getan. Weitere Schritte folgten. Ende Mai trafen sich die Außenminister beider Länder am Rande des EU-Lateinamerika-Gipfels im mexikanischen Guadalajara. Einzelheiten des Gesprächs wurden nicht bekannt. Es kann aber vermutet werden, dass über die Normalisierung der Beziehungen gesprochen wurde.

Die Ernennung eines neuen Botschafters für Kuba im Juli 2004 war ein weiterer Schritt der Spanier. Mit Carlos Zaldívar fand man einen Mann, der nicht nur einschlägige Berufserfahrungen mitbrachte – er war Botschafter in Seoul gewesen –, sondern der auch im Rufe stand, dem linken politischen Spektrum seines Landes anzugehören. Manche meinten sogar, er sei früher Kommunist gewesen.

Ich lernte Zaldívar Ende September 2004 kennen. Er folgte meiner Einladung in die Residenz, wo wir uns über eine Stunde unterhielten. Dabei ging es in erster Linie um die Einladung der Opposition zu unseren Nationalfeiertagen. Wir würden am 4., Spanien am 12. Oktober, den Empfang zum jeweiligen Nationalfeiertag ausrichten.

Obwohl sich Carlos nicht klar äußerte, gewann ich den Eindruck, dass er gegen die Einladung der Opposition sei. Sein Argument waren die vielfältigen spanischen Interessen auf Kuba, die eine Normalisierung der Beziehungen sinnvoll erscheinen ließen. Vor allem die Schließung des spanischen Kulturinstituts in Havanna vor einem Jahr erfüllte den Kollegen mit Sorge. Er wollte sich mit aller Energie für seine Wiedereröffnung einsetzen.

Auch wir hatten ja unser Goethe-Institut eröffnen wollen, dies aber gerade aus Solidarität mit Spanien vorerst zurückgestellt. Ich warnte Zaldívar. Würden wir unsere EU-Solidarität den eigenen Interessen opfern, könnten die Kubaner mit uns leichtes Spiel haben.

Der 12. Oktober 2004

Den schönsten Residenzgarten in Havanna haben die Spanier. Er ist eigentlich kein Garten, er ist ein Park, dessen hoch aufgeschossene Königspalmen und weite Rasenflächen mit dem am unteren Ende gelegenen Pool ein besonders schönes Ensemble bilden.

Wie oft hatten wir in diesem Garten mit kubanischen Malern, Musikern oder Schauspielern gefeiert. In den spanischen Garten kamen alle gern, denn fast immer gab es außer interessanten Gesprächspartnern auch gute Speisen und Getränke.

Am 12. Oktober 2004 hatte ich mich, als ich die lange Autoschlange vor der spanischen Residenz sah, von meinem Fahrer absetzen lassen und war zu Fuß gelaufen. Es brachte mir aber keinen Zeitgewinn, denn auch beim Eingang für die Fußgänger hatte sich eine lange Schlange gebildet. Mein spanischer Kollege musste über tausend Gäste begrüßen.

Als ich von weitem Oswaldo Payá mit seiner Frau und andere Oppositionspolitiker, wie Vladimiro Roca und Elizardo Sánchez, erblickte, war klar, dass die Nachrichten stimmten, wonach die Opposition, sozusagen in letzter Minute, zum Nationalfeiertag eingeladen worden war. Hatte Carlos Zaldívar hierzu eine Weisung aus Madrid erhalten?

Ich vermute dies. Denn nach seinem Gespräch mit einigen Botschafterkollegen vor Ort hatte es einen Meinungsaustausch zwischen unseren Hauptstädten gegeben. Einige der EU-Regierungen drängten Spanien, die vereinbarte Solidarität zu wahren und, nachdem auch Griechenland, Portugal und Österreich die »Dissidenten« zum Nationalfeiertag eingeladen hatten, das Gleiche zu tun.

Meine erster Gedanke war, dass die EU nun in ihrer Geschlossenheit und Stärke erneut mit den Kubanern in einen Dialog treten sollte. Den Kubanern musste jetzt klar sein, dass sie ihr Ziel, die EU zu spalten, nicht erreicht hatten.

Aber die Ansprache des spanischen Botschafters riss mich aus meinen Träumen und Wunschvorstellungen. Mit sehr klaren Worten forderte er eine Änderung der »unnatürlichen Situation«. Spanien würde alles daransetzen, sie zu beenden und energisch für einen Dialog mit den Kubanern eintreten.

Diese Äußerungen ließen die eingeladenen Oppositionspolitiker aufhorchen. Sie wussten ebenso wie wir, dass sich der spanische

Außenminister Miguel Angel Moratinos und sein kubanischer Kollege Pérez Roque bereits zwei Mal getroffen hatten. Sie konnten jetzt ahnen, welchen Inhalts das Gespräch war. Demonstrativ verließen einige von ihnen, darunter Oswaldo Payá, den Empfang.

Heute kann ich zugeben, dass ich innerlich so wie der Spanier dachte. Was hatten wir denn mit unseren Maßnahmen erreicht? Nur sechs der 75 inhaftierten »Dissidenten« waren freigelassen worden; alle aus Gesundheitsgründen. Der prominenteste unter ihnen, der Journalist und Schriftsteller Raúl Rivero, saß weiterhin im Gefängnis. Dies war kein gutes Zeichen, denn für ihn hatten sich besonders viele Politiker aus der EU stark gemacht.

Immer wieder hatte ich dafür geworben, die vier von uns im Juni 2003 auf der Ebene der Außenminister verhängten Maßnahmen zu suspendieren. Niemand hatte daran gedacht, sie für die Ewigkeit zu verhängen. Sollten die Kubaner uns noch ein Stück entgegenkommen, wäre es an der Zeit, ernsthaft über ihre Aufhebung nachzudenken.

Am Tag nach dem Empfang Spaniens trat ich eine längere Auslandsreise an. Ich wusste, dass Spanien mit seiner neuen Linie gegenüber Kuba ernst machen würde. Könnte Spanien die EU auf seine Seite bringen oder würden sich die Partner nach der mühsam erzielten Geste der Solidarität bei den Empfängen erneut spalten?

Eine Orgel für die Kathedrale

Die ehemalige Basilica San Francisco im Herzen der Altstadt von Havanna ist ein besonders geeigneter Ort für Konzerte. Hier hatten wir im Oktober 2002 unseren Empfang zum Tag der Deutschen Einheit gefeiert und damit ein Konzert verbunden. Zahlreiche andere Konzerte hatten hier zwischendurch stattgefunden. Im August 2004, kurz nach der Abreise des spanischen Botschafters, wurde hier die *Johannespassion* aufgeführt.

Meine Frau und ich wurden in die erste Reihe gebeten, neben Kardinal Ortega, der in Begleitung eines jüngeren Geistlichen erschienen war. Zu unserer Überraschung stellte sich kurz vor Beginn des Konzerts auch Carlos Lage, der kubanische Vizepräsident, mit seiner ganzen Familie ein. Er begrüßte den Kardinal und mich sehr freundlich. Sollten dies Vorboten der Versöhnung sein?

Mit dem Kardinal hatte ich mich in den letzten Monaten öfter getroffen, auch bei einem Essen im kleinsten Kreis, zu dem der neue italienische Nuntius eingeladen hatte. Kardinal Ortega war ein sehr ruhig wirkender Mann, stets freundlich und ausgleichend. Beim Übergang zu Pluralismus und Demokratie könnte er an der Spitze der katholischen Kirche Kubas eine führende Rolle einnehmen. Sein Motto war die Versöhnung, die *Reconciliación*.

Kardinal Ortega hatte zwar anfänglich die harte Linie der EU gegenüber Kuba, so wie sie in den Ministerbeschlüssen vom 5. Juni 2003 festgelegt worden war, grundsätzlich begrüßt; gleichzeitig war er aber auch besorgt, dass der von ihm gewünschte Dialog der Europäer mit Kuba vertagt werden oder gar ganz zum Erliegen kommen könnte. Kuba war nach der aggressiven Rede Fidels zum 1. Mai 2004, in der er besonders die politische Führung in Mexiko und Peru angegriffen hatte, in der Region wieder weitgehend isoliert. War das nicht ein günstiger Augenblick für die Europäer, nun auf Castro zuzugehen?

Während des Essens beim Nuntius hatten wir hierüber gesprochen. Welchen Weg würde es aus der Sackgasse geben, in die wir geraten waren? Die von Kuba gestellte Forderung nach Unterlassung der Einladung von »Dissidenten« zu den Nationalfeiertagen war nicht ohne weiteres akzeptabel. Dies wäre als Einlenken gegenüber Castro und als Gesichtsverlust der EU interpretiert worden. Für die »Dissidenten« waren die Einladungen sehr wichtig. Sie verstärkten ihre Sichtbarkeit nach außen.

Womit könnten wir eine Kompensation für den Fall schaffen, dass wir künftig auf die Einladung der Opposition zu unseren Nationalfeiertagen verzichteten? Wären regelmäßige Treffen, zum Beispiel in einem der großen Hotels in Havanna, ein Ausgleich? Ich hatte den Eindruck, dass der Kardinal es begrüßen würde, wenn wir in der EU ganz offen mit Leuten wie Payá über diese Frage sprechen würden.

Ein weiteres Thema war die wachsende Unzufriedenheit in der Bevölkerung. Ich hatte die Frage gestellt, ob sich diese nicht entladen könne. Eine *Chispa*, ein Funke könne ausreichen, um eine Explosion hervorzurufen. Der Kardinal hatte abgewinkt. Es werde keine Eruption geben. Die Kubaner werden noch viel ertragen, oft in Resignation, aber nicht in Rebellion.

Es war tatsächlich so. Auch in den schlimmsten Jahren hatten die Leute durchgehalten. 1994, auf dem Höhepunkt der Wirtschaftskrise, hatte es zunächst Anzeichen eines Aufstandes gegeben, aber dann hatte Fidel die Schleusen geöffnet, hatte Tausenden von Kubanern die Ausreise in die USA gestattet und den Dollar legalisiert. Die Unzufriedenen, aber auch viele Kriminelle, hatten damals die Insel verlassen. In Kuba war wieder Ruhe eingekehrt.

Aber heute stand dieser Weg nicht offen. Die USA hatten eingestanden, dass sie einer Massenflucht aus Kuba nicht tatenlos zusehen würden. Sie könnte als ein Sicherheitsrisiko für die Supermacht eingestuft und sogar mit militärischem Eingreifen beantwortet werden.

Und dennoch, die Kubaner würden kaum etwas tun, um das sozialistische Regime zu stürzen. Zu groß ist ihre Angst vor der Ungewissheit danach. Viele fürchten die Rückkehr ihrer Landsleute aus dem Exil. Eine Übernahme der Macht durch Exilkubaner könnte letztlich dazu führen, dass wieder die alten Zustände herbeigeführt werden würden und Kuba erneut in die Abhängigkeit von den USA geraten könnte. Sie bevorzugten daher den weniger unsicheren Status quo.

Die Kirchen, nicht nur die katholische Kirche, bemühten sich daher um eine Aussöhnung der Insel mit den Exilkubanern. Sie könnte den Weg für ein vernünftiges Miteinander im Übergang ebnen helfen. Solche Gedanken wurden mir offen vorgetragen, unter anderem bei einem Gespräch im evangelischen Centro de Reflexión in Cárdenas in der Provinz Matanzas.

Castros törichter Verzicht auf die humanitäre Hilfe der EU hatte dazu beigetragen, dass die europäischen Botschafter verstärkt mit NGOs und mit den Kirchen zusammenarbeiteten. In ihnen sahen sie Partner, um dem dringenden Anliegen nach Hilfen für die notleidende kubanische Bevölkerung entsprechen zu können.

In diesem Kontext kam mir die erneute Begegnung mit dem Kardinal während des Konzerts in der alten Basilika sehr recht. Das vor uns stehende Orgelpositiv, das während des Konzerts mit einem fast vierzigköpfigen Chor kaum zur Geltung kam, bot mir Anlass, in der Pause nach der Orgel in der Kathedrale zu fragen. »Oh, die funktioniert schon lange nicht mehr«, antwortete Jaime Ortega. »Vielleicht könnte man sie wieder in Ordnung bringen«, erwiderte ich. Wir sollten einmal darüber nachdenken, ob man nicht die *Amigos de la Catedral de La Habana* (Freunde der Kathedrale von Havanna) ins Leben rufen könnte.

El órgano de esta Catedral, obsequio de la República Federal de Alemania fue solemnemente inaugurado por su Excelencia Dr. Bernd Wulffen, Embajador de Alemania en Cuba y su Eminencia Cardenal Jaime L. Ortega Alamino, Arzobispo de la Habana, el 13 de Mayo de 2005, fiesta de Nuestra Señora de Fátima.

Die katholische Kathedrale von Havanna ist an Sonntagen meist überfüllt; im Inneren verweist eine Marmortafel darauf, dass die Orgel ein Geschenk aus Deutschland ist und am 13. Mai 2005 eingeweiht wurde.

Erst bei der Verabschiedung am Ausgang kam der Kardinal darauf zurück. »Sie haben vorhin einen sehr brauchbaren Gedanken geäußert. Ja, lassen Sie uns über einen Freundeskreis für die Kathedrale nachdenken.«

Mit diesen Worten im Gedächtnis fuhr ich Mitte August 2004 in den Heimaturlaub. Ich sah Orgeln, sprach mit Organisten und Orgelbauern. Eine neue Orgel würde wohl mindestens eine halbe Million Dollar kosten. Bei der Reparatur der Orgel der Kathedrale hätten wir mit mindestens 100 000 Dollar zu rechnen. Schließlich brachte mich ein Orgelbauer in der Nähe des schwäbischen Leutkirch auf die Idee einer elektronischen Orgel, die schon ab circa 20 000 Dollar zu haben wäre.

Diesen Gedanken sprach ich im Auswärtigen Amt an, wobei ich auf die wichtige politische Rolle der Kirche und des Kardinals hinwies. Das Amt ging hierauf ein und gab mir Bereitschaft zur Mitfinanzierung des Projekts zu erkennen. Dies war für mich wichtig. Denn es war kaum zu erwarten, dass die *Amigos de la Catedral* genügend Geld für die Orgel aufbringen könnten.

Eine elektronische Orgel hatte auch den besonderen Vorteil, kaum der Wartung zu bedürfen. Alle elektronischen Teile sind in Plastik eingeschweißt und damit gegen klimatische Einflüsse unanfällig. Fast alle traditionellen Orgeln in Kuba waren dem feuchtheißen Klima und der Unmöglichkeit, die aufwendige Wartung zu finanzieren, zum Opfer gefallen.

Würde der Kardinal ein elektronisches Instrument akzeptieren, das aufgrund der modernen Technik zwar vom Klang her einer klassischen Orgel nahe kam, aber keine einzige Pfeife aufwies? Die Hersteller elektronischer Orgeln hatten sich zwar sehr schöne Orgelprospekte mit spektakulärer Pfeifenanordnung einfallen lassen. Aber dies war alles Attrappe. Im Grunde war die Orgel ein großes Schaltbrett mit unzähligen elektronischen Bauteilen. Mit Hilfe von Verstärkern und großen Lautsprechern wurde die notwendige Klangintensität hergestellt.

Als das Oberhaupt der katholischen Kirche Kubas zum Mittagessen in die Residenz kam, wurde es von Orgelmusik begrüßt. Schöne Läufe und Kadenzen durchfluteten die weiten Räume, und der Besucher war davon sehr angetan. Als ich ihm sagte, dies sei Musik aus einer elektronischen Orgel, war er nicht etwa enttäuscht, sondern meinte, er habe nicht gewusst, dass man mittlerweile die Klangqualität dieser künstlichen Orgeln so verbessert habe.

Danach zeigte ich dem Kardinal Fotos elektronischer Orgeln und erklärte ihre Funktionsweise. Ich führte aus, dass die gute Klangqualität durch die elektronische Kopie und Speicherung der Töne eines klassischen Instruments zustande käme und stellte die weiteren Vorteile dieser neuen Art von Orgel heraus. Nach meiner Einschätzung würden wir das Instrument vielleicht schon im späten Frühjahr des kommenden Jahres in Havanna haben.

Kardinal Ortega zeigte sich sehr beeindruckt. Als ich ihm sagte, dass die Finanzierung dank der Hilfe des Auswärtigen Amts und eines früheren hessischen Ministers gesichert sei, lud er mich ein, die Einweihung der neuen Orgel mit einem Konzert zu verbinden, das wir gemeinsam in der Kathedrale eröffnen würden. »Wenn Sie wollen, werden wir gemeinsam einladen.«

Das war im November 2004. Im März 2005 war die Orgel, die eine unerwartet lange Lieferzeit hatte, versandbereit. Im April trafen die Kisten in Havanna ein. Ich schmunzelte, als ich sie sah. Mit großen Lettern stand darauf »Organo, no es donación« (Orgel, keine Schenkung). Wahrscheinlich sollte mit dieser wahrheitswidrigen Aufschrift die Frage nach der Herkunft der Mittel für das Instrument von vornherein vereitelt werden. Die Ministerien in Havanna achteten sehr darauf, dass keine Schenkungen aus Mitteln europäischer Regierungsbudgets nach Kuba kamen.

Am Freitag vor Pfingsten war es dann soweit: Die Orgel wurde im Rahmen eines Konzerts ihrer Bestimmung übergeben. Mit Unterstützung des Goethe-Instituts in München weihte ein bekannter deutscher Organist zusammen mit einem kubanischen Chor die Orgel ein. Regierungsvertreter, das diplomatische Corps und zahlreiche Gläubige waren zum Konzert erschienen, das Kardinal Ortega mit einer Ansprache eröffnete.

Zu meiner Freude stellte er den ebenfalls anwesenden ehemaligen hessischen Wirtschaftsminister Dieter Posch besonders heraus. Er hatte seine Freunde anlässlich seines 60. Geburtstags gebeten, für die Orgel der Kathedrale in Havanna zu spenden, und eine beträchtliche Summe aufbringen können. Für den Kardinal war diese großzügige Geste eines protestantischen deutschen Politikers ein Zeichen für die Verbundenheit der Konfessionen, die dem neuen Papst Benedikt XVI. ein großes Anliegen war.

Heikle Fragen in Berlin

Nach über einem Jahr Pause konnte ich endlich wieder die Berliner U-Bahn genießen, die mich in weniger als 20 Minuten von meiner Wohnung in Charlottenburg zum Hausvogteiplatz in Berlin-Mitte beförderte. Der Morgenhimmel war wolkenlos, als ich am Montag, dem 6. September 2004 das Gebäude der ehemaligen Reichsbank betrat, das nun bereits seit über neun Jahren Sitz des Auswärtigen Amts war. Der damalige Außenminister Klaus Kinkel hatte am 5. April 1995 hier den Sitz des AA in Berlin eröffnet, eine Messingplatte mit der Inschrift »Auswärtiges Amt« enthüllt und dort sein Büro bezogen.

Anlass für den Besuch in meiner Zentrale war die Botschafterkonferenz in Berlin, mittlerweile die fünfte Versammlung dieser Art. Sie würde Gelegenheit bieten, mit zahlreichen Kollegen zu sprechen und die Gedanken der Zentrale zu erfahren. Würde sich auch die Möglichkeit eröffnen, mit der Leitung meines Hauses, vor allem auch mit dem Minister, zu sprechen?

Trotz seiner mit nur elf Millionen Einwohnern eher bescheidenen Größe fand Kuba innerhalb der sozialdemokratisch geführten Bundesregierung beachtliches Interesse. Ich hatte dies bereits vor meiner Abreise nach Havanna im Dezember 2000 feststellen können. Die damalige Ministerin für Zusammenarbeit und Entwicklung, Heidemarie Wieczorek-Zeul, nahm sich fast eine Stunde Zeit, um mit mir über Kuba zu sprechen. Sie hatte das Land einige Monate vorher besucht und plante, die staatliche Entwicklungszusammenarbeit mit Kuba alsbald zu beginnen. Bisher gab es diese Zusammenarbeit nur auf der Ebene von Nichtregierungsorganisationen und kirchlichen Stellen.

Bundeskanzler Gerhard Schröder gehörte ebenfalls zu den Politikern, die Kuba eine besondere Rolle in Lateinamerika zuerkannten. Er hatte das Land sowohl als Mitglied des Deutschen Bundestags als auch als Ministerpräsident Niedersachsens besucht. Zu meiner Überraschung empfing er im März 2002 den kubanischen Vizepräsidenten Carlos Lage, der sich während eines Deutschlandbesuchs in Berlin aufhielt, um Mitternacht im Kanzleramt. Die Begegnung war nicht geplant. Schröder war gerade von einer Reise aus den Niederlanden zurückgekehrt.

Überraschend war auch, dass Kanzler Schröder bei der Botschafterkonferenz 2003 bei der Frage nach unseren Beziehungen zu Lateinamerika als Erstes Kuba ansprach.

Daher war ich gespannt zu erfahren, welche Haltung deutsche Politiker und hohe Beamte jetzt, im Spätsommer 2004, in der Frage unserer Beziehungen zu Kuba einnehmen würden.

Zunächst nahm ich mir vor, mit den Kollegen aus der Kulturabteilung, aus der politischen Abteilung und aus dem Ministerbüro über die Angelegenheit zu sprechen. Vor allem wollte ich ihnen vor Augen führen, dass die meisten unserer Partner in der EU mittlerweile wieder ganz normale Kulturbeziehungen zu Kuba unterhielten. Wir hingegen hatten weisungsgemäß die Kulturarbeit sehr zurückgefahren. Deutschland stand in der Gefahr, gegenüber Frankreich, Großbritannien und Italien in Kuba kulturell ins Hintertreffen zu geraten.

Die Kollegen teilten meine Auffassung, dass wir etwas tun müssten, um nicht ganz den Anschluss zu verlieren. Zumindest in den Bereichen Spracharbeit und Stipendien sollten wir unsere Arbeit möglichst umgehend wieder aufnehmen.

Es widerstrebte mir zunächst, den Minister mit dieser Frage zu behelligen. Er hatte weiß Gott andere Sorgen als Kuba. Der Nahe Osten – diesmal das Schwerpunktthema der Botschafterkonferenz –, der mögliche türkische EU-Beitritt, die Situation in Irak und Afghanistan sowie der internationale Terrorismus waren gewiss dringender als unsere Karibikinsel.

Überraschend bot sich aber dann doch eine Gelegenheit, mein Anliegen an den Mann zu bringen. Nach der Einführung in die Konferenz eröffnete der Minister den Botschaftern die Möglichkeit, mit ihm die vielfältigsten, die Auslandsarbeit betreffenden Themen zu besprechen. Dabei beschäftigte ihn sehr der Aspekt der Personalfürsorge, das heißt das Wohlergehen der Mitarbeiter im Ausland.

Hier konnte ich einhaken. Der Zustand des »Eingefrorenseins« beeinträchtigte meine Mitarbeiter erheblich. Auch sie waren in weitem Umfang von Kontakten zu Kubanern ausgeschlossen. Statt bisheriger Anrufe oder gelegentlicher Besuche mussten sie versuchen, Probleme im umständlichen Schriftverkehr mit den kubanischen Stellen zu lösen. Am härtesten traf unsere Situation die Mitarbeiter des Kulturreferats der Botschaft. Sie hatten die engsten Kontakte zu kubanischen Stellen geknüpft. Bis ins späte Jahr 2003 befand sich unsere Kulturarbeit in einer stetigen Aufwärtsentwicklung. Jetzt lag alles danieder. Ein schwerer Mehltau hatte sich über die Kulturarbeit unserer Botschaft gelegt. Die Mitarbeiter waren deprimiert.

Dies schilderte ich dem Minister und fügte hinzu, dass über 30 000 Kubaner in Deutschland gearbeitet oder studiert hätten. Das Interesse gerade an der deutschen Kultur sei groß. Wir sollten die Menschen nicht enttäuschen. Auch ging ich auf die erfolgreiche Kulturarbeit unserer Partner in der EU ein. Sie gehe trotz der negativen Haltung Castros zur EU weiter. Ich merkte auch, dass einige Kollegen beifällig nickten, als ich die Sprache auf die von uns mitgezeichnete Vorlage der Kulturabteilung – eine schriftlich ausgearbeitete und mit Gründen versehene Bitte um Entscheidung – brachte, die vorsah, schrittweise die Kulturarbeit durch Sprachunterricht und Vergabe von Stipendien wieder in Gang zu bringen. Sie wartete seit Februar im Büro des Ministers auf seine Entscheidung.

»Sie werden eine Antwort erhalten«, sagte mir mein Chef, den mein Beitrag wohl überrascht hatte. Dann gab er eine Einschätzung zur Person des kubanischen Machthabers, die ich in Teilen als zutreffend ansehen musste. Castro sei ein Nationalist und Diktator, mit dem man nicht reden könne. Wir dürften dieser Diktatur keine Avancen machen und nichts tun, das so ausgelegt werden könnte, als würden wir »zu Kreuze kriechen«.

Botschafter in der Zwickmühle

Den zweiten Teil unserer Ferien im Herbst 2004 verbrachte ich mit meiner Frau in Argentinien. Wir richteten unsere Zweitwohnung in Tucumán im Norden des Landes ein und reisten nach Salta und Jujuy, die beiden im Norden an Chile und Bolivien grenzenden Provinzen. Meine Verwandten und Freunde wollten viel über Kuba wissen, über Fidel Castro, über die Beziehungen Kubas zur EU. Es hatte sich herumgesprochen, dass die EU-Botschafter in Havanna »eingefroren« waren. Nur konnte sich kaum jemand etwas darunter vorstellen.

Die größte Zeitung in der flächenmäßig recht kleinen Provinz Tucumán, *La Gaceta*, berichtete bereits kurz nach unserem Eintreffen gegen Ende Oktober fast täglich vom Besuch des peronistischen Gouverneurs José Jorge Alperovich auf Kuba. Ihm gefiel das kubanische Erziehungswesen, und er wollte es auf seine Provinz übertragen. Der Besuch wurde in Tucumán zu einem politischen Ereignis ersten Ranges hochstilisiert; allerdings hörte ich aus Havanna, dass dort kaum jemand der Visite eines argentinischen Provinzgouverneurs Beachtung schenkte.

Unterdessen hatte die neue spanische Regierung unter ihrem sozialdemokratischen Ministerpräsidenten Rodríguez Zapatero kräftig an der Verbesserung der Beziehungen zu Kuba gearbeitet. Es war zu einem dritten Treffen zwischen den Außenministern Pérez Roque und Moratinos gekommen. Nur wenig verlautete über dessen Inhalt. Aber wie wir aus verschiedenen europäischen Hauptstädten hörten, setzte sich Spanien auch in der EU dafür ein, eine Normalisierung der Beziehungen zu Kuba zu erreichen.

Doch nicht alle Regierungen in der EU waren hierzu bereit. Vor allem die Tschechen und Polen galten als »harte Brocken«. Václav Havel, der weiterhin großen Einfluss auf die Außenpolitik des Hradschin zu haben schien, war ein eingefleischter Gegner Fidel Castros. Exilkubaner in Miami hatten sich mir gegenüber sehr lobend über den tschechischen Ex-Präsidenten geäußert. Von ihm bekämen sie in Europa die meiste Unterstützung.

Bei uns waren neben Bündnis 90/Die Grünen eine Reihe von SPD-Abgeordneten, vor allem aus der ehemaligen DDR, und zahlreiche CDU/CSU-Politiker strikt gegen eine Annäherung an Castro. Sie erinnerten sich an die »Dissidenten«, die unter den kommunistischen Regimes in Mittel- und Osteuropa gelitten hatten. Viele von ihnen hatten jahrelang im Zuchthaus gesessen, nur weil sie ihre Meinung offen geäußert hatten.

Der Abgeordnete Markus Meckel, der letzte Außenminister der DDR, hatte bei seinem Besuch in Havanna im Sommer 2003 keinen Hehl daraus gemacht, dass er dem Regime auf Kuba nur noch kurze Zeit einräumte. Er erinnerte bei seinen Gesprächen in Havanna an das Ende der DDR und den gewaltlosen Protest immer größerer Kreise der Bevölkerung, die sich ähnlich wie die Kubaner heute nach der Freiheit sehnten und die Gängelung durch das Regime satt hatten.

Die neue spanische Regierung und mit ihr meist linke Kreise in der EU argumentierten anders. In Kuba sei mit Druck und Konfrontation nichts zu erreichen. Die USA bemühten sich mit ihren Sanktionen seit über vierzig Jahren erfolglos, das Castro-Regime in die Knie zu zwingen. Nur mit Dialog sei etwas zu bewirken, vor allem auch für die politischen Gefangenen, deren Freilassung eines der vordringlichen Ziele der EU sein müsse.

Der Schriftsteller Raúl Rivero, Initiator der unabhängigen Nachrichtenagentur Cuba Press, vor seiner Verhaftung in Havanna.

Spanien und diese Gruppe verwiesen auf bereits erfolgte Freilassungen verurteilter und inhaftierter »Dissidenten« im vergangenen Jahr. In der Tat hatte die Regierung eine Reihe von Oppositionspolitikern – insgesamt elf – aus gesundheitlichen Gründen entlassen. Zu ihnen zählte die Publizistin Martha Beatriz Roque, die einzige in Haft genommene Frau.

Mitte November 2004 hatte die EU diese Freilassungen begrüßt, allerdings die Entlassung aller inhaftierten Oppositionspolitiker gefordert. Zu mehr konnte sie sich nicht durchringen. Das in etwa ausgewogene Kräfteverhältnis von dialogbereiten und den Dialog mit Kuba nach wie vor ablehnenden Politikern ließ dies nicht zu.

Am 25. November rief Außenminister Pérez Roque den spanischen Botschafter Carlos Zaldívar zu sich und eröffnete ihm, dass seine Regierung wieder zu normalen Beziehungen zu Spanien zurückkehren wolle. Er werde ab sofort wieder wie vor dem 12. Oktober 2003 behandelt und »aufgetaut«.

War dies wieder einmal ein Vorgehen nach dem Prinzip teile und herrsche oder ein Entgegenkommen gegenüber der EU? Wir hatten die Diskussion darüber noch nicht richtig begonnen, als ein kubanischer Bekannter, der einen Sender in Miami empfangen hatte, mir mitteilte, die Regierung habe etwa zwanzig »Dissidenten« aus ihren Gefängnissen in der Provinz nach Havanna verlegt. Auch hieß es, alle inhaftierten Oppositionellen würden einer eingehenden Gesundheitsuntersuchung unterzogen.

In der Nacht vom 2. auf den 3. Dezember wird Raúl Rivero, der wohl prominenteste der »75«, freigelassen. In den folgenden Tagen erfahren wir von weiteren Freilassungen. Offenbar hat die Führung eine »tröpfchenweise« Freilassung angeordnet, um kein allzu großes Aufsehen zu erregen. Will sie uns auf die Folter spannen?

Während wir auf weitere Freilassungen warten, nehmen wir Verbindung zu den Entlassenen und ihren Familien auf, mit denen wir ständig Kontakt gehalten hatten. Das Telefon von Raúl Rivero bzw. seiner Frau Blanca Reyes ist ständig besetzt, so dass ich über eine Mittelsperson Glückwünsche und beste Grüße ausrichten lasse. Meine Frau und ich hatten Blanca Reyes öfter gesehen und auch eingeladen. Sie war für uns das Symbol der stets ruhigen, aber unermüdlichen Kämpferin um die Freilassung ihres Mannes.

Bis Mitte Dezember 2004 zählten wir weitere elf Freilassungen, mit den bereits vorher erfolgten kamen wir auf 17. Ich halte am 13. Dezember in meinem Tagebuch fest:

Offenbar sind fast alle der im vergangenen Jahr inhaftierten 75 »Dissidenten« einer eingehenden Gesundheitsuntersuchung zugeführt worden (...). Die USA haben klar zu erkennen gegeben, dass sie von der neuen spanischen Politik gegenüber Kuba nichts halten. Roger Noriega, der für Lateinamerika zuständige Staatssekretär im State Department, hat Spanien und andere Mitgliedstaaten der EU in einem Interview am 3. Dezember heftig kritisiert und ihnen vorgeworfen, sie beugten sich Castro. In einer diplomatischen Demarchenaktion versuchten die USA noch vor der Sitzung der Lateinamerika-Arbeitsgruppe am 14. Dezember in Brüssel, die Regierungen der EU von einer Annäherung an Kuba abzubringen. Auch verlangten sie die Hinzuziehung ihres diplomatischen Vertreters in Havanna zu den Sitzungen der EU-Missionschefs.

Die Frage, die sich uns Botschaftern damals stellte, war mit den »Dissidenten« verknüpft. Die meisten von uns hatten sie zum jeweiligen Nationalfeiertag eingeladen. Würden wir diese Praxis ändern können, ohne das Gesicht zu verlieren? Das war die Kernfrage, an der sich die Geister schieden.

Ich gebe zu, dass auch ich mich hin- und hergerissen fühlte. Castro würde die Änderung unserer Einladungspraxis bei den Nationalfeiertagen als Sieg feiern. Wieder einmal würde es ihm gelungen sein, sich mit Hartnäckigkeit und Kompromisslosigkeit durchzusetzen. Aber andererseits war er der EU entgegengekommen und hatte einige der zu langen Haftstrafen verurteilten »Dissidenten« freigelassen. Für ihre Freilassung hatten sich auch prominente Politiker in der EU eingesetzt.

Wie auch die weiteren Entscheidungen im Rahmen der EU ausfallen würden, es bliebe ein bitterer Nachgeschmack, nämlich einerseits, im Falle einer »versöhnlichen« Haltung, dem Diktator entgegengekommen zu sein, und andererseits, bei einer harten Haltung, nicht das Äußerste getan zu haben, um weitere politische Gefangene freizubekommen.

So begrüßte ich die am 14. Dezember vom Lateinamerika-Ausschuss der EU in Brüssel getroffene Entscheidung. Sie enthielt einen vertretbaren Kompromiss. Der Ausschuss schlug den Außenministern, die Ende Januar 2005 in Brüssel tagen würden, vor, die im Juni 2003 gegenüber Kuba verhängten Maßnahmen für ein halbes Jahr auszusetzen, darunter auch die Entscheidung, die kubanischen Oppositionellen zu den Empfängen anlässlich der Nationalfeiertage einzuladen. Gleichzeitig sollten aber auch keine kubanischen Offiziellen unsere Gäste sein. Zu den Empfängen sollten lediglich das diplomatische Corps und die eigene Gemeinschaft eingeladen werden.

Versöhnung mit dem Exil?

Im November 2004 erreichte mich die Einladung eines evangelischen Zentrums in der Provinz Matanzas. Dieses Zentrum hatte sich einerseits die Betreuung von Körperbehinderten und die Förderung von Landwirtschaft über eine eigene Musterfarm, andererseits die Versöhnung unter den Kubanern, speziell denen im Exil mit denen auf der Insel, zum Ziel gesetzt.

Der Gedanke der Versöhnung als Basis für einen friedlichen Übergang nach dem Ende des Castro-Regimes war in den letzten Jahren von verschiedenen Seiten geäußert worden. Seit 2001 hatte sich die Arbeitsgruppe *Memoria, Verdad y Justicia* (Erinnerung, Wahrheit und Gerechtigkeit) zunächst in Mexiko, dann auch in Miami daran gemacht, mögliche Grundlagen für die Versöhnung des Exils mit der Insel zu erarbeiten. Ähnliche Gruppen, die sich bereits vor dem Fall der Berliner Mauer in Mittel- und Osteuropa gebildet hatten, und die Wahrheitskommission in Südafrika standen hierfür Pate.

Auch in der katholischen Kirche Kubas war der Gedanke der Versöhnung stark ausgeprägt. Kardinal Ortega und die Gruppe um die Zeitschrift *Vitral* in Pinar del Rio setzten sich dafür ein. Schließlich hatte auch Ex-US-Präsident Carter in seiner Rede in der Universität Havanna im Mai 2002 diesen Gedanken aufgegriffen und die Einsetzung einer gemeinsamen Kommission aus Insel- und Exilkubanern vorgeschlagen.

Das Zentrum in der Provinz Matanzas war für mich aber noch aus einem anderen Grund interessant. Ich suchte schon seit einiger Zeit nach einem Gesprächspartner unter den Protestanten Kubas. Seit dem Weggang des ehemaligen Vorsitzenden des Rates der evangelischen Kirchen Kubas, Dr. Arce, nach Matanzas, hatte ich in Havanna keinen Ansprechpartner mehr, denn seine Nachfolgerin schien wenig interessiert am Dialog mit mir und anderen europäischen Botschaftern. Das lag vielleicht auch daran, dass die Protestanten in Kuba sehr stark zersplittert sind und zum großen Teil von Kirchen in den USA unterstützt werden.

Am 3. Januar 2005 machte ich mich von Varadero aus auf den Weg nach Cárdenas. Meine Tochter, selbst evangelisch-lutherische Theologin, begleitete mich. Sie wollte das Zentrum auch gern kennenlernen. Als wir gerade die Musterfarm, wenige Kilometer außerhalb der Stadt besichtigten, erhielt ich einen Anruf aus Havanna.

Meine Vertreterin war am Hörer. Sie sei soeben aus dem Außenministerium zurückgekehrt. Eigentlich habe mich der Minister sehen wollen. Da ich jedoch nicht zur Verfügung stand, sei sie zu einer hohen Beamtin im MINREX gerufen worden. Diese habe ihr erklärt, dass die kubanische Regierung mit acht europäischen Botschaften ab sofort wieder »normale« Beziehungen unterhalten wolle, darunter Frankreich, das Vereinigte Königreich, Italien und wir. Fünf EU-Missionen seien jedoch noch ausgenommen, darunter Tschechien, Polen und die Delegation der EU-Kommission.

Meine Vertreterin sagte mir, sie habe die Frage gestellt, warum die übrigen EU-Missionen nicht »aufgetaut« worden seien, aber nur ausweichende Antworten zu hören bekommen. Sie habe ihrer Gesprächspartnerin mitgeteilt, dass die Regierungen der Mitgliedstaaten der EU nicht hinnehmen würden, dass Kuba einen Keil zwischen sie zu treiben versuche.

Immerhin, sagte ich mir, scheint jetzt Bewegung in die eingefrorenen Beziehungen zu kommen. Wir sollten schnell unter den EU-Missionschefs über die Lage beraten.

Beginn einer neuen Ära?

Das kubanische Außenministerium ist ein nüchterner Zweckbau aus Glas und Beton. Allerdings fallen seine blau getönten großflächigen Fenster mit weißen Rahmen auf, die dem Gebäude trotz seiner Sachlichkeit einen besonderen Stil verleihen. Vor dem Ministerium liegt zur Seeseite ein schmuckloses, fast hässliches kleines Stadion, aus dem man besser einen Park machen könnte.

Hinter dem Arbeitsgebäude des Ministeriums befindet sich ein Palais im neoklassizistischen Stil, in dem protokollarische Termine oder Empfänge anlässlich des Besuchs von Außenministern oder anderen hochrangigen ausländischen Persönlichkeiten stattfinden, wie etwa des Exekutivdirektors des UN-Umweltprogramms Klaus Töpfer, der Kuba 2001 besuchte.

Als mich Anfang Januar 2005 Außenminister Pérez Roque zu sich bat, fand unser Gespräch in diesem Protokollteil des kubanischen Außenministeriums statt. Teilnehmer waren außerdem der für Europa zuständige Vizeminister Caballero, Europadirektorin Vicente sowie die Deutschlandreferentin.

Obwohl wir uns lange nicht gesehen hatten, fand das Gespräch in einer sehr offenen, beinahe freundschaftlichen Atmosphäre statt. Der Minister erkundigte sich nach meiner Familie, bevor wir das Sachgespräch begannen. Er wiederholte mir gegenüber sodann, dass Kuba seine Beziehungen zu acht Botschaften von EU-Staaten normalisiert habe, darunter auch Deutschland. Er betrachte die Beziehungen zu uns als besonders wichtig. Auf wirtschaftlichem, wissenschaftlichem und kulturellem Gebiet könnten wir eng und vertrauensvoll zusammenarbeiten.

Er erwähnte die Buchmesse vom vergangenen Februar. Er bedauere unsere Absage, aber er wolle jetzt nicht weiter bei diesem Vorgang verweilen. Es gelte, nach vorn zu denken und die kulturellen Beziehungen, die jetzt voranschreiten könnten, zu vertiefen. Noch nicht »aufgetaut« sei allerdings die wirtschaftliche Zusammenarbeit, sprich die Entwicklungshilfe. Hier müsse die Europäische Union erst den »Gemeinsamen Standpunkt« korrigieren, der eine Zusammenarbeit von Fortschritten bei der Liberalisierung abhängig mache.

In meiner Antwort sagte ich dem Minister, dass ich die Normalisierung der Beziehungen begrüße. Ich ging kurz darauf ein, dass ich seit unserem letzten offiziellen Gespräch im Oktober 2003, wie damals angekündigt, an der Weiterentwicklung der Beziehungen gearbeitet hätte. Ich freue mich, dass meine Bemühungen erfolgreich verlaufen seien.

Dann sprach ich Pérez Roque auf die übrigen noch nicht »aufgetauten« Missionen der EU an. Die Außenminister der EU tagten am 31. Januar. Sie würden über die Beziehungen zu Kuba sprechen. Für mich sei es unvorstellbar, dass sie irgendeine Entscheidung träfen, solange ein Teil ihrer Botschaften noch »eingefroren« sei. Daher empfehle ich, auch die übrigen Missionschefs ins Außenministerium zu bitten und ihnen die Normalisierung der Beziehungen mitzuteilen.

Ich ging noch einen Schritt weiter: Kuba sei stets für eine multipolare Welt eingetreten. Die EU sei hierbei ein wichtiger Faktor. Es sei nicht folgerichtig, wenn Kuba die EU in verschiedene Lager zu teilen versuche. Dies funktioniere nicht. Für die EU sei Solidarität ein zentrales Element.

Zu meiner Überraschung ging der Minister sofort darauf ein. Die Beziehungen Kubas zur EU-Kommission müssten in der Tat überprüft werden. Entwicklungskommissar Luis Michel, der damalige Außenminister Belgiens, habe sich stets für die Entwicklung der

Beziehungen zu Kuba eingesetzt und Havanna im August 2001 besucht. Später sei auch Kommissar Nielson, der Amtsvorgänger Michels, in Havanna gewesen und habe sich für den Beitritt der Insel zum Abkommen von Cotonou ausgesprochen.

Er fügte aber hinzu, dass ihm die Beziehungen der EU zu den »Dissidenten« Sorge bereiteten. Sollten wir einen »strukturierten Dialog«, das heißt feste Termine, Botschafterformat und Öffentlichkeit anstreben, sei dies für Kuba nicht akzeptabel. Dies würde erneut zu Konsequenzen führen.

Hierzu konnte ich ihn insofern beruhigen, als wir die Vokabel »strukturierter Dialog« bereits fallen gelassen und durch einen »verstärkten Dialog« ersetzt hätten. Im Übrigen sei ich persönlich der Auffassung, dass wir EU-intern noch keine Linie in dieser Frage festgelegt hätten. Für uns käme es sehr darauf an, dass alle EU-Mitglieder und die Kommission bis zum 31. Januar wieder normale Beziehungen zu Kuba unterhielten. Wäre dies der Fall, so glaubte ich, könne auch die Frage des Umgangs mit den Oppositionellen in einer akzeptablen Form geregelt werden.

Nun war ich sehr weit gegangen. Ich wusste, dass vor allem die neuen Mitglieder der EU, deren Führer teilweise schwer unter der kommunistischen Herrschaft gelitten hatten, auf eine Aufwertung der »Dissidenten« und sehr enge Kontakte zu ihnen drängten. Sie würden sich nicht auf eine weiche Formel einlassen.

Nach unserem über einstündigen Gespräch hatte ich das Gefühl, dass seitens der Kubaner Bereitschaft vorhanden war, uns weiter entgegenzukommen. Sicherlich würde der Außenminister die Argumente, die für ein »Auftauen« aller Missionschefs sprachen, Castro vortragen.

So fuhr ich ins Wochenende und freute mich auf Freunde, die sich bei uns für Sonntag angesagt hatten. Am Montag berichtete mir meine Vertreterin, noch bevor ich meinen Bericht nach Berlin fertig gestellt hatte, der Geschäftsträger der EU-Kommission sei ins Außenministerium gerufen worden. Kurz nach Absendung meines Berichts erfuhr ich, dass auch die übrigen vier Missionschefs einen Termin beim Außenminister erhalten hatten. Nach etwas über einer Stunde war alles klar: Auch die übrigen fünf waren »aufgetaut«.

Wenige Tage danach gab ich in der Residenz einen Empfang für die Mannschaft und die Fans des FC St. Pauli, die hier zu einem Trainingslager und Freundschaftsspielen waren. Allein aus Deutschland waren etwa einhundert Personen angereist. Dies erfuhr ich am Abend vor dem Cocktail. Ich hatte mich insgesamt auf etwa 120 Personen eingerichtet. Nun musste ich mit bis zu 200 rechnen.

Es kamen deutlich mehr als 200. Meine Frau und ich hatten noch in letzter Minute zusätzliches Personal gerufen und Lebensmittel und Getränke eingekauft, soweit die Supermärkte etwas hergaben. Zum Glück hatte ich vorher schon eine der besten Bands in Havanna, *El Son del Trópico*, für den Abend verpflichtet. Das Wetter war prächtig, und die Stimmung war gut. Mehr noch: Es kamen führende Vertreter aus Sport, Kultur und Politik. Miguel Barnet und Fernando Retamar führten die Schriftsteller an, Javier Sotomayor war als bekanntester Sportler dabei. Schließlich kam auch Vizeminister Caballero aus dem Außenministerium.

Seit fast eineinhalb Jahren hatte es dies bei uns nicht mehr gegeben. Die zahlreich mitgereisten deutschen Journalisten waren erstaunt. Sie hatten mit einem »eingefrorenen« Botschafter gerechnet. Sie fürchteten eine steife, uninteressante Party, aber endlich fanden sie wieder Leben, Musik und Tanz, gab es interessante Gespräche mit kubanischen Partnern. Auch Essen und Getränke reichten bis zum Schluss. Als Gastgeber freute ich mich.

Aber, wie so oft in Kuba, ließ der Rückschlag nicht lange auf sich warten. Wir EU-Missionschefs hatten einige Ideen über den künftigen Umgang mit der kubanischen Opposition zu Papier gebracht, die den Kubanern in die Hände gefallen waren. Drei unserer Kollegen wurden erneut ins Außenministerium gerufen. Dort wurde ihnen gesagt, bestimmte Punkte unserer Aufzeichnung seien für Kuba nicht akzeptabel.

Zum Glück gingen die Kollegen nicht darauf ein. Sie taten so, als sei ihnen das Papier nicht bekannt. Sie beschränkten sich auf den Hinweis, ihre Regierungen auf die kubanischen Bedenken aufmerksam zu machen.

Dann kam der lang erwartete 31. Januar. Der Rat der Außenminister der EU beriet über die Beziehungen zu Kuba. Dies hatte er seit meinem Amtsantritt in Havanna noch nie getan. Vielmehr hatte er die von den hohen Beamten vorgelegten Vorschläge ohne Aussprache gebilligt. Aber diesmal fand eine Aussprache statt. Einige Minister waren in Sorge, dass sie Castro zu weit entgegenkämen. Andere meinten, dass nur ein Politikwechsel der EU gegenüber Kuba den Menschenrechten und der Demokratie den Weg bahnen könnte. Für die demokratische Opposition sei der Dialog mit uns wichtiger als die Einladung zu Empfängen.

In der Tat hatte auch ich von einem der prominentesten Oppositionspolitiker gehört, dass es ihm auf einen ständigen Kontakt zu den europäischen Botschaften ankomme. Die Einladung zu bestimmten Empfängen sei nicht das Entscheidende.

Die Minister beschlossen nach ihrer Aussprache etwa das, was ihnen die hohen Beamten vorgeschlagen hatten. Kernpunkt war die Suspendierung der im Juni 2003 gegenüber Kuba beschlossenen Maßnahmen, darunter auch die Einladung der »Dissidenten« zu den Empfängen anlässlich der Nationalfeiertage. Allerdings sollte neben einem konstruktiven Dialog mit der kubanischen Regierung auch der Dialog mit der demokratischen Opposition intensiviert werden.

Wir atmeten auf. Aber wie würde Castro auf die Intensivierung der Kontakte zur Opposition reagieren?

Er reagierte, aber ganz anders, als wir dachten. In einer vierstündigen Rede am 1. Februar, anlässlich eines Alphabetisierungskongresses, nahm Fidel Castro die EU aufs Korn. Kuba brauche weder die USA noch Europa. Eigentlich wolle er gar nichts zu den Beschlüssen der EU-Minister sagen, denn dies sei Wasser auf die Mühle der *gusanera*, des »Gewürms« der Exilkubaner. Die Europäer hätten Kuba erst die Sterbeglocke geläutet und ihm dann verziehen. Er wolle sich aber nicht weiter einschalten, denn sonst würde der Außenminister arbeitslos.

Diese etwas rätselhaften Formulierungen waren wohl auf den »Gemeinsamen Standpunkt« der EU gemünzt, der einen Übergang zu Demokratie und Pluralismus und damit implizit ein Ende der sozialistischen Diktatur fordert.

Aber alles in allem war der Kommentar des alten Mannes recht milde. Vor allem fanden wir sehr bemerkenswert, dass er mit keinem Wort auf die Opposition im Lande eingegangen war.

Der 20. Mai 2005 – Treffen der kubanischen Opposition

Eine Nagelprobe für die neuen Beziehungen Kubas zur EU würde das lange vorher angekündigte Treffen der Opposition am 20. Mai 2005 sein. Würde Castro es zulassen? Ein hoher Beamter im ZK hatte im Februar 2005 einer Gruppe von Abgeordneten des Deutschen Bundestags auf eine entsprechende Frage mitgeteilt, dass die Regierung dieses Treffen, das unter der Bezeichnung *Primera Asamblea para promover la Sociedad Civil en Cuba* (Erste Versammlung zur Förderung der Zivilgesellschaft in Kuba) oder verkürzt unter der Bezeichnung *Asamblea* lief, unterbinden werde.

Initiatorin war die Wirtschaftswissenschaftlerin Martha Beatriz Roque, die als einzige Frau während der Repressionswelle im Frühjahr 2003 verhaftet und zu einer langjährigen Gefängnisstrafe verurteilt worden war. Sie war unter den ersten von Castro im Herbst 2004 freigelassenen Oppositionspolitikern. Die Freilassung erfolgte offiziell aus Gesundheitsgründen.

Ich habe mich bald nach der Haftentlassung mit ihr in der Botschaft unterhalten. Man sah ihr die Haft nicht an. Sie machte einen ruhigen, entspannten Eindruck. Aber mir wurde auch bald klar, dass dies eine ehrgeizige Frau war, die einen Führungsanspruch in der Opposition geltend machte. Nach der Initiierung seines *Proyecto Varela* im Jahre 2002 hatte es eine Weile so ausgesehen, als würde Oswaldo Payá die Führung der Opposition übernehmen.

Jetzt war es um das Projekt stiller geworden. Payá isolierte sich mehr und mehr von den anderen Oppositionsgruppen, denen er einseitige Abhängigkeit von den USA vorwarf. Offenbar sah jetzt Frau Roque ihre Stunde gekommen. Mit dem mutigen Projekt der *Asamblea* wollte sie einerseits die verstreuten Oppositionsgruppen zusammenführen, andererseits, vor allem auch gegenüber Skeptikern im In- und Ausland, ihren Führungsanspruch verdeutlichen.

Frau Roque ging insofern geschickt vor, als sie nicht auf eine Konfrontation mit dem Regime zusteuerte. Am 25. Mai sollte nicht direkt Kritik an Castro und seinem Unterdrückungsapparat geübt werden, sondern der Aufbau und die Stärkung der Zivilgesellschaft, sprich der unabhängigen Gruppen und Oppositionsparteien, im Zentrum stehen. Dieser geschickte Schachzug reduzierte die Angriffsfläche und machte es der Regierung schwerer, aber keinesfalls unmöglich, gegen die *Asamblea* vorzugehen.

Dennoch: Je näher der 20. Mai 2005 rückte, umso weniger erschien es wahrscheinlich, dass das Oppositionstreffen stattfinden würde. Die Interessenvertretung der USA in Havanna, die heimliche Botschaft, ließ keine Gelegenheit aus, ihre Unterstützung für die *Asamblea* zu verkünden und auch die europäischen Botschaften zur Unterstützung und Teilnahme zu verpflichten.

Ich rechnete daher mit Maßnahmen gegen Teilnehmer, im schlimmsten Fall sogar mit einer erneuten Repressionswelle, um die *Asamblea* zu verhindern. Aber ganz gegen unsere Erwartung fand das Treffen statt. Fast alle wichtigen Oppositionsströmungen, mit Ausnahme der Gruppen von Oswaldo Payá und Elizardo Sánchez, nahmen daran teil.

Allerdings ging Castro hart gegen aus dem Ausland angereiste Politiker vor. Der tschechische Senator Karel Schwarzenberg, einst sogar Ministerpräsident unter Václav Havel, der sächsische Bundestagsabgeordnete Arnold Vaatz und drei spanische Parlamentarier wurden einen Tag vor dem Beginn der *Asamblea* aus ihren Hotels geholt und ohne Begründung des Landes verwiesen. Zwei polnischen Mitgliedern des Europäischen Parlaments und mindestens vier ausländischen Journalisten, darunter dem Sonderberichterstatter des *Corriere della Sera*, die Touristenvisa besaßen, verwehrten die kubanischen Behörden die Einreise.

Fälle der Visaverweigerung oder – noch schlimmer – die Verweigerung der Einreise trotz gültigen Visums kommen in Kuba häufig vor. Oft trifft es Journalisten, die trotz ihrer Absicht, eine Reportage über Kuba zu schreiben, mit einem Touristenvisum einzureisen versuchen. Der letzte mir bekannte Fall ist der des argentinischen Buchautors und Journalisten José Ignacio García Hamilton, dem im Februar 2006 trotz gültigen Touristenvisums am Flughafen Havanna die Einreise verweigert wurde. Die Angelegenheit, die in der argentinischen Öffentlichkeit erhebliches Aufsehen erregte, führte nach der Krise um die kubanische Ärztin Molina erneut zu einer Verstimmung zwischen Buenos Aires und Havanna.

Während der *Asamblea* war darüber hinaus eine Reihe von Teilnehmern behindert worden. Den eingeladenen *damas en blanco* (weiß gekleidete Frauen von inhaftierten kubanischen Politikern, die sich regelmäßig nach dem Sonntagsgottesdienst vor der Kirche Santa Rita trafen) wurden überraschend Besuchstermine bei ihren inhaftierten Ehemännern für den 20. und 21.5 gewährt. Auch hatte

Flugblatt der Opposition: »Hilf uns, die Tür zu öffnen! Lasst uns alle geeint die Generalversammlung zur Förderung der Zivilgesellschaft in Kuba unterstützen! Havanna, 20. Mai 2005«.

die Regierung im Umkreis der Veranstaltung eine »schnelle Eingreiftruppe« stationiert, die Demonstrationen der Versammlungsteilnehmer auf offener Straße unterbinden sollte.

Insgesamt haben etwa 370 Personen an dem Treffen teilgenommen, neben den 168 Delegierten auch zahlreiche Diplomaten und Presseleute. Es fanden mehrere Verhaftungen statt. Vier Personen wurden später wegen »Gefährlichkeit« zu Gefängnisstrafen zwischen zwei und vier Jahren verurteilt.

Für Martha Beatriz Roque war der 20. Mai ein beachtlicher Erfolg. Vor allem im Ausland bescheinigte man ihr Mut und Durchsetzungsvermögen. Sie selbst meinte einige Tage später, die Regierung habe das Treffen zugelassen, da sie keinen Ausweg gehabt habe. Das Land sei in einer schweren politischen, wirtschaftlichen und sozialen Krise, die es unmöglich gemacht habe, das Treffen zu unterbinden.

An dieser Einschätzung mag einiges richtig sein. Ich denke aber auch, dass Castro keine erneute Verschärfung in den Beziehungen zu seinen ausländischen Partnern wollte. Die EU-Außenminister, die am 30. Juni 2005 erneut über Kuba beraten würden, hätten bei einem Verbot der Veranstaltung am 20. Mai kaum anders gekonnt, als die im Januar 2005 suspendierten Maßnahmen gegenüber Kuba erneut in Kraft zu setzen, darunter auch die offizielle Einladung der Opposition zu den Nationalfeiertagen.

Blick in die Zukunft – Was wird aus Kuba?

Land der Widersprüche

Auf dem Weg zum *Club Habana* liegt ein neuer Supermarkt, der *Palco*. Das erst vor wenigen Monaten eröffnete Einkaufszentrum ist nicht groß, aber es bietet Qualitätsware an, Importware, die es sonst fast nicht gibt. Es erstaunt mich, dass wir heute fast nur Kubaner treffen, die teilweise viel einkaufen – gegen Dollar, versteht sich.

Das ist erst seit ein paar Jahren möglich. Vor der Einführung des Dollar als »Ersatzwährung« war es Kubanern bei Strafe verboten, die »grünen Scheine« zu besitzen. Die schwere Wirtschaftskrise nach Zusammenbruch des Ostblocks ließ der Regierung keine andere Wahl, als die »kapitalistische Währung« aus dem Norden zuzulassen.

Aber nicht alle Kubaner kommen in den Besitz der begehrten Devisen. Diejenigen, die Verwandte in den USA haben, leben sogar teilweise von den *remesas*, den Überweisungen, wie wir sie auch bei uns kennen, wenn zum Beispiel in Deutschland tätige Gastarbeiter ihren Familien Unterstützungszahlungen zukommen lassen.

Man schätzt die jährlichen Überweisungen der Exilkubaner heute auf etwas über eine Milliarde Dollar. Davon dürfte die Hälfte der Bevölkerung Kubas direkt oder indirekt profitieren. Daneben gibt es zahlreiche Menschen, die vom Tourismus leben. Vielleicht ist es eine halbe Million Kubaner. Sie arbeiten als Kellner, Portiers oder Zimmermädchen in den Ausländerhotels. Oder auch als Parkwächter, Taxifahrer oder Führer in den für Ausländer oft unübersichtlichen Städten.

So waren wir dankbar, als uns zwei etwa 15-jährige Jungen in Santa Clara auf ihren Rädern zu einem *paladar* brachten, den wir ohne sie nicht gefunden hätten. Wir zahlten ihnen, weil sie sich sehr bemühten und lange mit uns unterwegs waren, zusammen einen Dollar.

Dies ist für einen Kubaner schon eine Menge Geld. Man muss sich vorstellen, dass ein Zigarrenarbeiter, ein *tabaquero*, höchstens zehn Dollar im Monat verdient. Das sind bei dem gegenwärtigen Kurs 260 Pesos. Ein Universitätsprofessor verdient knapp dreimal so viel, also keine 30 Dollar im Monat. Nicht viel höher ist das Gehalt eines Staatssekretärs. Aber ein pfiffiger Parkwächter kann es auf zehn bis 15 Dollar pro Tag bringen. Ein guter Kellner schafft es auf das Doppelte.

Daher sind zahlreiche Dozenten aus den Hochschulen des Landes in den Tourismus abgewandert, weil man hier Geld verdienen und sich vielleicht den einen oder anderen Traum erfüllen kann.

Zugegeben: Die meisten Kubaner wohnen sehr preiswert. Die Miete steht in Relation zu ihrem Einkommen. Auch können sie über die *libreta*, die Lebensmittelkarte, einige Grundnahrungsmittel sehr preiswert einkaufen, auch wieder gemäß ihrem (niedrigen) Einkommen. Aber die *libreta* reicht nicht weit.

Ein alter Mann zeigte sie mir einmal, als wir in Trinidad ins Gespräch kamen. Er wies mich auf seine in die Karte eingetragenen Käufe hin, seine Monatsration: Sechs Pfund Reis, zwei Pfund schwarze Bohnen, eine Flasche Öl (die es nur nach langer Wartezeit gab) und einen Mix aus Soja und gehacktem Rindfleisch, den er (wie viele andere) nicht mochte. »Esto ni alcanza para diez dias« (Das reicht nicht einmal für zehn Tage), fügte er traurig hinzu.

Kuba ist eigentlich in zwei Klassen gespalten, in Dollarbesitzer und Menschen, die nicht über Dollars verfügen. Wer keine Dollars hat – dies dürfte wohl mehr als die Hälfte der Bevölkerung sein – lebt meist in großer Armut und kann sich nur notdürftig ernähren. Wer aber über Dollars verfügt, kann sich mehr leisten und Dinge in Läden kaufen, zu denen andere keinen Zugang haben.

Obwohl es in Kuba keine »Kapitalisten« geben dürfte, ist doch eine Reihe von Leuten zu Geld gekommen. Einige sogar zu recht viel Geld. Sie arbeiten zum Beispiel als Kleinstgewerbetreibende, manchmal mit ein, zwei oder mehr Angestellten. Man nennt sie die *cuentapropistas* (auf eigene Rechnung Arbeitende). Mein Frisör beispielsweise ist so ein *cuentapropista*. Er bekommt für den Haarschnitt zehn Pesos. Ich schätze, dass er an den sechs Tagen in der Woche bis zu 100 Leuten die Haare schneidet und damit über 1000 Pesos, sprich 4000 Pesos im Monat verdient.

Ein anderer Fall ist der Fahrer in einer Botschaft, der am Wochenende in seiner Garage illegal Autos repariert. Ich schätze sein Monatseinkommen auf 400 bis 500 Dollar. Ein Fernseh- und Computerspezialist, der ebenfalls weitgehend illegal arbeitet, kommt auf einen ähnlich hohen Betrag.

Ausgabestelle für subventionierte Lebensmittel auf staatliche Bezugsscheine;
pro Person werden fünf Pfund Reis, drei Pfund Zucker, ein halber Liter Öl und eine
Packung Trockenmilch pro Monat abgegeben; Seife und Waschpulver sind gerade
nicht im Angebot.

Recht gut kam bisher auch ein privater Landwirt weg, der vier Kühe besaß, die ihm täglich Dutzende Liter Milch gaben. Die Hälfte davon erhielt der Staat, die andere Hälfte verkaufte er oder machte Joghurt daraus. Dies tat er illegal. Als ihn ein Nachbar anzeigte, wurden seine Kühe konfisziert. Mittlerweile hält er wieder eine Kuh »schwarz« bei einem Verwandten und kann auf diese Weise – eingeschränkt – sein Geschäft weiter betreiben. Von den Einkünften kann er ganz gut leben.

Aber ein Rentner, den ich einmal in einer von Einheimischen besuchten Kneipe in Alt-Havanna traf, erzählte mir, dass er monatlich 80 Pesos Rente beziehe. Dies ist weniger als vier Dollar. Von diesem Geld könne er knapp die Miete für seine kleine Wohnung, den Strom und die Grundnahrungsmittel bezahlen. Seine Wasserleitung funktioniere nicht. Wasser besorge er sich in Eimern aus einem nahegelegenen Hydrant. Seine Wohnung und das Mietshaus seien vor 20 Jahren zum letzten Mal renoviert worden.

Viele Kubaner sind erfindungsreich. Man kann sich nicht vorstellen, was in Havanna und anderen Städten an fahrbaren Untersätzen zu sehen ist. Ein beliebtes Fahrzeug ist ein Fahrrad mit einem Motor, der von einem Rasenmäher oder von einer Benzinpumpe stammen kann. Man nennt so eine Bastelei *riquimbili*, und die meisten Besitzer eines solchen Fahrzeugs sind stolz darauf.

Mich erinnert manches an die Nachkriegszeit der späten vierziger Jahre, als es kaum Treibstoff gab und Autos manchmal einen Holzvergaser hatten.

Und dann eben finden sich wieder Hochtechnologie und Forschungsinstitute, die mit führenden westlichen Partnereinrichtungen zusammenarbeiten.

Aber man sollte nicht auf die Idee kommen, einen Blumenstrauß kaufen zu wollen. Achselzucken, wenn man jemanden danach fragt. Einmal meinte eine Kubanerin – es war Muttertag: »Gehen Sie doch in die *funeraria*, in das Beerdigungsinstitut, gleich dort drüben.« Sie hatte Recht. Dort lagen Blumen auf einem großen Haufen, und nach einigem Zureden bekam ich sogar einen recht hübschen Strauß für umgerechnet 50 Cent. Meiner Frau habe ich die Quelle meines Erfolgs lieber verschwiegen.

Fidel ist Antikapitalist. Er verbietet seinen Landsleuten den Erwerb eines neuen Autos, es sei denn, es handelt sich um Filmschauspieler, Künstler, Piloten, Seeoffiziere oder andere verdiente Bürger,

Ambulanter privater Straßenhandel mit selbstgefertigten Zuckerstangen.

denen der Staat eine Ausnahmegenehmigung erteilt. Auch Ausländer dürfen ein Fahrzeug kaufen. Die eigenen Landsleute sollen dagegen von den »Attributen des Kapitalismus« verschont bleiben.

Reformideen

Es ist kurz nach Mittag. Ich begleite einen Gast über die breite Freitreppe hinunter in den Garten. Wir sind zur Linken und zur Rechten von hohen Ficusbäumen umgeben, die einen großen Teil unseres Grundstücks einrahmen. Wir nähern uns der Rasenfläche mit dem Schwimmbad, das wiederum von Palmen umsäumt ist. »Wir brauchen einen Wandel, wir brauchen den Bruch mit der Vergangenheit«, fährt es aus ihm heraus. Ich bin perplex. Selten habe ich dies aus dem Munde eines Prominenten in Havanna gehört.

»Warum kommt der Wandel nicht?« – Diese Frage habe ich mir selbst schon oft gestellt. Nun stelle ich sie meinem Gast. Er zögert, ich denke, dass ihm die Antwort nicht leicht fällt. »Wissen Sie, die meisten Leute an der Spitze bei uns sind einfach zu alt, von ihnen können wir einen Wandel nicht mehr erwarten. Sie sind nicht fähig, etwas Neues zu denken. Sie fahren fort, in ihren Schemata zu leben.« »Es traut sich ja auch niemand, ihnen zu widersprechen«, werfe ich ein. »Das ist es eben, die Leute haben Angst, sie könnten, wenn sie neue Ideen äußern, ihre Posten verlieren. Das will niemand riskieren.«

Ich bringe noch einen anderen Gedanken ins Spiel. »Vielleicht haben auch viele Kubaner Angst vor dem Danach. Die heutige Führung ist kalkulierbar, man weiß etwa, woran man bei ihr ist. Aber was kommt danach?« – Mein Gesprächspartner sieht mich eine Weile an, dann wird er lebhaft. »Fidel hat viele Anhänger im Volk. Er hat viel, unglaublich viel für dieses Land getan. Er hat Kuba befreit und den Kubanern ihre Würde zurückgegeben. Nach ihm könnten vielleicht Leute aus dem Exil kommen, die alles wieder rückgängig machen würden. Davor haben die Leute Angst.«

»Das ist auch eine der fatalen Folgen des verpassten Wandels. Hätte man die Zeit nach dem Zerfall der Sowjetunion genutzt, das Land allmählich zu verändern, ihm eine freiere Wirtschaft zu geben und mehr persönliche Initiative zuzulassen, brauchte man heute nicht so ängstlich zu sein.« Mein Gast wird jetzt sehr ernst. »Die Alten da oben arbeiten, ohne es wirklich zu merken, ihren Gegnern zu, sie spielen ihnen in die Hände. Das ist das Tragische am gegenwärtigen Geschehen.«

Wir setzen uns unter den hohen, voll belaubten Baum, neben dessen Stamm eine schlanke Königspalme emporwächst und den hoffnungsvollen Versuch unternimmt, die Krone des großen Baumes allmählich zu überragen.

Ich gehe noch ein paar Jahre zurück in der jüngsten kubanischen Geschichte. »Am Beginn der *período especial* gab es einen Versuch, die kubanische Wirtschaft zu reformieren, so um 1992. Was ist eigentlich daraus geworden?«

»Sie meinen die Vorschläge Solchagas, des ehemaligen spanischen Wirtschaftsministers? Die waren für Fidel nicht akzeptabel. Für ihn waren sie zu sozialdemokratisch, viel zu sehr an europäischen Modellen ausgerichtet, die ihm für Kuba nicht passend schienen.«

Ich überlegte. Für Fidel war eigentlich alles, was die Revolution, *seine* Revolution, in irgendeiner Weise gefährden konnte, abzulehnen. Daher wunderte es mich überhaupt, dass er der Entsendung von Solchaga nach Kuba zugestimmt hatte. Aber von den Ideen, die Anfang der neunziger Jahre in Havanna diskutiert wurden, war ja doch einiges Realität geworden.

»Denken wir mal an die *paladares*, die Einführung des Dollar, an die ausländischen Investitionen oder an den Tourismus, dies alles entstand schließlich in den neunziger Jahren. Also gab es doch Fortschritte.«

»Ja und nein. Sie haben Recht, es gab einerseits Fortschritte, aber die hatten doch enge Grenzen. Sehen Sie sich doch die *paladares* einmal an. Viele von ihnen sind wieder verschwunden. Sie konnten entweder die viel zu hohen Steuern nicht bezahlen oder wurden geschlossen, weil sie die von der Regierung verhängten Auflagen nicht beachteten.«

»Weil sie mehr als zwölf Gäste empfingen.«

»Ja, die wurden nach Strich und Faden schikaniert, bis ihnen die Luft ausging. Auch die anderen Maßnahmen, die Sie erwähnen, waren nur Behelfslösungen. Kuba hätte, wie es Solchaga vorschlug, in größerem Maße kleine Unternehmen zulassen sollen, so ähnlich wie dies in China unter Deng Xiao Ping und danach der Fall war. Der hatte die Koexistenz von staatlichen und privaten Unternehmen verkündet und auch durchgesetzt.«

Ich erinnerte mich jetzt an eine lange Diskussion, an der ich 1990 in Peking teilgenommen hatte. Ein deutscher Kaufmann, der nicht nur ausgezeichnet Chinesisch sprach, sondern auch sehr gute Verbindungen zur Staatsführung hatte, lud uns zu einem Essen in kleinem Kreis mit einem Mitglied des chinesischen Staatsrats ein. Wir merkten, dass es unserem Gesprächspartner damals schwer fiel, für private Unternehmen einzutreten, aber er akzeptierte sie zumindest, allerdings immer nur neben den staatlichen Betrieben, die nach seiner Auffassung unter dem Schutz der chinesischen Verfassung standen.

Heute ist China erheblich weiter. Während es 1990 dort weniger als 90 000 Privatunternehmen gab, sind es im Jahre 2005 über zwei Millionen. Mit über 70 Millionen Beschäftigten erbringt die Privatwirtschaft in China in Industrie und bei Dienstleistungen mehr als ein Drittel der Wirtschaftsleistung des Landes. Im Jahre 2005 beschloss der Kongress der KP Chinas unter der Führung von Hu Jintao, dass auch Privatunternehmer Mitglied der Kommunistischen Partei werden können.

Eingang zum Chinesen-Viertel in Alt-Havanna; links das Restaurant »Der große Drache«.

Mit dem Erstarken der Privatwirtschaft begann in China eine bislang nicht gekannte Aufbruchstimmung. Als ich 1996 den damaligen Außenminister Kinkel in die Hauptstadt der mit über 120 Millionen Einwohnern größten Provinz Sichuan, Shengdu, begleitete, waren wir bei einem kleinen privaten Unternehmen zu Gast, das Telefonkarten herstellt. Mit Stolz zeigten uns die Mitarbeiter ihren in einem Hochhaus arbeitenden Betrieb, die modernen Maschinen, die Computer und einen Gemeinschaftsraum, in dem sie nicht nur Besprechungen abhielten, sondern auch gemeinsam feierten und tanzten. Sie alle erschienen mir hoch motiviert, waren modisch gekleidet und berichteten von den vielen Dingen, die sie sich jetzt leisten könnten, sogar gelegentlich eine Auslandsreise.

Dennoch verzichten Partei und Bürokratie in China keineswegs auf die Kontrolle der privaten Betriebe. Über Kreditvergabe und Außenhandelsrechte sichert sich der Staat Aufsichtsmöglichkeiten. Auch sind noch weite Bereiche der chinesischen Wirtschaft den

Staatsbetrieben reserviert. Die Gesetzgebung engt den Handlungs-
spielraum für privates Wirtschaften immer noch erheblich ein.

Eine Frage habe ich mir immer wieder gestellt und richte sie jetzt
an meinen Gesprächspartner: »Warum orientiert sich Kuba nicht
stärker am chinesischen Modell? Man könnte die privaten Unternehmen, ähnlich wie in China, unter die Kontrolle der Regierung
oder der Partei stellen.«

»Das ist ein heikler Punkt. Castro könnte nicht verhindern, dass
mit Hilfe privaten Kapitals auch die Exilkubaner Einfluss auf die
Wirtschaft Kubas bekämen. Das will er nicht, das sind seine politischen Feinde. Er befürchtet, dass dadurch seine Revolution früher
oder später unterhöhlt werden und schließlich zusammenstürzen
würde.«

»Aber das Problem haben wir doch in China auch. Viele Investitionen auf dem Festland sind von Taiwanchinesen getätigt worden.
Besonders hoch ist ihr Engagement in der Sonderwirtschaftszone
von Fujian, die Taiwan gegenüberliegt. China hat auf diese Weise
aber in vielen Bereichen westliche Technologie bekommen.«

»Ja, das mag sein. Aber für Castro endet hier die Diskussion. Er
sagt, Kuba sei nicht China, und damit basta.«

Fidel und die Nachfolgefrage

An jenem Tag im Juli 2001 ist es besonders heiß und schwül. Castro
hält eine Rede in Cotorro, einem Vorort von Havanna. Die Menge,
die sich dort versammelt hat, wird auf 80 000 Menschen geschätzt.
Sie alle trotzen zunächst der sengenden Hitze, hoffen auf eine Brise,
die sich aber nicht einstellt. Das Thermometer steigt auf 35°C im
Schatten. Die Luftfeuchtigkeit beträgt fast 90 Prozent.

Nach einer Stunde brechen die ersten Zuhörer in der brütenden
Hitze zusammen. Erst sind es vier, dann zehn, zuletzt etwa 40, die
ärztlich behandelt werden müssen.

Hinter Castro stehen Außenminister Pérez Roque, Vizepräsident
Carlos Lage Dávila und der Minister für die Grundstoffindustrie,
Marcos Portal León. Sie alle sind Mitglieder des Staatsrats. Fidel
Castro ist sein Vorsitzender.

Mitten in der Rede wird die Stimme des Comandante auf einmal
schwächer. Er scheint nach etwas greifen zu wollen. Antonio, einer

seiner Söhne und selbst Arzt, der in der Nähe seines Vaters steht, bemerkt, dass mit Fidel etwas nicht stimmt. Er nähert sich dem Vater mit einem Glas Wasser. Der haucht nur noch »Ayudame« (Hilf mir) und beginnt langsam hinter dem Podium in sich zusammenzusacken. Pérez Roque stürzt herbei, hilft mit anderen Castro wieder auf die Beine, ruft etwas ins Mikrophon. Eine Ambulanz kommt herbei. Sie fährt Castro, der wieder steht, in eine nahegelegene Klinik. Wenige Stunden später wird er seine Rede vor den Fernsehkameras in einem Studio fortsetzen.

Einige Tage nach dem Zwischenfall fragte mich ein deutscher Zeitungsjournalist, der in Mexiko ansässig ist, nach Raúl Castro, dem verfassungsmäßigen Nachfolger Fidels. Er habe einmal vor einigen Jahren mit ihm gesprochen und ihn als freundlichen, offenen Gesprächspartner in Erinnerung.

Raúl ist aber im öffentlichen Leben wenig präsent und auch nur sechs Jahre jünger als Fidel. Kollegen, die ihn näher kennen, meinen zudem, er sei weder Charismatiker noch dazu in der Lage, das Land zu führen. Gerüchte, er sei krank und alkoholabhängig, machen die Runde.

Raúl als Nachfolger? Kaum jemand kann sich so recht vorstellen, dass er das Land über einen längeren Zeitraum allein führen könnte. Schon eher wäre eine kollektive Führung vorstellbar, bei der Raúl ein Primus inter Pares sein würde. Aus einem so gearteten Führungsorgan könnte später einmal der wirkliche Nachfolger Castros hervorgehen.

Aber wer könnte das sein?

Viele Namen werden nicht genannt, wenn es um den künftigen Machthaber in Kuba geht. Lage, Alarcón, Pérez Roque, Eusebio Leal. Sie könnten, vielleicht verstärkt um einige Militärs, die Führungsriege bilden. Lage und Leal haben – wenn auch oft hinter den Kulissen – seit Jahren gute Qualitäten als Manager gezeigt. Alarcón gilt als einer der besten Kenner der USA. Er war viele Jahre lang UNO-Botschafter in New York.

Aber haben sie das Zeug zum Führer der Nation? Lage vielleicht am ehesten. Er hat Fidel Castro oft vertreten, zu Hause, im Ausland und bei Gipfelkonferenzen. Er ist ein ruhiger, besonnener, bescheiden auftretender Mann, der aber das Heft in der Hand hat, der weiß, wie zu regieren ist. Seit fast 15 Jahren steht er hinter Fidel, hat großen Anteil an wichtigen Entscheidungen gehabt.

So will es die offizielle Propaganda: »Ein Leben lang mit Fidel!«

Dennoch scheint seine Nachfolge fraglich. Ich denke an China, in dem nach dem Tod Maos zunächst seine Witwe zusammen mit einer Gruppe von drei Leuten die Macht übernahm, die so genannte Viererbande, die nach etwa einem Jahr abtrat. Schließlich entpuppte sich Deng Xiao Ping als der neue Führer.

In Kuba könnte dies durchaus ähnlich verlaufen. Es wäre denkbar, dass, wenn die schützende Hand Fidels nicht mehr eingreifen kann, Machtkämpfe ausbrechen und sich die Führungsgruppe selbst allmählich entmachtet. Dabei könnten neue Leute, die bisher keiner kennt, eine Chance erhalten.

Hier denke ich vor allem auch an Militärs. Sie waren in den Jahren nach dem Sieg der Revolution eine wichtige Machtbasis der kubanischen Führung. In zahlreichen Ämtern haben kubanische Militärs den Beweis dafür erbracht, dass sie Führungsaufgaben gewachsen sind, sei es im Tourismus oder der Zuckerindustrie.

Würde ein Militär die Macht in Kuba übernehmen, so wäre dies für Lateinamerika keineswegs ein Einzelfall. In zahlreichen Fällen hatten Militärs auf dem Subkontinent die Macht inne, man denke nur an Argentinien, Brasilien und Chile.

In Peru und Venezuela, aber auch in Bolivien und Portugal gab es sogar nach links tendierende Militärs, welche die Macht übernahmen oder zumindest maßgeblich an der Macht teilhatten.

Dies ist das eine Szenario: Der kontrollierte Übergang der Macht von Fidel über Raúl zu dem letztlich hervortretenden neuen Führer der Nation. Viele, so zum Beispiel der mexikanische Schriftsteller Carlos Fuentes, meinen allerdings, der Tod Castros werde gewaltsame Veränderungen in Kuba auslösen. Zu viel Frust und Unmut hätten sich aufgestaut. Dem halten andere entgegen, dass die Strukturen von Partei und Militär festgefügt sind und das Militär durchaus Ansehen in der Bevölkerung hat.

Hinzu kommt, dass in Kuba die Revolution, die später den Sozialismus begründete, von unten, aus dem Volke kam, also nicht, wie in den ehemals sozialistischen Staaten Osteuropas von oben (von Stalin und seinen Nachfolgern) aufgezwungen worden war. Wir haben es in Kuba mit einem Konsensmodell zu tun, das bekanntlich die Voraussetzung für eine erfolgreiche Revolution ist. Die Revolution hatte Kuba die Souveränität und die nationale Würde zurückgegeben. Sie ist von großen Teilen des Volkes mitgetragen worden.

Ein weiteres Moment ist die Aggressivität in Kreisen des Exils. Viele Kubaner auf der Insel fürchten sich davor, dass ihre mittlerweile mächtigen und finanzkräftigen »Brüder« auf der anderen Seite der Straße von Florida die Insel wieder in ein Freudenhaus der USA verwandeln könnten. Daher geben sie Armut und ideologischer Erstarrung bei klaren Verhältnissen den Vorzug vor einer ungewissen Zukunft.

Das dritte Szenario wäre ein Staatsstreich innerhalb des Führungszirkels. Es geht von der Möglichkeit aus, dass die Opposition innerhalb des Regimes den Versuch unternimmt, die Macht an sich zu reißen. Aber dem steht die feste Fügung von Partei, Sicherheitsdienst und Armee gegenüber, die einen gewaltsamen Umsturz nicht zulassen dürfte – es sei denn, er käme aus den eigenen Militärkreisen.

In letzter Zeit hat der im Exil lebende Schriftsteller und Publizist Carlos Alberto Montaner die These aufgestellt, die Nachfolgefrage werde sich gar nicht stellen, weil die von Castro und Chávez vereinbarte »Vereinigung« von Kuba und Venezuela dazu führen würde, dass bei einem Ableben Castros automatisch Chávez in Kuba die

Macht übernehmen werde. Diese These scheint mir so absurd, dass sie eigentlich keinen weiteren Kommentar verdient.

Genauso wenig glaube ich daran, dass Castro das Land noch viele Jahre regieren wird, auch wenn er gegenwärtig seine Landsleute vom Gegenteil überzeugen möchte. Sich ständig wiederholende Artikel in *Granma* oder *Bohemia* über die Möglichkeiten, das menschliche Leben erheblich zu verlängern – die Zahl 120 wird zum Entsetzen vieler Kubaner immer wieder genannt –, sowie Kongresse von Gerontologen in Havanna sollen die Lebenskraft und die Erwartungen des Máximo Lider an sein eigenes Lebensalter unterstreichen.

Es kann aber auch ein stürmisch verlaufender politischer Wechsel Kräfte hervorbringen und in die öffentliche Wahrnehmung spülen, die bisher kaum jemand kennt und die dann eine völlig veränderte politische Landschaft schaffen würden.

Die Chancen der Opposition

Februar 2005. Der Geschäftsträger der Vertretung der EU-Kommission in Kuba ist Gastgeber einer Zusammenkunft aller EU-Botschaften mit Vertretern der demokratischen Opposition Kubas. Wir sind im Freien. Nur ein mit Guano gedecktes Dach schützt uns vor der Sonne. Uns Botschaftern sitzen an dem langen Tisch Oswaldo Payá, Elizardo Sánchez, Martha Beatriz Roque, Vladimiro Roca und Felix Bonne Carcassés gegenüber.

Sie vertreten verschiedene Strömungen innerhalb der Opposition, die aber keinesfalls mit unseren Parteien vergleichbar sind. Grob gesprochen könnte man Roca und Sánchez den »Sozialdemokraten« zurechnen, während Payá eher als »Christdemokrat« bezeichnet werden kann. Die anderen beiden einzuordnen, fällt mir schwer. Bei Frau Roque ist die Nähe zu den USA hervorstechend, die sie selbst auch immer wieder betont.

Uns hat der Beschluss unserer Außenminister vom 31. Januar 2005 zusammengeführt, der die Botschaften zu einem engeren Dialog mit der kubanischen Opposition anhält. Die Suspendierung der Einladungspraxis zu unseren Nationalfeiertagen steht hiermit im Zusammenhang. Die kubanische Opposition soll an anderer Stelle einbezogen werden, nämlich durch regelmäßig stattfindende Treffen mit den Leitern der Vertretungen der EU-Mitgliedstaaten.

So trägt dieses Treffen einen recht formellen Charakter.

Alle Beteiligten geben ein Statement ab. Einig sind sich alle, dass der jetzt eingeleitete intensivierte Dialog nützlich ist. Aber danach sieht man, welch getrennte Wege doch jeder Einzelne geht. Uns wird wieder einmal klar, dass die kubanische Opposition nicht ein Block ist, sondern aus verschiedensten Gruppen besteht, die kaum auf einen gemeinsamen Nenner gebracht werden können.

Das sind keine guten Aussichten für einen Machtwechsel. Wenn die Opposition schon jetzt, in der Zeit der Repression und ständiger Bedrohung, nicht zusammenfindet, dann ist kaum zu erwarten, dass sie sich im Augenblick des demokratischen Wandels gemeinsam präsentiert.

Was ich auch an diesem Tag wieder an den kubanischen Oppositionspolitikern vermisse, ist eine politische Analyse. Fast niemand von ihnen unternimmt den Versuch, den Machtapparat zu durchleuchten. Dies ist aber von fundamentaler Bedeutung. Denn spätestens am Tag X wird sich die Frage stellen, wer im Apparat für Veränderungen im System ansprechbar ist oder vielleicht sogar bereit wäre, in eine Koalition mit der Opposition einzutreten.

In Miami dagegen beschäftigt sich eine Reihe von Persönlichkeiten aus dem Exil mit den Vorgängen im Apparat. Gelegentlich werden ihre Analysen veröffentlicht. Besonders profiliert hat sich der Publizist Pablo Alfonso, dessen gründliche Kommentare im *Nuevo Herald* hervorstechen.

Eine wenig konstruktive Rolle spielen die USA, die ständig den Versuch unternehmen, Einfluss auf die einzelnen Oppositionsgruppen zu gewinnen und sie auch finanziell in Abhängigkeit zu bringen. Dem kann sich kaum eine Gruppe entziehen. Lediglich Oswaldo Payá hat bisher standhaft diesen Versuchen widerstanden. Er sucht vor allem Unterstützung in Europa.

Ich habe immer mehr den Eindruck gewonnen, dass sich die entscheidende »Opposition« in Regierung und Partei selbst befindet und sich noch bedeckt hält. Sie dürfte erst beim Ausscheiden Castros in Erscheinung treten.

So wie die Dinge heute stehen, ist es für Leute in der Regierung oder in der Partei höchst gefährlich, andere Ansichten zu äußern als die vom »Wächter der Moral« kundgegebenen. Und dennoch stieß ich immer wieder auf Leute, die in höchsten Ämtern eigene Auffassungen vertraten oder Distanz zum System erkennen ließen.

Nach der Verhängung der drei Todesurteile im Frühjahr 2003 beispielsweise sprach ich mit Ministern, Staatssekretären und Staatsanwälten. Ich sagte sehr offen und klar, dass ich als Jurist kein Verständnis für die Verhängung von Todesurteilen hätte, schon gar nicht in einem summarischen Verfahren. Bei keinem meiner Gesprächspartner fand ich Widerspruch. Man sah allen das tiefe Entsetzen an, das die Urteile und die Art und Weise ihrer Vollstreckung ausgelöst hatten.

Vernünftig denkende Menschen ohne ideologische Scheuklappen erkennen, dass sich Kuba in einer Sackgasse befindet und dass es so nicht weitergehen kann. Das Land taumelt von einer Wirtschaftskrise in die nächste. Mit Hilfen von außen, wie jetzt durch Venezuela, kann nicht beständig gerechnet werden. Hierauf kann Kuba seine Zukunft nicht bauen.

Gepaart ist die Krise mit einem wachsenden Realitätsverlust der Führung. Hierzu trägt auch bei, dass Partei und Regierung ständig versuchen, Castro eine heile Welt vorzugaukeln. Es war schon skurril zu sehen, wie auf einmal eine Straße frisch geteert wurde und eine Schule einen neuen Anstrich erhielt, nur weil es hieß, Castro würde in dem betreffenden Viertel eine Fabrikanlage einweihen.

Die offene Frage wird sein, wie sich die USA für den Fall verhalten, dass Kuba nach Castro mit Reformen beginnt. Wenn sie weiterhin auf ihren Bedingungen für die Beendigung der Wirtschaftssanktionen bestehen, dürfte dies auf dem Wege zu einem dauerhaften Umschwung hinderlich sein.

Die Rolle der Kirche

»Es gibt kein Vaterland ohne Tugend«, überschreibt Kardinal Ortega seinen im Februar 2003 veröffentlichten Hirtenbrief, auf den ich bereits kurz eingegangen bin. Dabei bezieht er sich auf Padre Felix Varela, der diesen Satz in der ersten Hälfte des 19. Jahrhunderts geprägt und hinzugefügt hatte: »Tugend und Gottlosigkeit schließen sich aus.«

Man spürt im Hintergrund dieser Worte die Lehre von Thomas von Aquin, der, basierend auf Aristoteles, einen Katalog der Tugenden entwickelt hatte, der in letzter Instanz auf göttlichem Recht basierte. Zugespitzt könnte man sagen, es gibt keine Tugend ohne den

Glauben an Gott, und die Mahnungen im Hirtenwort des Kardinals gehen deutlich in diese Richtung.

Seine Worte enthalten Kritik, ja mehr, sie sind eine Kampfansage an die in Kuba herrschenden Zustände: An den Verfall der ethischen Werte, die Gefährdung von Familie und Jugend und den täglichen Frust. Ortega stellt die Kirche als Hoffnungsträger in einer Gesellschaft dar, in der sich die Lebensbedingungen täglich verschlechtern und Zeichen der Versöhnung zwischen der Insel und dem Exil immer schwächer werden.

Die kubanische Kirche in der Tradition der römischen Kirche, wie sie Augustinus bereits im fünften Jahrhundert beschrieben hat: Eine Gesellschaft ohne Gott und ohne die Kirche mag durch Repression imstande sein, einen »relativen Frieden« und »Minimalbedingungen« für das Zusammenleben der Menschen sicherzustellen, aber aus sich heraus ist sie unfähig, zur Tugend zu finden. So wie Augustinus dem heidnischen Rom die Möglichkeit abspricht, zur Tugend zu finden, führt der Kardinal eine Attacke gegen die Untugend des atheistischen Revolutionsregimes in Kuba.

Ohne es auszusprechen, opponiert er damit gegen den in Kuba hochgeschätzten Sozialismustheoretiker Antonio Gramsci, für den die Religion die »gigantischste Utopie ist, die jemals auf der Erde existiert hat«, und für den das Paradies nur auf Erden existieren kann. Gerade die Berufung des Castrismus auf Gramsci, der sich mit der Lehre der Kirche auseinandersetzt und dazu aufruft, sie zu »demontieren« und die Religion zu »säkularisieren«, forderte die kubanische Kirche zu einer Antwort heraus. Diese Antwort beginnt zwar mit einem theologisch-theoretischen Ansatz, enthält aber in ihrem Kern eine praxisbezogene Analyse und Auseinandersetzung mit den konkreten Auswirkungen der materialistischen Lehre auf die kubanische Gesellschaft.

Der Kardinal fordert die politische Klasse, die Partei und vor allem ihren Führer heraus, der sich als die »moralische Instanz« betrachtet und damit seinen Verbleib an der Spitze von Staat und Partei begründet. Ortega kritisiert die Hindernisse, welche die Machthaber der Verkündigung des Gotteswortes entgegenstellen. Er hebt das kulturelle Erbe Kubas hervor, welches durch das Christentum geprägt worden sei.

In einem speziellen Kapitel widmet er sich der Armut im Lande. Nicht nur die Wohnverhältnisse eines großen Teils der Bevölkerung seien unzureichend, sondern auch die Löhne, die nicht der Teuerungsrate angepasst würden. Viele Menschen seien gezwungen, einer zweiten legalen oder auch illegalen Tätigkeit nachzugehen. Gewissenskonflikte und Ängste resultierten aus dieser Situation, die durch das Abschneiden privater Initiative und damit der dem Volke innenwohnenden Kreativität verschärft werde. Letzter Ausweg sei für viele Menschen die Flucht, bei der es häufig zum Auseinanderreißen von Familien komme.

Der Hirtenbrief liest sich in Teilen wie ein moralischer Spiegel, der den Herrschenden vorgehalten wird, ja mehr noch, er enthält Züge eines politischen Manifests und Grundzüge eines politischen Programms.

Ortega wird teilweise sehr konkret, zum Beispiel wenn er dem Staat vorwirft, Eltern und Kinder auseinanderzureißen. Es widerspreche dem Naturgesetz, wenn die Heranwachsenden über längere Zeit weit weg vom Herd der Familie unter staatlicher Aufsicht erzogen würden und es aufgrund der Transportschwierigkeiten nicht möglich sei, Eltern und Kinder in der gebotenen Häufigkeit zusammenzubringen. Ausdrücklich erwähnt er die so genannten *becas*, das heißt die Unterbringung von Jugendlichen in staatlichen Internaten, in denen sie oft schutzlos Gewalt, Eigentumsvergehen und sexueller Nötigung ausgesetzt seien.

Schließlich wendet er sich der immer mehr in den Hintergrund tretenden Rolle der Väter in Familie und Kindererziehung zu. Väter arbeiteten oft fern von ihren Familien. In vielen Fällen falle Erziehung und Betreuung der Kinder allein der Mutter zu. Diese Entwicklung werde durch die hohe Scheidungsrate begünstigt. Die Gesellschaft sei auf dem Wege zu einem Matriarchat. Die »Krise der Väter« beeinträchtige in wachsendem Maße Jungen und Mädchen.

Viele Kubaner stimmen Kardinal Ortega zu, auch viele, die nicht mehr in die Kirche gehen, aber einfach frustriert sind und das »tägliche Nichts« – so auch ein Buchtitel Zoé Valdés' – kaum mehr ertragen können. Die Kirche wird zum Sprachrohr all derjenigen, die sich nicht nach vorn wagen, die nicht den Mut haben, das auszusprechen, was sie fühlen. Und das sind die meisten.

Das offizielle Kuba hat den Hirtenbrief mit keinem Wort erwähnt. Kritische Äußerungen innerhalb der Zivilgesellschaft werden normalerweise totgeschwiegen. Aber die Kritik an den in Kuba herrschenden Zuständen wird allmählich lauter, sie wird schließlich bis in die Partei hineingetragen und veranlasst Fidel Castro zu Beginn des Jahres 2005, eine Erhöhung der skandalös niedrigen Renten zu verkünden. Auch sollte eine Reihe von Konsumgütern zu erschwinglichen Preisen in die Läden kommen.

In langen, sich wöchentlich wiederholenden Reden setzt sich Fidel mit der Kritik auseinander. Er spürt offenbar, dass die Unzufriedenheit im Lande wächst und dass er dem etwas entgegensetzen muss. In den von gähnender Leere gekennzeichneten staatlichen Läden soll endlich ein Reiskochtopf, die *olla arrocera*, deren Gebrauch zeitweise mit der Begründung verboten war, sie führe zur Verschwendung von Energie, angeboten werden. Castro widmet ihr viele Stunden seiner Reden.

Trotz aller Schwierigkeiten tragen die meisten Kubaner ihr Schicksal mit Humor. Castro bemüht sich mit Erfolg, die Kritik auf einen bestimmten Punkt zu lenken und ihr schließlich die Spitze abzubrechen. Er ist die letzte Instanz, und solange er lebt und bei Sinnen ist, wird er diese Rolle weiterspielen und keine andere Instanz neben sich dulden. Daher sind die Einflussmöglichkeiten der Kirche auf das politische Geschehen gegenwärtig recht beschränkt. Sie ist nicht mit den Kirchen zur Zeit des zerfallenden Ostblocks zu vergleichen.

Die Kirche ist darauf bedacht, Distanz zur Opposition in Miami zu halten und den Verdacht abzuwehren, sie sei ihr verlängerter Arm. Dies führt zu Reibungen mit dem Exil, wo der Kardinal gelegentlich mit Schmähungen überzogen wird.

Die katholische Kirche Kubas trägt dies mit Fassung. Sie kann das auch deswegen aushalten, weil sie von den europäischen Katholiken, besonders von Italien und Deutschland, unterstützt wird. Auch sind ihre Bindungen zur Kirche in den USA ungebrochen stark.

Besonders ärgerlich war für Kardinal Ortega ein Vorfall im Jahre 2005, als er fast zwei Stunden auf dem Flughafen Miami festgehalten wurde. Offenbar ist dies bis in den Vatikan vorgedrungen, denn der neu gewählte Papst Benedikt XVI. soll Ortega auf die Angelegenheit angesprochen und ihn unterstützt haben.

Für Castro sind gute Beziehungen zum Vatikan ein wichtiges Element der Außenpolitik. Seine Audienz 1997 bei Papst Johannes Paul II. und die Reise des Papstes im Januar 1998 bezeugen dies. Auch hat der Vatikan stets die diplomatischen Beziehungen zu Kuba aufrechterhalten. Dieses gute Verhältnis kommt der katholischen

Kirche Kubas zustatten. So konnte wegen des immer noch herrschenden Mangels an Priestern und Ordensleuten eine Reihe von ausländischen Priestern nach Kuba kommen und hier tätig werden. Neben spanischen Geistlichen und Ordensleuten haben wir beispielsweise auch Priester aus Mexiko, Kanada und Argentinien in Kuba erlebt.

Zu den Protestanten in Kuba bestanden bisher nur sehr lockere Beziehungen. Dies liegt einmal daran, dass sie nur eine sehr kleine Minderheit bilden. Auch sind sie in viele unterschiedliche Religionsgemeinschaften aufgespalten, die von Lutheranern und Reformierten, Presbyterianern und Adventisten bis zu den Pfingstlern reichen. Immerhin besteht seit einigen Jahren der *Consejo de Iglesias* (Rat der Kirchen), ein Verband, in dem sich die Protestanten unter einem Vorsitz zusammengeschlossen haben.

Es gibt seit 2005 auch Anzeichen für den Willen der katholischen Kirche Kubas, mit evangelischen Gruppen enger zusammenzuarbeiten. So besuchten die Bischöfe von Matanzas und Holguín ein evangelisches Zentrum, das für die Versöhnung des kubanischen Exils mit der Insel eintritt.

Bisher standen die Protestanten im Ruf, dem Regime näher zu stehen als die Katholiken. Von ihnen waren bislang wenig kritische Töne zu hören. Das kubanische Protokoll, mit dem ich häufig wegen Besuchern aus Deutschland zu tun hatte, empfahl mir immer wieder, Termine mit Vertretern der protestantischen Kirchen zu vereinbaren und die Katholiken eher zu meiden.

In letzter Zeit hat es den Anschein, als gehe auch die protestantische Seite immer mehr auf kritische Distanz zum Regime. Ein protestantischer Pfarrer sagte mir Ende 2004, dass auch in seiner Gemeinde die Geduld langsam zu Ende gehe. Die Menschen seien nicht länger bereit, die Not, die ihnen das Regime aufzwinge, hinzunehmen. Dies führe zu einer engeren Gemeinschaft unter den Gläubigen, die bereit seien, immer mehr Dinge miteinander zu teilen. Auch meinte er, das Regime sei allmählich am Ende. Es falle ihm nichts mehr ein, um das Volk ruhigzustellen.

Von der Botschaft aus haben wir bewusst die Zusammenarbeit mit den Kirchen gesucht. Wir haben eine Reihe von Kleinstprojekten mit verschiedenen Gemeinden, katholischen und protestantischen, auf der ganzen Insel verwirklicht. Schwerpunkte bildeten dabei neben Havanna Pinar del Rio, Matanzas, Santa Clara, Holguín und

Santiago. Dabei hatten wir durchaus im Auge, dass die Kirchen, vor allem die katholische, bei einem Machtwechsel eine wichtige Rolle spielen könnten.

Ein »vernünftiger« Nachbar?

Genf, im April 2004. Es ist noch kalt, und die Berge sind weithin mit Schnee bedeckt. Im Palais der Nationen tagt die Menschenrechtskommission der Vereinten Nationen. Einer der Tagesordnungspunkte ist eine Resolution, in der Kuba aufgefordert wird, die Menschenrechte zu achten und der *UN*-Menschenrechtsbeauftragten die Einreise zu gestatten.

Der Resolutionsentwurf führt zu einer Diskussion in der Kommission. Die USA sind die stärksten Befürworter, während Kuba die Gegenseite vertritt. Bei der Abstimmung unterliegt Kuba knapp mit 21 zu 20 Stimmen. Zu den Befürwortern zählen neben EU-Mitgliedern auch Mexiko, Peru und Honduras, das den Resolutionsentwurf eingebracht hatte.

Statt über die Niederlage ärgerlich zu sein, feiert Kuba die Unterstützung, die es bei zahlreichen Staaten erhalten hat, als »moralischen Sieg«. Es prangert die USA an, welche die Befürworter unter Druck gesetzt hätten. Fidel Castro wirft während der Feierlichkeiten zum 1. Mai in Havanna Mexiko und Peru vor, sie hätten sich dem Diktat der USA unterworfen. Es kommt zur diplomatischen Krise, in deren Verlauf die Botschafter Mexikos und Perus aus Kuba zurückgerufen werden.

Doch damit nicht genug. Im Mai 2004 stellt der damalige US-Außenminister Colin Powell ein Programm für den Übergang – *peaceful transition* – in Kuba vor, in dem ein Maßnahmenpaket enthalten ist, das Castro in Harnisch bringt. Die Geldüberweisungen der Exilkubaner werden limitiert, statt jährlicher Reisen zu ihren Angehörigen auf der Insel werden nur noch Reisen alle drei Jahre genehmigt. Mit 50 Millionen Dollar soll ein Propagandasender auf Florida gefördert werden, um die Kubaner mit den »richtigen« Nachrichten zu versorgen.

In einer Rede in Tampa/Florida beschuldigt Bush die kubanische Regierung, sie fördere den Sex-Tourismus. Castro schlägt am 26. Juli 2004 mit der Behauptung zurück, Bush habe ein (verdrängtes)

Alkoholproblem. Dies erkläre seine Aggressivität. In einer einein-halbstündigen Rede versucht er, dies zu belegen. Wir greifen uns an den Kopf. Wie kann ein Staatschef in derartige Niederungen herab-steigen?

Nur wenige Wochen später wird bekannt, dass eine Firma in Ka-lifornien mit Kuba einen Vertrag über die Zusammenarbeit zur Her-stellung eines Anti-Krebsmittels unterzeichnet hat. Hierfür liege die Zustimmung der US-Regierung vor. Allerdings ist die Zustimmung des zuständigen US-Finanzministeriums davon abhängig, dass die von der US-Seite zu erbringenden Zahlungen an Kuba in Form von Nahrungsmitteln und Medikamenten vorgenommen werden.

Einerseits Kampf, wie in der Menschenrechtskommission in Genf, andererseits Zusammenarbeit, wie bei der Herstellung eines Anti-Krebsmittels. Wo wird in der Zukunft das Übergewicht liegen? Wer-den die USA allmählich von ihrer Sanktionspolitik gegenüber Kuba abrücken oder werden sie, wie unter George W. Bush, die Sanktio-nen noch verstärken?

Es gibt keinerlei Anzeichen für eine grundsätzliche Änderung der Politik der USA gegenüber Kuba zu Lebzeiten Fidel Castros. Zu sehr sind die gegenseitigen Beziehungen vom Feindbild des anderen ge-prägt. Fidel Castro braucht das Feindbild USA. So gelingt es ihm immer wieder, die Massen hinter sich zu bringen. Umgekehrt ist der Feind Castro das Mittel, um Wählerstimmen in Florida zu gewinnen und damit – wie die Wahlen 2000 gezeigt haben – unter Umständen auch das höchste Staatsamt.

Aber nach Castro? Dann wäre eigentlich die Zeit reif für eine Neuorientierung. Damit könnten die Exilkubaner zeigen, ob sie mehr als die Rückgabe aller Güter wollen, ob es von ihrer Seite ein tatsächliches Interesse am Schicksal der Insel gibt.

Die Haltung der USA in einer derartigen Entwicklung könnte von ausschlaggebender Bedeutung sein. Sollten die USA eine modera-te, vielleicht sogar eine konstruktive Rolle beim Übergang spie-len, könnte sich dies auch auf die innere Führungsstruktur Kubas auswirken und Reformen begünstigen. Sollten sie hingegen ihren bisherigen Kurs fortsetzen und weiter an den Sanktionen festhalten, könnte dies zu Verhärtungen und dann zu gewalttätigen Konfronta-tionen führen.

Wichtig wäre, nicht eine Politik des Alles oder Nichts zu betrei-ben, sondern eher auf schrittweise Änderungen in Kuba zu setzen.

Sicherlich werden die Freilassung aller politischen Gefangenen, die Zulassung politischer Parteien und die Einführung der Pressefreiheit Grundforderungen darstellen, deren Erfüllung Zug um Zug zum Beispiel mit dem Wegfall des Verbots von Kuba-Reisen von US-Staatsbürgern und dem Abbau der Handelsbeschränkungen beantwortet werden könnte.

Jimmy Carter hatte in seiner ausgewogenen Rede im Mai 2002 die USA dazu aufgerufen, als das größere Land Kuba gegenüber den ersten Schritt zu tun. Mit dem Abtritt Castros könnte er getan werden. Je schneller er erfolgte, umso größer wäre die Chance, dass Havanna positiv darauf antwortet. Carter hatte auch die Einsetzung einer Kommission vorgeschlagen, welche den Ausgleich zwischen der Heimat und dem Exil vorbereiten sollte. Ein solcher Schritt könnte Früchte tragen und die Entspannung begünstigen.

Besuchsvisa für Touristen von beiden Seiten könnten beispielsweise den Prozess des allmählichen Aufeinanderzugehens beschleunigen.

Washington muss sich heute fragen, ob es nicht gut beraten wäre, für den unruhigen Subkontinent ein Zeichen zu setzen und einen vielversprechenden Neubeginn zu ermöglichen.

Kuba ist ein Land, dem Souveränität, Unabhängigkeit und nationale Würde viel bedeuten. Das wird niemand leichtfertig aufs Spiel setzen. Die Kubaner werden sich selbst für ihren Weg in die Zukunft entscheiden. Daher glaube ich, dass jede künftige Führungspersönlichkeit stark im Lande verwurzelt sein muss, wenn sie langfristig akzeptiert werden will. Die USA könnten helfen, den Circulus vitiosus endlich aufzubrechen, der infolge der Konfrontation entstanden ist und letztlich die überkommenen Machtstrukturen verfestigt hat. Es ist Zeit für eine neue Ära.

Kubas beliebteste Zigarettenmarke trägt bis heute den Namen »Hollywood«.

Anhang

Bildnachweis

Personenregister

Fidel Castro wurde wegen seiner häufigen Nennung nicht gesondert aus-
gewiesen. Kursivierte Seitenzahlen beziehen sich auf Fotos.

Adolfo, Erzbischof siehe
    Rodriguez Herrera, Adolfo
Ahumada Kurtz, Carlos   232
Alarcón de Quesada, Ricardo
    65, 133, 144, 191, 302
Aldana, Carlos   82
Alfonso, Pablo   306
Almeida Bosque, Juan   20, 23
Alonso, Alicia   49, 154
Alperovich, José Jorge   279
Anding, Volker   185f.
Arce Valentín, Reiniero   283
Aznar, José Maria   54, 224 f.,
    266 f.

Bacardí, Emilio   196
Bacardí, Facundito   196
Bacardí, Facundo   195 f.
Bacardí, José   195
Barcha Pardo, Mercedes   257, 259
Barnet, Miguel   261–265,
    265, 287
Bartholomäus I.   72
Batista, Fulgencio   17, 31–33, 35,
    122, 161f., 174
Battle, Jorge Luis   225
Beckenbauer, Franz   123
Benedikt XVI.   310
Berlusconi, Silvio   224 f.
Betto, Frei   69, 93, 123
Bielsa, Rafael   237, 243
Bofill, Ricardo   186 f.
Bolaños, Jorge   55
Bonne Carcassés, Felix
    Antonio   305
Brauner, Artur   254
Bugailiskis, Alexandra   106, 108

Budde, Katrin   117
Bush, George W.   15, 81, 97,
    110, 116, 151, 188, 190 f.,
    248, 312 f.
Bush, George senior   241
Busti, Jorge   240

Caballero Rodriguez,
    Eumelio   284, 287
Calvino, Italo   264
Cámara, Helder   69
Caro, Rudolfo Rivero   187
Carter, Jimmy   142 f., 283, 314
Caruso, Enrico   51
Cason, James (»Jim«)   179, 215
Castañeda, Jorge   114–116
Castilla, Maria Antonia   154–156
Castillo López, Eddy   187
Castro, Angel   92 f., 174, 183, 212
Castro Diaz Balart, Raúl Fidel
    (»Fidelito«)   108 f.
Castro Ruz, Ramón   93, 133, 172,
    186, 212
Castro Ruz, Raúl   63, 83–91, 93,
    98, 113, 161f., 172, 181f., 186,
    194, 212, 302, 304
Cervera, Pascqual   37
Céspedes, Carlos Manuel de   32
Céspedes, Monseñor Carlos
    Manuel de   70
Chávez, Hugo   14, 44, 99,
    149–152, 235, 237, 243, 304
Choy (General)   110 f.
Chruschtschow, Nikita   79, 177
Cienfuegos, Camilo   52 f.,
    162, 186
Colón, Maria Caridad   52

Columbus, Christoph   30, 205 f.
Cortés Dumas, Manuel   34
Costner, Kevin   29, 170
Cox, Pat   144
Crombet, Tania   106

Dalmau, Angel   41 f., 57, 79, 101
Daniel, Jean   177 f.
Deng Xiao Ping   45, 91, 299, 303
Diaz Balart, Lincoln   191
Diaz Balart, Mirta   191

Echeverría Álvarez, Luis   113
Eisenhower, Dwight D.   176
Elián   siehe González, Elián
Engels, Friedrich   203
Enzensberger, Hans Magnus   261
Escalante, Fabián   219
Espín, Vilma   87, 159
Estefan, Gloria   187

Fernández Alvarez, José
    Ramón   137
Ferrer Daz, Ibrahim   120
Figueredo, Perucho   152
Finlay, Carlos   107
Fischer, Joschka   227, 254
Fox, Vicente   112–116, 151
Fritze, Richard   203
Fuentes, Carlos   218, 304

García Hamilton,
    José Ignacio   290
García Márquez, Gabriel
    José   256–261, 257
González, Driulis   52
González, Elián   183
González, Felipe   61 f.
Gorbatschow, Michail   88, 126
Gortázar, Raúl   236
Gracia, Jesús   225, 267 f.
Gramsci, Antonio   70, 308

Guerra, Alfredo   23
Guevara, Alfredo   254
Guevara, Ernesto (»Che«)   18–20,
    21, 32, 87, 113, 162, 235
Gundlach, Johann Christoph   203
Gutierrez Alea, Tomás   208

Havel, Václav   38, 279, 290
Heine, Heinrich   203
Hemingway, Ernest   129
Henkel, Hans-Olaf   22, 117
Henze, Hans Werner   261
Hernández, Enrique   187
Hernández, Gerardo   189
Hernández, Melba   159
Hodscha, Enver   91
Höppner, Reinhard   74–78,
    117, 130 f.
Honecker, Erich   126
Huismann, Wilfried   177 f.
Hu Jintao   91, 95, 299
Humboldt, Alexander von   202,
    204 f., 208
Hussein, Saddam   190, 214

Infante, Cabrera   263

Johannes Paul II.   35, 36, 69, 71,
    72, 164 f., 310
Juantorena, Alberto   51

Kennedy, John F.   177 f.
Kinkel, Klaus   276–278, 300
Kirchner, Néstor   235 f., 240–242
Krüger, Alfred   203

Lage, Augustín   106–109
Lage Davila, Carlos   41, 62, 65,
    74, 78, 82 f., 89–91, 106, 110,
    120 f., 128, 136 f., 146, 198,
    270, 301 f.
Lajous, Roberta   231

Lamby, Stephan 178
Lara, Samuel Martínez 187
Leal Spengler, Eusebio 71, 129 f., 132, 134, 139, 194, 229, 302
Lemke, Willi 22
Llosa, Mario Vargas 264
Lomas, Marta 120
López, Rodney 38, 57

Mao Tse Tung 91, 303
Maradona, Diego Armando 243–246, *245*
Márquez siehe García Márquez, Gabriel José
Márquez, Claudia 217
Marten, Martiza 51
Martí, José 18
Marx, Karl 203
Matos, Huber 186
Meckel, Markus 228, 279
Meurice Estíu, Pedro 34–37
Menzione, Elio 225
Michaelsen, Hermann 202
Michel, Luis 209, 285 f.
Milošević, Slobodan 190
Mitterrand, François 187
Molina, Hilda 239–243, 290
Montaner, Carlos Alberto 231, 263, 304
Morales, Alfredo 162 f.
Morales, Evo *235*, 237, 243
Moratinos, Miguel Angel 270
Moscoso, Mireya 190
Müller, Werner 78, 79, 81–83, 117, 136
Mutter Theresa von Kalkutta 72

Nicklaus, Jürgen 108
Nielson, Paul 209, 286
Nixon, Richard 174 f.
Nuez, Raúl de la 170
Noriega, Roger 281

Obrador, López 232
Ochoa, Arnaldo 87 f.
Ortega Suarez, Ofelia *36*
Ortega y Alamino, Jaime Lucas 35, *36*, 37, 70–72, 165, 239, 270 f., 273–275, 283, 307–310
Othon, Pérez 88 f.

Padilla, Heberto 263 f.
Palma, Estrada 192
Payá, Oswaldo 37, 142–144, 228, 269–271, 289f., 305 f.
Peña Pentón, Damodar 152
Pinochet, Augusto 190
Platt, Orville 174
Portal León, Marcos 81, 89, 222, 301
Posado Carriles, Luis-Faustino 190 f.
Posch, Dieter 117, 121 f., 124, *125*, 126–128, 275 f.
Powell, Colin 312
Prieto, Abel 264
Puyol Bravo, Maria Antonia 156, 158

Quirot, Ana Fidelia 51 f.

Rau, Johannes 20 f.
Reagan, Ronald 187
Retamar, Fernando 287
Reve, Odalys 51
Reyes, Blanca 281
Rivero, Raúl 216 f., 270, *280*, 281
Robaina, Roberto 55
Roberto 199f.
Roca, Alejandro 117
Roca, Vladimiro 142, 228, 269, 305
Rodríguez Herrera, Adolfo 27
Rodríguez, José Luis 62, 78

Roosevelt, Theodore   192
Roque, Felipe Pérez   40 f., 55, 56,
   57 f., 65, 90, 106, 143, 145,
   150, 211, 226, 227, 232 f., 236,
   270, 279, 280, 284–286, 301 f.
Roque, Marta Beatriz   216, 280,
   289, 292, 305
Rosales, Ulises   117
Rúa, Fernando de la   236

Sánchez, Celia   112, 159 f.
Sánchez, Elizardo   142, 187, 228,
   269, 290, 305
Saramago, José   218
Sarney, José   237
Savón, Felix   51
Schmidt, Wilhelm   203
Schöne, Wolfgang   164
Schröder, Gerhard   136, 276 f.
Shulz, Tad   178
Schwarzenberg, Karel   290
Semprún, Jorge   264
Simeón, Rosa Elena   94
Silva, Luis Ignacio da (»Lula«)   99,
   149, 235, 237 f.
Skierka, Volker   178
Soberón, Francisco   89
Solchaga, Carlos   61–63, 298 f.
Sontag, Susan   264
Sotomayor, Javier   51, 287
Spitzner, Hans   136, 137
Spranger, Carl-Dieter   226
Stalin, Josef   91
Stokes, Luis   178
Stone, Oliver   29, 170, 210

Strauß, Franz Josef   210
Stroessner, Alfredo   210

Taleb, Raúl   239–241
Tetzel, Johann   202
Thierse, Wolfgang   64–67,
   124, 136
Töpfer, Klaus   284
Torres, Camilo   69

Upmann, Hermann   203

Valdés, Chucho   136
Valdés, Oswaldo   217
Valdés, Zoé   263, 309
Valenciaga, Carlos
   (»Carlito«)   212
Varela, Felix   36, 142, 307
Vazquez, Tabaré   236
Ventura, Machado   199 f.
Vollmer, Ludger   41–43
Vaatz, Arnold   290

Walters, Barbara   29
Weerth, Georg   203 f.
Wieczorek-Zeul, Heidemarie   22,
   276
Wilhelm, Charles (General)   171
Wulffen, Bernhard   11
Wulffen, Christian   11, 101

Zaldívar, Carlos   268, 280
Zapatero, José Luis
   Rodríguez   279
Zedillo, Ernesto   231